LOW CARBON REVOLUTION

低碳革命

全球绿色新政

爱德华·B.巴比尔 | 著　彭文兵　杨俊保 | 译

联合国环境计划署执行董事 Achim Steiner
联合国环境计划署特别顾问和绿色行动总监 Pavan Sukhdev
共同推荐

上海财经大学出版社

图书在版编目(CIP)数据

低碳革命:全球绿色新政/(美)巴比尔(Barbier,E.B.)著 彭文兵,杨俊保译.—上海:上海财经大学出版社,2011.7
ISBN 978-7-5642-0959-9/F·0959

Ⅰ.①低… Ⅱ.①巴…②彭…③杨… Ⅲ.①经济发展:可持续发展-研究-世界 Ⅳ.①F11

中国版本图书馆CIP数据核字(2011)第007866号

责任编辑　王永长
装帧设计　媚文花
责任校对　胡　芸
　　　　　石兴凤

DITAN GEMING
低 碳 革 命
——全球绿色新政

爱德华·B.巴比尔　著
彭文兵　杨俊保　译

上海财经大学出版社出版发行
(上海市武东路321号乙　邮编200434)
网　址:http://www.sufep.com
电子邮箱:webmaster@sufep.com
全国新华书店经销
上海竟成印务有限公司印刷装订
2011年7月第1版　2011年7月第1次印刷

710mm×1000mm　1/16　16.25印张(插页:1)　226千字
印数:0 001—4 000　定价:39.00元

图字:09—2010—778号

A Global Green New Deal: Rethinking the Economic Recovery (ISBN 978-0521132022) by Edward B. Barbier, first published by Cambridge University Press 2010.

All rights reserved.

This simplified Chinese edition for the People's Republic of China is published by arrangement with the Press Syndicate of the University of Cambridge, Cambridge, United Kingdom.

© United Nations Environment Programme 2010

This book is in copyright. No reproduction of any part may take place without the written permission of Cambridge University Press or Shanghai University of Finance and Economics Press.

This edition is for sale in the mainland of China only, excluding Hong Kong SAR, Macao SAR and Taiwan, and may not be bought for export therefrom.

此版本仅限中华人民共和国境内销售，不包括香港、澳门特别行政区及中国台湾，不得出口。

2011年中文版专有出版权属上海财经大学出版社

版权所有　翻版必究

全球绿色新政

短期内实现全球经济恢复的目标,并不意味着就要以牺牲长期经济和社会可持续发展为代价。全球绿色新政(GGND)正是为了确保实现一个在环境和经济上均可持续发展的世界经济复苏而制定的一项经济政策。刺激经济增长、创造就业机会只是一些基本目标,政府还应该更为关注如何降低碳依赖、保护生态系统和水资源,以及消除贫困;否则,现今的经济复苏并不能避免出现未来的经济和环境危机。第Ⅰ部分论证了全球绿色新政对于全球可持续经济发展的重要性;第Ⅱ部分概述了主要国家的政策;第Ⅲ部分则关注促使国家政策行之有效的必需的全球行动;第Ⅳ部分总结了国家和国际行动的主要建议,并讨论了构建更为绿色发展的全球经济具备怎样的更广泛的含义。

爱德华·B.巴比尔(Edward B. Barbier)是怀俄明州立大学财经系的经济学教授。在作为环境和资源经济学家的25年间,他主要从事环境和发展经济学研究。在环境政策领域已出版多本专著,包括剑桥大学出版社2005年出版的《自然资源和经济发展》,

低碳革命
——全球绿色新政

2000年与David Pearce合著的《可持续经济的蓝图》。

  历经大萧条时期的人们无一不谈虎色变。自从大萧条之后，经历过的人们再也不相信世界在经济上是安全的。

——Isaac Asimov

  我认为,如果发生大萧条,还可能存在些许希望。

——Lawrence Ferlinghetti

前言

2008年10月,全球经济四面楚歌,刚刚经历了一连串来自于食物、燃料和金融领域的冲击和危机,现在正陷入自20世纪30年代以来未曾经历过的全球经济衰退大潮中。二十国集团(G20)的各国政府承诺实施大规模的财政刺激方案(估计超过2.5万亿美元)以推动经济复苏。但是,仍旧亟待解决的一点疑问是:复苏后的全球经济是可持续的还是脆弱的?

为了回答这个问题,并解决密切相关的来自过度碳依赖、生态稀缺程度、持续性贫困不断上升等方面的问题,2008年10月联合国环境计划署(UNEP)决定启动一项紧急调查,研究如何在这个关键时刻植入"绿色经济"模型,以促进全球经济的可持续复苏。根据美国前总统富兰克林·罗斯福的"新政"政策,该项调查及其建议被命名为"全球绿色新政"(或"GGND"),因为它们是"全球"范围的(有利于解决全球当前经济衰退所面临的挑战),并且遵循可持续的后危机经济的"绿色"发展原则。爱德华·B.巴比尔教授被提名准备一个概念范畴研究和政策建议,这些研究在2009年初的环境署总理事会议、不久后的八国集团(G8)和二十国集团(G20)会议以及其他论坛报告上采用。

这项工作的紧迫性是显而易见并且必要的:每天都能在新闻头条上看到更多的坏消息,人们都在广泛议论令人印象深刻的财政刺激方案提出的

低碳革命
——全球绿色新政

广泛的改革。但是,很少有建议针对全球经济的可持续发展复苏,而是主要集中在"传统商业"式的GDP增长复苏上。

20年前,爱德华·B.巴比尔(与大卫·皮尔斯和阿尼尔)共同开展了关于可持续发展的开创性工作,这项工作被称为绿色经济的蓝图。从通俗意义上讲,蓝图是指挑战传统观念所谓的在环境管理和经济发展之间的痛苦权衡,开创了民众对"绿色经济"的全新认识。通过对可再生能源、能源效率和材料效率进行创新和投资,绿色经济得到蓬勃发展,它十分关注如何维护自然资本,限制影响人类进步的生态风险。从那时起,巴比尔就开始在该领域内进行大量的研究和写作,因此,他选择接受为联合国环境计划署编写"GGND"文件的挑战不足为奇。

在项目研究创新中,有一项原则性的深入研究呈现在公众面前,即如何围绕"绿色经济"模式开创新的思维方式来迎接这次经济危机挑战。巴比尔对全球经济复苏存在一些反思:2009年2月召开环境署理事会部长会议,会议上公布了全球绿色新政(简称GGND),该新政受到了广泛赞赏。进一步地,联合国环境计划署和姊妹机构面向G20集团国家将这一新政纳入GGND政策摘要。这有助于在各国间建立一个广泛的理解和认同,从而共同探索经济发展方案,而不是机械性地回到"传统商业"的不可持续的经济增长模式和尚未解决的其他全球性问题上去。

爱德华·B.巴比尔的著作主要源自他在GGND领域的工作,他在书中为富国和穷国构建出进行政策分析与建议的逻辑和结构化体系,强调改革国内政策和补贴的需要,并改善在贸易、援助和碳市场方面的国际政策框架。对于财政刺激计划方面的建议则是围绕着关于"绿化"经济体计划的1/4(或GDP的1%)。对发达经济体而言,这意味着1%的降低碳依赖投资计划——这是哥本哈根制度成功的关键因素。它有三个目标:在保护脆弱性的同时实现经济增长和创造就业机会;降低气候风险和生态稀缺程度(特别是淡水);实现减少贫困的千年发展目标。

它要求建设节能及节约资源的建筑物和设施,特大城市广泛使用现代化的公共交通工具,搭配提升太阳能、风能、潮汐、热和生物能源的总能量,发展生态系统管理的可持续农业,保护生物多样性和水资源等,以此为社会创造就业机会,带来全球性的经济转变。它还致力于解决贫穷国家可能出现的主要风险,以防止经济衰退会对这些国家的淡水供应、卫生、健康和可持续的初级生产带来最具灾难性的影响。

联合国环境计划署的绿色经济已经与世界各地的各个政府联合,积极主动地采取了本书中描述的许多主题和政策解决方案,特别是当他们寻求改革政策、振兴本国经济、就业和解决长期贫困的挑战时更加适用。我们很高兴爱德华·B.巴比尔著作的及时出版,为我们提供了关于"全球绿色新政"的有用参考信息和丰富的实际意见来源。

Achim Steiner
联合国环境计划署执行董事
Pavan Sukhdev
联合国环境计划署特别顾问和绿色经济行动总监
2009 年 10 月

序　言

　　2008年12月2日和3日，联合国环境计划署(UNEP)在瑞士首都日内瓦召开了政策专家协商会议，在绿色经济行动的倡议(GEI)下，该次会议的与会者勾画出一个"全球绿色新政"的可能提议。这样一个全球综合战略的必要性是不言而喻的：世界正面临多重危机——燃料、粮食和金融。2008年12月，情况已经变得很明显，这些危机将会带来20世纪30年代大萧条之后全球最严重的经济衰退。因此，威胁世界经济发展的多重危机从客观上要求一种类似于20世纪30年代美国前总统富兰克林·罗斯福所实施的"新型政策"，当然，这次的新政具有更广泛的全球意义和更宽广的视角。这样的远景需要寻找政策行动的正确组合，以帮助刺激经济复苏和创造就业机会，同时也促进世界经济的可持续性，提高世界贫困人口的生活水平，引导资本向有活力的经济部门流动，与此同时，努力减少碳依赖和环境恶化程度。"全球绿色新政，(GGND)"就是指这样一系列及时政策的组合。

　　联合国环境计划署在2008年12月的会议得出一个主要结论：应该授权委托完成一个报告，勾勒出全球绿色新政(GGND)战略的关键要素。绿色经济行动(GEI)项目负责人Pavan Sukhdev和环境署的技术工业经济司司长，也是绿色经济行动(GEI)项目管理人Hussein Abaza，选定由我来负责这项工作。这项顾问安排也得到了环境署执行董事Achim Steiner的充分认可

低碳革命
——全球绿色新政

和支持。

鉴于全球经济危机迅速蔓延,我撰写全球绿色新政(GGND)报告工作的时间必然很紧张。在短短的五个星期内,我起草出一份报告的草案,这份草案成为联合国2009年2月至3月在纽约举行的联合国机构间专家会议进一步协商的基础。2月4日,还将在华盛顿特区联合国基金会举行一个单独的磋商会议。

根据会议召开中所产生的有益建议,以及无法参会的专家给我传来的许多意见,我及时修改了这份报告。2月16日,在肯尼亚首都内罗毕召开的联合国环境计划署第二十五届理事会/全球部长级环境论坛将启动这份报告。这份报告是环境署的全球绿色新政的主要背景文件:《政策简介,2009年3月大事记》[1]。当月英国政府还邀请我在全球绿色新政(GGND)报告的基础上进行简短的注解:"二十国集团(G20)的议程应包括实施一个全球性的'绿色'新政",这一宏观经济政策的辩论是为4月2日召开的世界上最强的二十大经济体(G20集团)伦敦会议做热身准备[2]。

从那时起,我就不断地对报告进行小修小补,并于2009年4月更新了全球绿色新政(GGND)报告,目前命名为:《重新思考经济复苏:全球经济新政》[3]。这份报告可以在绿色经济行动(GEI)网站上看到。联合国环境计划署也出版了限制版的运行报告。

人们对于报告的兴趣与日俱增,在环境署和剑桥大学出版社的努力下,它将会面向更广泛的读者。正是出于此目的,我在全球绿色新政(GGND)报告的基础上出版了本书,本书主要想达到三个目的。

第一,把一个咨询报告改编成一本书,必然要求改变其结构,使之更具可读性和便于使用。但总体而言,很多全球绿色新政(GGND)中原有的战略

---

[1] 联合国环境计划署(UNEP). 2009. Global Green New Deal: Policy Brief. Nairobi, UNEP. 源自 www.unep.org/pdf/A_Global_Green_New_Deal_Policy_Brief.pdf.

[2] Barbier, E. B. 2009. "The G20 agenda should include implementing a global 'green' new deal." Debate, "Macroeconomics: A Global Crisis Debate." VoxEU. org, posted March 7, 2009. 源自 www.voxeu.org/index.php? q=node/3223.

[3] Barbier, E. B. 2009. Rethinking the Economic Recovery: A Global Green New Deal. Report prepared for the Economics and Trade Branch, Division of Technology, Industry and Economics, 联合国环境计划署(UNEP), Geneva. 源自 www.unep.org/greeneconomy/docs/GCND-Report-April12009.pdf.

和重大政策的讨论都已经保留下来。

第二,本书尽可能地将全球经济危机状况以及政府计划和政策反馈的最新信息及时做了更新。我已经尽了最大的努力去更新直到这本书印刷的最后时间。

第三,也许是最重要的,我一直在尽力做出改善,提高本书的"保质期"。因此,无论是第Ⅰ部分的介绍还是第Ⅳ部分的结论,都已做过大幅的修改,解释为什么全球绿色新政策略仍然与世界经济的发展存在较大的相关性。尽管一些分析家认为,世界经济可能已经显示出复苏的迹象。

最后一个目标需要进一步阐述,因为它也是本书的主要核心。

国际货币基金组织(IMF)在2009年7月的《世界经济展望:最新进展》中预测,任何经济复苏都将是脆弱和不均衡的,全球经济在2009年将收缩1.4%,在2010年扩张2.5%[①]。这表明当前经济衰退可能会对世界经济带来很长一段时间的影响。

面对全球衰退带来的一系列社会和经济后果,或者充其量只存在一轮微弱、不稳定和长期的全球复苏。在这样的情况下,政策会考虑实施减少碳依赖和环境退化政策的可能性,简直是微乎其微。得出这样的结论具有极大的虚假性和误导性。

其一,在这个世界历史的关键时期,我们仍然有时间去"反思"经济复苏的策略。这种选择可以归结为一个简单的政策疑问:我们只是想在"传统商业"的增长模式运行轨道上继续恢复振兴现有的"棕色"世界经济,还是要建立一个基于"绿色"经济,避免全球陷入经济和环境的陷阱的全球经济复苏之路?

本书的主要信息是,全球绿色新政(GGND)所提供的广阔视野是世界经济持久成功复苏的至关重要的因素。振兴经济增长、确保财政稳定和创造就业岗位是至关重要的目标。但是,除非新的政策措施也能解决其他全球性挑战,例如,减少二氧化碳的依赖度,保护生态系统和水资源,减少贫困,

---

① 国际货币基金组织(IMF). 2009. World Economic Outlook: Update. 华盛顿特区,国际货币基金组织(IMF). 源自 imf.org/external/pubs/ft/weo/2009/update/02/pdf/0709.pdf.

低碳革命
——全球绿色新政

否则,这些政策在避免未来危机上将是无能为力的。如今,如果缺乏这种广阔的视野,而只是简单地依靠恢复全球经济增长,将无助于解决迫在眉睫的威胁。这些威胁来自于气候变化、能源不安全、越来越多的淡水匮乏、恶化的生态系统,最重要的是日益恶化的全球贫困。相反,有必要减少碳依赖与生态稀缺度不仅仅是因为环境问题,更是因为这是一个在可持续发展的基础上振兴经济的正确并且唯一的办法。

总之,正如本书所言,任何一个全球绿色新政的主要内容将关注于我们的三个主要目标:

- 重振世界经济、创造就业机会和保护弱势群体;
- 降低碳依赖、生态系统退化和淡水稀缺性;
- 进一步推动到2025年前结束世界极端贫困的千年发展目标。

二十国集团(G20)某些经济体已经在财政刺激计划中加入绿色经济投资,努力实现上述目标,以降低碳依赖、振兴经济复苏和创造就业机会。但是,仅仅通过少数国家政府的绿色财政刺激计划,就想实现全球绿色新政(GGND)全部的目标是不可能的。因此,目前二十国集团(G20)各国政府绿色刺激消费计划不太可能引领全球目前的经济复苏进入一个"绿色复苏"。因此,我们回到本书最初提出的根本性政策问题:为了确保世界经济复苏的道路,无论是在经济上还是在环境上都是可持续的,我们必须在哪些方面做更多的工作?

这个问题仍将是全球决策者关注的焦点,并且不只是在未来一到两年的经济复苏时期,应该在未来的关键的十年里都保持关注。因为那时我们需要克服气候变化、能源安全、淡水稀缺性、日益削弱的生态系统,还有最重要的日趋激烈的全球贫困等问题带来的威胁。

爱德华·B.巴比尔
2009年9月

致 谢

我要感谢许多人，他们以各种方式为我写作原来的全球绿色新政报告和现在这本书提供了帮助。

首先，我要感谢联合国环境计划署绿色经济行动倡议(GEI)项目的负责人 Pavan Sukhdev，他在我为联合国环境计划署撰写全球绿色新政(GGND)报告的过程中不断给予鼓励，提供了重要的建议，协助我修改环境计划署的报告，并促进其出版成书。我还要感谢环境计划署的技术工业和经济司司长 Hussein Abaza，他也是绿色经济行动(GEI)项目管理人，负责管理整个全球绿色新政(GGND)计划，包括一些咨询机构间的会议和专家会议。最后，我还要感谢联合国环境计划署执行董事 Achim Steiner，他支持全球绿色新政(GGND)计划，对整个进程都给予了持续的支持，并坚持不懈地向政策制定者传达全球绿色新政(GGND)战略。

我还要感谢环境计划署绿色经济计划通信部的 Jay Dowle，环境计划署技术工业和经济司的盛福来(音译)，以及环境计划署执行董事办公室发言人尼克·纳托尔(Nick Nuttal)。

还要感谢剑桥大学出版社的 Chris Harrison 对本书的调整，并提供关于如何最好地将原全球绿色新政(GGND)报告改编成书的意见。

还有许多人在撰写原环境计划署全球绿色新政(GGND)报告时提供了宝贵的帮助，因此，也对本书起到了重要作用。

特别要感谢 Loanne Burgess，他在读了完整的全球绿色新政

(GGND)报告初稿后,给出了详细的修改意见。美国总统气候行动项目的执行董事 Bill Becker 提供了重要的建议和意见。Margie Reis 协助制作各种版本的联合国环境计划署报告。Anil Markandya 与 Michael Toman 在关于本报告修改成书并出版方面提出了宝贵的意见。

该报告还需要感谢2009年2月至3月在纽约联合国总部举行的协商会议,与会专家来自:欧洲环境局(EEA)、贸易和可持续发展国际中心、国际劳工组织(ILO)、国际货币基金组织、经济合作与发展组织(OECD)、联合国各机构(UNCEB、UNCSD、贸发会议、联合国经社部、联合国开发计划署、联合国欧洲经济委员会、拉加经委会、环境计划署、亚太经社会、联合国粮农组织、气候公约、工发组织和联合国统计司)、世界银行和联合国秘书长办公室。2009年2月4日,华盛顿特区联合国基金会召开了一个单独的磋商会议,与会专家来自于美国进步中心、全球气候变化皮尤中心、忧思科学家联盟、联合国基金会、世界资源研究所和世界观察研究所等机构的专家。他们不仅在会议上提出了有价值的意见和建议,而且为原环境计划署报告的多次修改提供了一系列材料。

还有许多人在起草原报告和搜集本书中大部分资料的过程中给予了大量的帮助。来自国际劳工组织的 Heewah Choi、Peter Poschen 与 Kristof Welslau 提供了第Ⅱ部分中有关韩国绿色新政的信息。Sanjeev Sanyal 提供了书面的金融体系改革,我在第Ⅲ部分已经用到。Ben Simmons 提供了关于加强贸易优惠的背景材料,我也运用到第Ⅲ部分。附录1是基于 Trevor Houser、Shashank Mohan 与 Robert Heilmayr 在2009年2月出版的《绿色全球复苏》一书。该书评估了美国经济刺激和国际协调的前景(皮特森国际经济研究所(PIIE)和世界资源研究所(WRI)制作了PB09—3号政策概要)。我得感谢 Manish Bapna、Ed Tureen、PIIE 和 WRI 机构允许在本书里引用他们的研究结果和资料版权。欧洲经济区的 Jacqueline McGlade 提供了表12.1中使用的欧洲环境税数据,经合组织的Jan Corfee-Morlot提供了关于淡水匮乏政策的信息,这是贯穿全书的宝贵信息。Jan Corfee-Morlot提供了栏目11.2中的数据,这些资料是他在蒂尔堡大学写作的论文中产生的。

最后,我想作出以下严正声明:尽管本书是基于我为联合国环境计划署撰写的一个报告方案,但是其中的调查结果、观点、诠释和建议都是我自己的观点,而不应归于绿色经济计划或联合国环境计划署。

目录 CONTENTS

前　言/1

序　言/1

致　谢/1

第Ⅰ部分　为什么提出全球绿色新政/1

1. 引言:危机中的机遇/3
　　多重全球危机/4
　　绿色财政刺激和二十国集团(G20)/14
　　传统商业增长模式/17
　　全球绿色新政/20

第Ⅱ部分　全球绿色新政的关键内容/25

2. 降低碳依赖/29
　　创建低碳经济/36
　　减少能源贫困/54
　　改善交通的可持续性/57
　　使交通更加可持续地行动/60
　　总结和结论/71

3. 减少生态稀缺性/74
   生态稀缺性与贫困/75
   改善初级生产的可持续性/76
   创造更多的可持续资源依赖型经济体/80
   改善穷人的生计/91
   改进水资源管理/104
   水资源的缺乏、风险和脆弱性管理/111
   总结和结论/119

4. 发展中经济体面临的挑战/120

5. 全球绿色新政的国家优先领域/128
   提出的国家行动/128
   韩国绿色新政/132

第Ⅲ部分　国际社会的角色/135

6. 促进全球治理/139

7. 优化融资路径/146

8. 提高贸易激励/155
   贸易和贸易融资便利/156
   贸易保护主义/158
   贸易自由化/159

9. 结论：全球绿色新政的国际优先领域/161

第Ⅳ部分　迈向更加绿色的世界经济/165

10. 建议小结/169

全球绿色新政的国家行动/169
全球绿色新政的国际行动/170

11. 全球绿色新政会成功吗？/172
绿色部门投资促进了经济与就业/173
公共与私人绿色部门投资/178
债务、全球性不平衡状态和绿色复苏/192

12. 超越绿色经济复苏——策略与展望/204
补充性定价政策/205
创建全球市场/206
绿色发展战略/211
定向援助和发展/218
结束语/220

附录1　美国绿色复苏项目的PIIE-WRI分析/222

附录2　美国清洁能源领域的就业与投资的比较分析（Pew,1998～2007）/227

词汇/233

专栏/237

第Ⅰ部分
为什么提出全球绿色新政

① 引言：危机中的机遇

2008年是记忆中全球经济危机频发的一年。开年之初便遭遇迫在眉睫的能源危机，随后食品和商品价格持续上涨。接近年底之时，全球更遭遇金融崩溃，并迅速导致自大萧条之后最严重的经济衰退。2009年年中，有迹象显示经济衰退开始得到缓和，但随后的复苏将面临长期的和易受更深一步中断的危险。全球失业和贫困率仍然持续上升，有些经济部门持续收缩。还有人担心，尽管世界经济逐渐复苏，但仍然很容易受到其他全球性挑战带来的影响，如气候变化、能源不安全、持续上升的淡水稀缺性、日益恶化的生态系统和发展中经济体的普遍贫困等问题。

这些危机对人类福利和全球人类，特别是失业、贫困和环境产生了严重的影响。但是，这也可以提供一个独特的机会，促使全球各国政府联合共同推动全球范围内经济的可持续发展。本书概述了一个用于创建"摆脱危机的机会"的可能策略。

面对世界经济衰退深化带来的一系列社会和经济后果，或者换种说法，我们正处在一种微弱、不稳定和长期的恢复期，却要考虑减少碳依赖和环境退化的政策似乎不太切合实际。但是实际上，这样的结论是错误的,并且具有误导性。

在这个世界历史的关键时期,我们仍然有时间去"反思"经济复苏的策略。这种选择可以归结为一个简单的政策疑问:我们只是想在"传统商业"的增长模式运行轨道上继续恢复振兴现有的"棕色"世界经济,还是我们想建立一个基于"绿色"的经济,从而能够避免全球陷入经济和环境陷阱的全球经济复苏之路?

本书选择了后一条道路。威胁世界经济发展的多重危机从客观上要求一种类似于20世纪30年代美国总统富兰克林·罗斯福所实施的"新型政策",当然,这次的新政具有更广泛的全球意义和更宽广的视角。这样的远景需要寻找政策行动的正确组合,以帮助刺激经济复苏和创造就业机会,同时也提高世界经济的可持续性,提高世界贫困人口的生活水平,引导资本向有活力的经济部门流动,与此同时,努力减少碳依赖和环境恶化程度。短语"全球绿色新政(GGND)"就是指这样一系列及时政策的组合。

广阔的视野是世界经济持久成功复苏至关重要的因素。振兴经济增长、确保财政稳定和创造就业岗位是至关重要的目标。但是,除非新的政策措施也解决了其他全球性挑战,例如,减少二氧化碳的依赖度、保护生态系统和水资源、减少贫困等,否则,这些政策在避免未来危机上将是无能为力的。如今,如果缺乏这种广阔的视野,而只是简单依靠恢复全球经济增长,将无助于解决迫在眉睫的威胁。这些威胁来自于气候变化、能源不安全、越来越多的淡水匮乏、恶化的生态系统,最重要的是日益恶化的全球贫困;相反,减少碳依赖与生态稀缺度,不仅仅是因为环境问题,更是因为这是一个在可持续发展的基础上振兴经济的正确且唯一的办法。

多重全球危机

毫无疑问,我们正处在自20世纪30年代大萧条以来最严重的全球经济衰退之中。据预计,因为全球人均收入收缩,2009年世界贸易总量下降[①]。2009年全球失业人数可能会上升并超过2007年的水平,介乎2 900万~5 900万人[②]。虽然有迹象表明世界经济正在趋于稳定,但经济衰退还远未结束。国际货币基金组织(IMF)预测,任何经济复苏都将是脆弱和不均衡的,预计全球经济在2010年扩张2.5%[③]。

尽管全球贫困在当前经济危机爆发之前已经有所下降,但仍有预测显示,到2015年仍会有近10亿人几乎每天生活费低于1美元,30亿人每天生活费低于2美元[④]。由于国际经济衰退继续蔓延和深化,全球贫困的趋势将加剧。另据预计,发展中国家经济增长每下降1个百分点将会导致新增2 000万贫困人口[⑤]。

出于对世界经济状况的震惊,2008年11月15日,世界前20个最大最发达的国家和新兴经济体领导人在华盛顿会晤,这前20强构成了世界人口的80%和全球国内生产总值(GDP)的90%[⑥]。这次前所未有的二十国集团(G20)首脑会议的主要内容是,致力于制定解决当前经济衰退的金融政策,如加强全球金融体系健全和监管[⑦]。此外,二十国集团(G20)领导人宣布要通过增加财政刺激措施以促进经济增长,包括增加

---

① 世界银行(2009). *Global Economic Prospects 2009: Commodities at the Crossroads*. 华盛顿特区,世界银行;联合国[UN](2009). *World Economic Situation and Prospects 2009*. 纽约,联合国。

② 国际劳工组织[ILO](2009). *Global Employment Trends: Update, May 2009*. 日内瓦,ILO。

③ 国际货币基金组织(IMF)(2009)。

④ 基于2004年国际劳工组织对2015年人均日生活成本1美元和2美元的人口份额预测(*World Employmem Report 2004-2005*. 日内瓦,世界劳工组织),2007年联合国对2015年中等水平的世界人口的预测(*World Population Prospects: The 2006 Revision*. 纽约,联合国)和"World urbanization prospects: the 2005 revision". (在线联合国数据,源自http://esa.un.org/unup)关于1981~2005年全球贫困趋势的综合分析,参见Chen, Shaohua and Martin Ravilllion(2008). Tile developing world is poorer than we thought. But no less successful in fight against poverty. 政策研究工作论文第4703号,华盛顿特区,世界银行。

⑤ 世界银行(2008). *Global financial crisis and implications for developing countries*. 为二十国集团(G20)财政部长会议提交的论文,圣保罗,巴西,11月8日。

⑥ 二十国集团(G20)包括欧盟和另外19个国家(阿根廷、澳大利亚、巴西、加拿大、中国、法国、德国、印度、印度尼西亚、意大利、日本、墨西哥、俄罗斯、沙特阿拉伯、南非、韩国、土耳其、英国和美国)。

⑦ 关于2008年11月20国集团峰会的全部信息,参见Rao, P. K(2009). Moving toward the next G20 summit. *Global Economy Jounal*, 9(1), article 4. 源自www.bepress.com/gei/vol9/issl/4.

低碳革命
——全球绿色新政

公共开支和投资等。华盛顿峰会以来，二十国集团(G20)中的多国政府已作出回应，增加公共支出或降低税收以加速经济复苏和创造就业机会(参见表1.1)。迄今为止，全球财政刺激方案总额已高达3万亿美元，相当于目前全球国内生产总值的4.6%。其中，占最大份额的分别是中国(6 480亿美元，占其GDP的9.1%)、日本(4 859亿美元，占其GDP的11.4%)和美国(7 870亿美元，占其GDP的5.7%)[①]。

表1.1　　　　全球刺激计划和绿色投资(截至2009年7月1日)

	总财政刺激计划额(10亿美元)	绿色刺激方案(10亿美元) 低碳[①]	其他	总计	GDP (10亿美元)[②]	绿色刺激总占财政刺激比重(%)	绿色刺激占GDP比重(%)
阿根廷	13.2				526.4	0	0
澳大利亚	43.8	9.3		9.3	773	21.2	1.2
巴西	3.6				1 849	0	0
加拿大	31.8	2.5	0.3	2.8	1 271	8.3	0.2
中国	647.5	175.1	41.3	216.4	7 099	33.4	3.0
法国	33.7	7.1		7.1	2 075	21.1	0.3
德国	104.8	13.8		13.8	2 807	13.2	0.5
印度	13.7				2 966	0	0
印度尼西亚	5.9				843.7	1.7	0
意大利	103.5	1.3		1.3	1 800	1.3	0.1
日本	639.9	36		36	4 272	5.6	0.8
墨西哥	7.7	0.8		0.8	1 353	9.7	0.1
俄罗斯	20				2 097	0	0
沙特阿拉伯	126.8		9.5	9.5	546	7.5	1.7
南非	7.5	0.7	0.1	0.8	467.8	10.7	0.2
韩国	38.1	14.7	21.6	36.3	1 206	95.2	3.0
土耳其					853.9		
英国	34.9	3.7	0.1	3.7	2 130	10.6	0.2
美国[③]	787	78.5	15.6	94.1	13 780	12.0	0.7
欧盟[③]	38.8	22.8		22.8	14 430	58.7	0.2
G20集团	2 702.2	366.3	88.4	454.7	63 145.8	16.8	0.7
其他总计[③]	314.1	7.6	1	8.6	6 902.9	2.7	0.1
全球总计	3 016.3	373.8	89.4	463.3	70 048.7	15.4	0.7

注释：①包括对可再生能源、碳捕获和分解、能源效率、公共交通和铁路的支持和对电网传输的改善。

②来自CIA的《世界事实》，按照PPP项目估计的2007年度的GDP。

③来自2009年2月的美国恢复和再投资法案。2008年10月的紧急经济稳定法案也包括1 850亿美元的碳缩减和限额投资，182亿美元的风能、太阳能、碳捕获和存储投资。

---

① 基于美国中央情报局根据购买力评价估计的2007全球GDP。The world factbook. 源自www.cia.gov/library/publiclltions/the-world-factbook/rankorder/2001rank.html. 2007全球的GDP估计为656 100亿美元，欧盟GDP为144 300亿美元，中国为70 990亿美元。

④ 只包括欧盟的直接贡献。

⑤ 包括非G20集团国家的国家刺激计划:澳大利亚、比利时、希腊、匈牙利、荷兰、波兰、葡萄牙、西班牙和瑞典。此组中的非欧盟国家是智利、以色列、马来西亚、新西兰、挪威、菲律宾、瑞士、泰国和越南。

专栏1.1 G20国家的绿色和财政刺激方案

2009年4月2日《伦敦公报》报道,二十国集团的领导人,世界上最大的前20个发达国家和新兴经济体,强调它们将致力于维护一个"公平和可持续的经济复苏"。它是这样陈述的:"我们将努力促使世界经济体转向清洁、创新、资源高效、低碳化的技术和基础设施……我们将共同决定并采取进一步的措施,以建立可持续的经济体。"①

如表所示,二十国集团(G20)的一些经济体已经将"绿色"投资包括在它们的刺激计划之内,以减少碳依赖、加强经济复苏和创造就业机会。在这近3万亿美元的全球财政刺激计划中,在环保绿色项目上的投资已经超过4 600亿美元,这些投资主要来自于二十国集团(G20)政府。

例如,在美国7 870亿美元的美国复苏计划与再投资法案(ARRA)中,有将近787亿美元的投资用于改造建设,主要为了提高能源效率、扩大公共交通和货运铁路网络、构建"智能"电网传输系统、扩大可再生能源供应,还有941亿美元的绿色经济刺激计划用于水利基础设施的额外投资。这些投资金额相当于未来两年美国国内生产总值的0.7%,预计将创造大约2万个就业机会②。韩国已经启动了国家绿色新政计划,2009~2012年将耗资363亿美元,总额约占其国内生产总值的3%,这些投资将用于低碳项目、水资源管理投资、资源回收和生态保护。该计划将在2009年新增96万个就业机会,包括14.9万个建筑工作机会。其中,低碳项目包括道路、铁路轨道交通、低耗能车辆、清洁能源、节能和环保建筑的发展。这些投资总额占国内生产总

---

① G20国集团《伦敦公报》全文利用能够在 www. londonsummit. gov. UK/en 上找到。

② 此外,美国2008年10月颁布的紧急经济稳定法案中,也包括1 850亿美元的减税和优惠政策,还包括182亿美元的风能和太阳能发电与碳捕获和储存投资。

低碳革命
——全球绿色新政

值的1.2%,占到韩国所有的财政刺激计划的95%,预计将创造至少33.4万个新的就业机会。中国政府6 470亿美元的财政刺激计划中超过33%的资金将投资于总能源效率和环境改善、铁路运输和新电网等基础设施的建设。英国政府将其349亿美元的财政刺激绿色投资中的11%投资于绿色经济,包括在2009年4月其内部关于"绿色经济"的预算。这项计划主要针对低碳投资,预计能够在未来8年中创造40万个新工作机会。

虽然这些举措是一个良好的开端,但是,它们在全球"绿色复苏"上的努力显然还比较欠缺。例如,韩国和中国的计划中包括的大规模绿色经济刺激计划相当于其国内生产总值的3%,但这只是个例外而非常态。在二十国集团(G20)经济体承诺的近2.7万亿美元的全球经济衰退的财政刺激措施中,大约有17%的计划已经致力于开展低碳、能源效率或改善环境——但是只有极少部分的国家参与其中。总体而言,绿色刺激计划投资额约占二十国集团(G20)国家GDP总额的0.7%。因此,如果二十国集团(G20)严肃认真地考虑"建立可持续经济的进一步措施",那么,它就需要采取额外的举措和政策,以及协调这些措施的执行和时间安排。

2008年不仅仅是令人难忘的全球金融动荡和全球经济衰退开始之年,它也是世界燃料和粮食危机的一年。

2008年7月,石油价格高达每桶145美元。但在全球经济衰退恶化的状态下迅速下降,2009年1月和2月低至每桶35美元。2009年7月石油价格已经回升到每桶65美元左右。尽管天然气和煤炭价格尚未恢复到石油的水平,但其他矿物燃料的价格也存在着类似的趋势。因此,虽然经济衰退引起价格大幅下降,但大多数专家预测,全球"廉价"和安全的矿物燃料能源供应的时代已经结束了[1]。

其他商品,特别是食品和原材料的价格也随着矿物燃料的上涨而呈现上扬的趋势。2008年上半年,全球粮食价格上升幅度接近60%,其

---

[1] 国际能源机构[IEA]. 2008. World Energy Outlook 2008. Paris, IEA.

中，基本主食如谷物和油籽增幅最大。最近能源和化肥价格的下跌稍微扭转了这一趋势，但从长期来看，粮食价格预计仍将大大高于20世纪90年代，甚至超过2003年60%的水平。

世界经济面临着持续的全球挑战，如气候变化、能源安全的挑战、持续恶化的淡水匮乏、生态系统的威胁，还有发展中经济体的普遍贫困。

根据世界气象组织（WMO）和联合国环境计划署（UNEP）于1988年创办的气候变化政府间小组（IPCC）的第四次评估确认，世界经济持续的碳依赖是导致全球变暖的主要因素[1]。"前工业化时代以来，人类活动所产生的全球温室效应气体排放持续增长，1970～2004年间增长了70%。"温室效应气体（GHGs）在大气中的浓度逐渐变高，主要原因在于矿物燃料的使用增加，土地利用的变化和农业等因素也构成一定的影响，但所占的比重较小。其结果是增加全球表面温度，自1961年以来，海平面以1.8毫米/年的平均增长率不断上升，还会破坏生态系统。温室效应气体排放量预计会继续以目前的速度上升，将造成进一步的全球变暖、海平面上升和生态破坏。气候变化已经与极端天气事件的增加产生极大关联性，如风暴、洪水和干旱。这些事件会摧毁生命，迫使人口迁移，加剧粮食短缺问题。在全球所有城市中，约有4 000万人会遭受每100年一次的极端沿海洪灾事件[2]。

千年生态系统评估（MA）已经记录了全球经济活动和人口增长如何影响全球的生态系统和它们产生的各种服务或利益[3]。过去50多年，人类对生态系统的破坏和改变程度比人类历史上任何时期都要更加

---

[1] IPCC(2007). *Climate Change 2007: Synthesis Report*. Report of the Intergovernmental Panel on Climate Change [core writing team: R. K. Pachauri and A. Reisinger (eds.)]. 日内瓦，IPCC.

[2] Nicholls, R. J., S. Hanson, C. Herweijer, N. Patmore, S. Hallegatte, Jan Corfee-Morlot, Jean Chateua and R. Muir-Wood(2007). *Ranking of the World's Cities Most Exposed to Coastal Flooding Today and in the Future: Executive Summary*. Paris, 经济合作与发展组织[OECD] (摘自环境工作论文第1号). 全球人口最多的10个城市是孟买、广州、上海、迈阿密、胡志明市、加尔各答、纽约、大阪—神户、亚历山大和新奥尔良。

[3] MA(2005). *Ecosystems and Human Well-being: Current State and Trends*. 华盛顿特区，岛屿出版社。

低碳革命
——全球绿色新政

迅速和广泛,这些改变主要是为了满足人们对食物、淡水、木材、纤维和燃料日益增长的需求。在很大程度上,其结果将是在生物多样性和生态系统所提供的好处上造成巨大而不可逆转的损失。千年生态系统评估经过调查发现,主要的生态系统服务中,24项中约有15项正在退化或不能持久地使用,包括淡水、捕捞渔业、空气和水的净化、区域和地方气候,以及自然灾害和病虫害的调控。

关键生态系统服务的损失将会给发展中国家的贫困人口带来更为严重的影响。发展中国家的贫困人口无力承受重要生态服务的损失[①]。近13亿人口——占世界人口的1/5——居住在脆弱的环境中(专栏1.2),其中几乎有一半(6.31亿)是农村贫困人口。他们居住在土地退化和水资源匮乏区域、高原地区、森林和旱地地区。在这些边缘环境地区,"那里的人们与土地之间的联系对社区、牧场、森林等其他自然资源的可持续发展至关重要"(见专栏1.2)[②]。在发展中地区,生活在脆弱土地上的人口比例越大的国家也往往有一个较高的农村贫困率(见图1.1)。

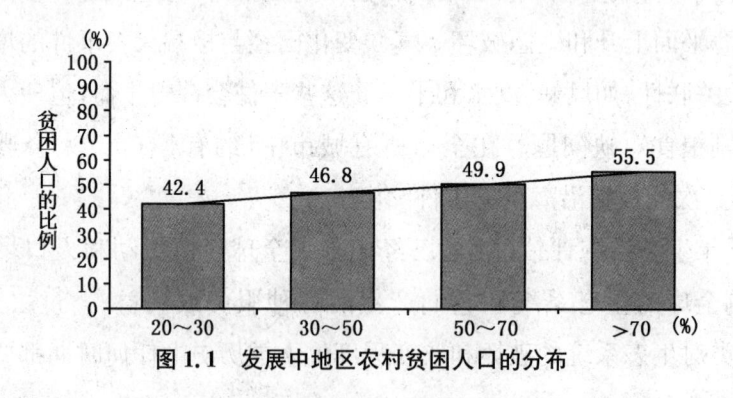

图1.1 发展中地区农村贫困人口的分布

[①] OECD(2008). *Costs of Inaction on Key Environmental Challenges*. Paris, OECD; United Nations Development Programme (UNDP) (2008). *Human Development Report 2007/2008: Fighting Climate Change: Human Solidarity in a Divided World*. New York,联合国开发计划署(UNDP);Sukhdev, Pavan(2008). *The Economics of Ecosystems and Biodiversity: An Interim Report*. Brussels, European Communities.

[②] 世界银行(2002). *World Development Report 2003: Sustainable Development in a Dynamic World: Transforming Institutions, Growth and Quality of Life*. 华盛顿特区,世界银行;也可参见 Comprehensive Assessment of Water Management in Agriculture(2007). *Water for Food, Water for Life: A Comprehensive Assessment of Water Management in Agriculture*. London,Earthscan, and Colombo, Sri Lanka,International Water Management Institute.

专栏1.2 全球贫困和脆弱环境

表1.2显示,发展中国家超过1/4的人口——近13亿人口——生存在"脆弱的土地"上,这些地区被世界银行定义为"发展集约型农业存在重大制约因素,人们与土地之间的联系对社区、牧场、森林等其他自然资源的可持续发展至关重要的那些地区"[①]。在发展中国家,这些生活在脆弱土地上的人口占极端贫困人口的大部分,每天生活费低于2美元。其中,5.18亿人生活在无灌溉系统的干旱地区,4.3亿人生活在不适合农耕的土地上,2.6亿人生活在山坡上,超过1.3亿人生活在脆弱的森林系统的土地上。换言之,生活在脆弱土地上的人们的经济生活,直接和间接地受到周围生态系统所提供的服务的影响。

表1.2 世界人口和农村贫困人口在脆弱土地上[①]的分布状况

(a)世界人口分布

区域	2000年的人口总数(100万)	脆弱土地上的人口 数量(100万)	比重(%)
拉丁美洲和加勒比海岸	515.3	68	13.2
中东和南非	293	110	37.5
撒哈拉以南非洲	658.4	258	39.2
南亚	1 354.5	330	24.4
东亚和太平洋	1 856.5	469	25.3
东欧和中亚	474.7	58	12.2
OECD集团[②]	850.4	94	11.1
其他	27.3	2	7.3
总计	6 030.1	1 389	23.0
全部发展中经济体[③]	5 179.7	1 295	25.0
全部拉丁美洲、亚洲和非洲发展中经济体[④]	4 677.7	1 235	26.4

① 世界银行(2002):59.

续表

(b)发展中地区农村贫困人口分布⑤

区域	优良土地上的农村贫困人口(100万)	脆弱土地上的农村贫困人口 数量(100万)	比重(%)
美国中部和南部	24	47	66.2
西亚和北非	11	35	76.1
撒哈拉以南非洲	65	175	72.9
亚洲	219	374	63.1
总计	319	631	66.4

资料来源:巴比尔·B.爱德华(Barbier Edward B.)(2005).自然资源和经济发展.剑桥:剑桥大学出版社;tab 1.7.改编于世界银行(2002).2003年世界发展报告:动态世界的可持续发展.华盛顿:世界银行;tab 4.2。

注:①脆弱土地的定义为对集约型农业存在重大制约的区域,以及人们与土地之间联系对社区、牧场、森林等其他自然资源的可持续发展至关重要的那些地区,其中包括无灌溉的干旱、不适宜农耕的地区、陡峭的山坡和森林系统脆弱的地区。

②OECD集团成员国包括澳大利亚、奥地利、比利时、加拿大、丹麦、芬兰、法国、德国、希腊、冰岛、爱尔兰、意大利、日本、卢森堡、荷兰、新西兰、挪威、葡萄牙、西班牙、瑞典、瑞士、英国和美国。

③OECD之外的所有国家。

④OECD之外的所有国家集团,包括东欧、中亚及其他。

⑤改编于《农业水管理综合评估》(2007),《生命之水:一个农业水管理综合评估》。伦敦,Earthscan和科伦坡,国际水管理研究所;tab 15.1,相当于存在边缘区的脆弱地区,或者土地和水资源退化可能性最强的地区——也就是说,与土壤风化严重、陡坡、降雨量不足或过剩,以及高温地区。

图1.1会进一步说明,农村贫困与发展中国家生活在脆弱土地的人口比例存在极大的相关性。正如图所示,60多个国家的样本数据中,有相当数量的人口生活在脆弱环境的国家——从总人口的20%、30%到70%——也拥有一个较高的生活在极端贫困的农村人口比例(平均45.3%)。更有甚者,农村贫困程度会随着发展中国家人口向脆弱土地集中的程度上升而提高。

在区域和国家层面的研究也认为,农村贫困人口存在向最边缘区域聚集的倾向,当然不同国家之间存在不同的差异性。例如,世界银行的研究人员研究过东南亚最贫穷的三个国家的"贫困与环境之间的关系"——柬埔寨、老挝和越南[①]。柬埔寨的农村贫困人口主体似乎主要分布在森林砍伐严重的区域;另一方面,贫困人口往往聚集在低地而不是较陡峭倾斜的土地上。老挝北部和东北部最贫穷的省份中,农村贫困人口聚集在森林地区和高地的比例也最大;在越南,北部和中部高地省份大量的贫困人口主要集中在陡峭的山坡上,但广大的农村贫困人口主要集中在中北部沿海和红河三角洲。

发展中国家农村居民数量正在迅速增长,甚至超过了城市人口的增长。2007年,发展中国家大约44%的人口,总计23.8亿人口生活在城市地区[②]。到2019年,发展中地区的一半人口将生活在城市;到2050年,53.3亿人,即发展中国家人口的67%,将居住在城市地区。急速的城市化步伐意味着,不断增加的城市人口将面临拥堵、污染和不断上升的能源、水和原材料需求的局面。

虽然工业化发达国家也会面临类似的环境问题,但是发展中国家城市所面临的人口增长速度和规模却有可能导致更为严重的健康和福利问题。

农村和城市贫困人口面临着尤其严重的水资源问题。发展中地区5个人中有1个人无法获得足够的清洁水资源,大约一半的人口,即26亿人无法获得基本的卫生设施。超过6.6亿无卫生设施的人每天生活费用低于2美元,更有3.85亿人口每天生活费用不足1美元[③]。发展中地区数以百万的穷人日益增加的物资需求、清洁水以及卫生设施稀缺,是造成淡水供应匮乏的主要原因,也带来了另一个迫在眉睫的全球问

---

① Dasgupta, Susmita, Uwe Deichmann, Craig Meisner and David Wheeler (2005). Where is the poverty-environment nexus? Evidence from Cambodia, Lao PDR, and Vietnam. *World Development* 33 (4): 617—38; Minot Nicholas and Bob Baulch (2002). *The Spatial Distribution of Poverty in Vietman and the Potential for Targeting*. 政策研究工作论文第2829号. 华盛顿特区,世界银行.

② UN. World urbanization prospects: the 2007 revision, executive summary. 源自 http//:esa.un.org/unup

③ 联合国开发计划署(UNDP)(2006). *Human Development Report 2006: Beyond Scarcity: Power, Poverty and the Global Water Crisis*. 纽约,联合国开发计划署(UNDP).

低碳革命
——全球绿色新政

题：水危机。

整体来讲，这些全球性经济和环境挑战严重制约了经济的繁荣和发达，使发展中地区千年发展目标（MDG）的实现变得艰难。

总之，2008年9月，全世界的经济衰退与一系列全球危机交织在一起。一方面，世界经济、贸易和就业不断收缩，这是自20世纪30年代大萧条以来最为严重的低迷时期。然而，当前经济衰退的严重性不应分散我们对全球经济和环境等问题的注意力——如果我们不解决这些刻不容缓的问题，历史还会重演。从某种程度上说，经济衰退可能已经使我们在诸如能源安全和增加温室效应气体排放等问题上获得了一些临时喘息的机会。但是，这次经济衰退加剧了全球贫困，很可能在增加世界穷人数量的同时，也增加气候变化、生态恶化、粮食和燃料危机的脆弱性。

绿色财政刺激和二十国集团（G20）

令人鼓舞的是，有迹象表明一些主要经济体都开始认真对待多重全球危机造成的威胁。

正如我们所看到的，2009年4月2日，伦敦首脑会议上，二十国集团（G20）领导人强调他们的承诺：通过向"清洁、创新、资源效率、低碳技术和基础设施"的转型，来确保"全球公平和可持续地复苏"。

正如专栏1.1表明，一些二十国集团（G20）经济体似乎已经开始采取行动，将"绿色"计划囊括在他们的刺激计划中，以减少碳依赖、增强经济复苏和制造就业机会。美国的复苏计划包括总额占未来两年美国国内生产总值0.7%的投资，预计将创造大约200万个就业岗位。韩国的绿色新政计划大约相当于其GDP的3%，预计到2012年创造96万个新职位。中国的经济刺激计划中超过1/3的投资是用于提高能源效率、环境改善、轨道交通和新的电网基础设施；而英国政府已将财政刺激计划中约11%的比例投入其绿色计划中，目的是在未来8年内创造40万个新职位。

正如专栏1.1所示,虽然这些举措是一个良好的开端,但是,它们在全球"绿色复苏"上的努力显然还比较欠缺。为了应对经济衰退,在全球世界各地财政已花费的3万亿美元的经济刺激计划中,超过4 600亿美元是用于绿色投资的。绝大多数刺激消费已由二十国集团实施。然而,截至2009年7月,这项二十国集团经济体耗资2.7万亿的财政总支出中,只有约17%是致力于低碳、能源效率或改善环境的措施。从总量上而言,绿色刺激投资约占二十国集团国内生产总值的0.7%。

并非所有的二十国集团经济都在低碳和环境投资方面对衰退作出了回应。如图1.2所示,只有两个国家——美国和中国,绿色财政刺激投入占全球支出的比重超过2/3。世界最大的经济体——欧盟,在绿色复苏上所作出的努力相对较少。相对于如澳大利亚、日本和韩国等主要亚太经济体,欧洲主要经济体的政府,如法国、德国、瑞典和英国在低碳和环境投资上的花费要少得多。还有几个二十国集团政府甚至没有投入任何绿色刺激资金,包括大的新兴市场经济体——巴西、印度和俄罗斯(参见专栏1.1)。

如图1.3所示,在现阶段的经济衰退期,全球范围内的绿色刺激措施和投资金额大约是所有的财政刺激计划的13%,只有少数经济体将财政支出计划中的大部分用于绿色投资。最明显的是韩国,它的绿色新政投资比重基本接近其经济衰退解决方案的全部。中国将总财政支出中超过1/3的投资用于绿色经济。欧盟恢复计划中将其直接开支中的一半贡献于低碳投资。但是,如图1.3所示,该投资的整体规模相对较小。相比之下,美国已经颁布美国复苏和投资法案,承诺实施绿色刺激措施,尽管他们只承诺投入预算的12%。总的来说,二十国集团大多数政府在拨出资金投入到低碳和环保经济中,分配财政刺激计划总额的态度较为保守。

因此,在当前的经济衰退期,二十国集团大多数政府投资于低碳和环保的资金只占国内生产总值的0.7%或更少。韩国和中国作出的占

低碳革命
——全球绿色新政

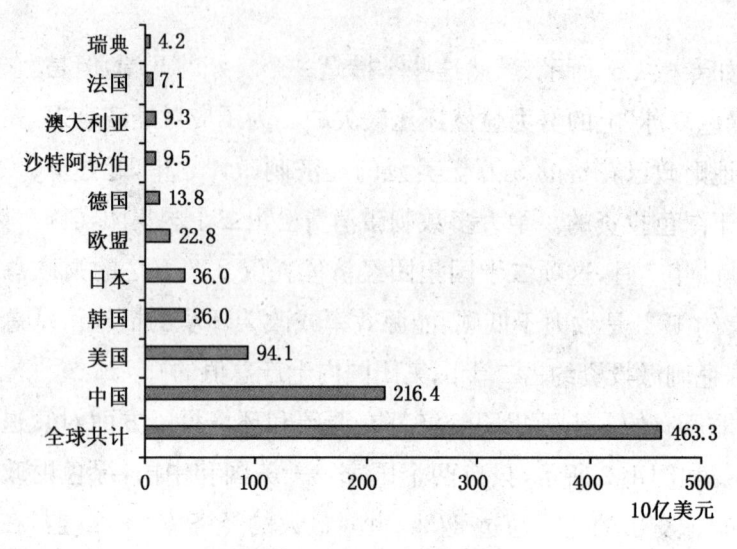

国家	金额（10亿美元）
瑞典	4.2
法国	7.1
澳大利亚	9.3
沙特阿拉伯	9.5
德国	13.8
欧盟	22.8
日本	36.0
韩国	36.0
美国	94.1
中国	216.4
全球共计	463.3

图 1.2　国家绿色刺激支出总额

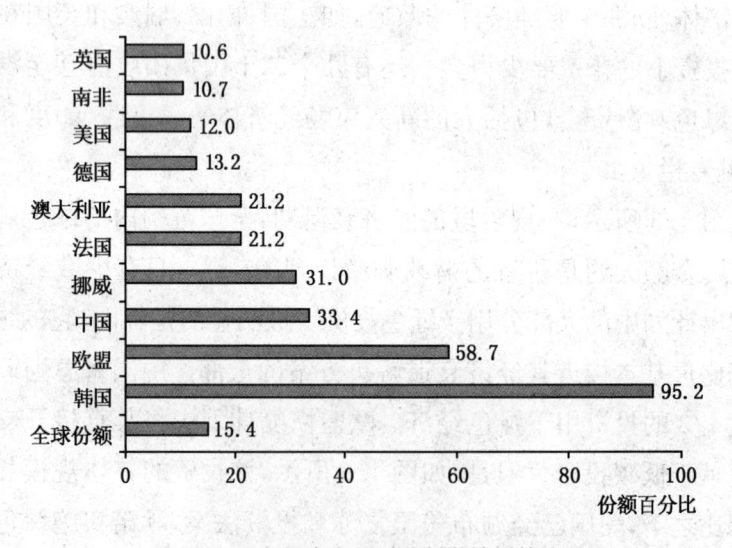

国家	份额百分比
英国	10.6
南非	10.7
美国	12.0
德国	13.2
澳大利亚	21.2
法国	21.2
挪威	31.0
中国	33.4
欧盟	58.7
韩国	95.2
全球份额	15.4

图 1.3　绿色投资占总财政刺激计划的比重

国内生产总值 3% 的大型绿色经济刺激计划方案，只是例外而非常态。

二十国集团的各国政府目前的环保刺激计划支出不可能推动 2009 年 4 月二十国集团公报承诺的全球"绿色"复苏计划。目前，低碳和其他环境本身的投资能对经济产生多大影响也是值得怀疑的,石油补贴和其他市场扭曲,以及缺乏有效的环境价格政策和法规,都削弱了公共和私人投资绿色行业的动机。此外,G20集团的各国政府实施的绿色刺激消费主要是针对自己国家的经济,很少会致力于帮助发展中国家,从本质上来说,因为全球衰退,发展中经济体将面临更为严峻的贫困和环境问题。个别政府的绿色财政支出对生态退化、气候变化和能源安全等全球问题的影响不大,特别是这些支出在主要经济体中没有得到很好地协调,而只是少数的二十国集团政府做出支持,或者政府支出与大多数经济体的规模不相称。

因此,如果二十国集团严肃认真地考虑"建立可持续经济的进一步措施",那么,它就需要采取额外的举措和政策,以及协调这些措施的执行和时间安排。为了理解为什么二十国集团需要更全面和协调一致的努力,本书引言的其余部分将概述"传统商业增长"模式的风险,并说明为什么全球绿色新政是"反思"经济复苏的一个重要选择。

传统商业增长模式

现在有迹象显示,如果世界经济无法从传统商业增长的路径上转移,一旦经济恢复,就可能很难避免未来全球环境和经济危机。

鉴于目前世界经济对矿物燃料的依赖,一旦经济恢复增长,石油价格可能会大幅攀升。例如,国际能源机构(IEA)认为,到2030年全球能源需求将上升45%,从而导致石油价格的大幅上升。国际能源机构(IEA)的趋势预测专家预计,经济再次复苏之后,石油价格将上升到每桶180美元[①]。

较高矿物燃料价格的影响将波及全球经济,特别是穷人。2008年燃料价格的上涨导致发展中经济体的人们更高的能源开支达40亿美

---

① IEA(2008).

低碳革命
——全球绿色新政

元,更贵的食品开支达 24 亿美元。食品价格的伴随性上涨导致全球贫困人口的数量从 1.3 亿增加到 1.55 亿[1]。能源价格的这种增加只会加剧全球能源的贫穷问题。发展中国家的几十亿人无法获得现代化的能源服务。这些消费者能获得的服务都是不稳定和不可靠的高价格服务。能源贫困中有 24 亿人仍旧依赖于传统的生物质燃料做饭和取暖,包括撒哈拉以南非洲 89% 的人口,另有无法使用电能的达 16 亿人[2]。

即使对能源的需求到 2030 年也能持平,只是为了抵消油田衰退带来的影响,全球经济每天仍然需要 4 500 万桶石油来满足社会总的生产能力——数量约等于沙特阿拉伯的目前产能的 4 倍[3]。但是,随着世界经济增长按照传统商业增长的模式恢复正常,矿物燃料的需求不可能保持不变。正如我们所看到的,随着能源价格的上涨,国际能源机构(IEA)预计到 2030 年全球能源的需求将增长 45%[4]。矿物燃料消耗的不断上升将恶化碳依赖型经济体的能源安全性。因为剩余石油储量逐渐集中在少数几个国家,石油供应面临中断的风险,运输部门能源使用量不断上升,石油供应能力不足,难以配合需求不断增长的步伐[5]。

世界经济复苏增加了对矿物燃料的消耗,从而加速全球气候变化。根据目前的趋势,到 2030 年温室效应气体排放量将增加 45%,其中 3/4 的增加量主要来自于中国、印度和中东地区[6]。国际能源机构(IEA)警告说,如果全世界经济体对碳依赖的方式不发生改变,到 21 世纪末大气中温室效应气体浓度可能会增加 1 倍,最终将导致全球平均气温上升 6 度[7]。这种情况很可能导致海平面上升 0.26~0.59 米,这将严重破坏

---

[1] 世界银行(2009)。
[2] Modi, Vijay, Susan McDadc, Dominque;Lallement and Jamal Saghir. 2005. *Energy Services for the Millennium Development Goals*. 华盛顿特区,世界银行,纽约,联合国开发计划署(UNDP)。
[3] IEA(2008).
[4] IEA(2008).
[5] IEA(2007). Oil Supply Security 2007; Emergcncy Response of IEA Countries. Paris,IEA.
[6] IEA(2008).
[7] IEA(2008).

淡水供应、生态系统、粮食生产、沿海人口和人类健康[1]。据 Stern 综述称，全球变暖 5～6 度，世界经济可能遭受相当于全球 GDP5%～10%的损失，而贫穷国家会遭受超过 10%的 GDP 损失[2]。

世界上的穷人更容易受到海平面上升、海岸侵蚀和更频繁的风暴等气候变化带来的风险。发展中国家 14%左右的人口和 21%左右的城镇居民居住在低海拔的沿海区域，他们更容易遭受这些灾害危险。研究认为，到 2070 年将有 1 500 万城镇居民居住的沿海地区会遭受极端沿海水浸事件。从贫困农民到城市贫民窟居民——数十亿人的生计将会受到气候变化带来的威胁，包括影响粮食安全、水供应、自然灾害、生态系统的稳定和人类健康。如在图 1.1 和表 1.1 中所示，发展中地区的农村贫困人口往往聚集在生态脆弱地区，这些地区本身就易出现退化、水资源短缺和土壤贫瘠。

一个无视环境退化的经济复苏还会严重危害全球生态系统和淡水资源。如上所述，千年生态系统评估的结果更令人震惊。在过去的半个世纪，全球经济活动和人口增长已经在某种程度上导致全球主要生态系统服务遭到破坏或者不可持续，包括淡水、捕捞渔业、空气和水的净化，以及区域和地方气候、自然灾害和虫害。世界经济如果继续回归到传统商业的增长模式，将可能继续恶化现在的生态趋势。

需要再次强调的是，欠发达地区的贫困人口正在遭受不成比例的影响。例如，全球水资源匮乏问题本身就表现为全球性的资源问题。发展中国家最贫困家庭面临最大的健康和经济问题之一，就是如何获得足够的清洁用水和基本的卫生设施。如果全球经济复苏未能解决全球水资源匮乏这样的紧急问题，或者如果它使问题变得更糟，那么，世界上越来越多的穷人将无法获得清洁用水和卫生设施。

---

[1] IPCC(2007).

[2] Stern, Nicholas(2007). *The Economics of Climate Change: The Stern Review*. 剑桥：剑桥大学出版社。参见 Tol, Richard S. J. (2008). The social costs of carbon: trends, outliners and catastrophes. *Economics: The Open-Access, Open-Assesment E-Journal*, 2(2008-25). 源自 www.economics-ejournal.org/economics/journalarticles/2008-25.

低碳革命
——全球绿色新政

从结论上讲,声称传统商业增长的经济发展模式将减少全球贫困的这一观点也值得怀疑。虽然目前的经济衰退很可能会让更多的人陷入极端贫困,但传统商业增长的经济发展模式却不一定会显著地减少世界贫困人口数量。诚然,1981~2005年,全球极端贫困人口数量从19亿减少到14亿,降低了5亿。但是,恢复传统商业的增长模式是不太可能在未来几十年迅速减少贫困的。如前所述,即使在目前的全球经济衰退发生之前,据估计到2015年仍然会有近10亿人每天生活费用不足1美元,几乎30亿人口每天生活费用低于2美元[1]。按照目前传统商业增长的发展模式,提高余下的贫困人口的生活可能是一个棘手的问题。正如我们所看到的,其中一个主要原因就是降低贫困必须处理许多穷人如何生存的问题。一般来说,发展中国家农村贫困人口的数量是生活在城市地区人口数量的大约2倍[2]。此外,正如在专栏1.2所示,接近6亿多农村贫困人口目前生活在易受气候和生态破坏的高原地区、干旱地区和森林地区,这些地区不仅土地容易退化,还面临着水匮乏的压力。如果一个复苏的世界经济不能直接解决能源和水的匮乏、气候变化和生态风险的问题,将对改善世界上许多穷人的生计产生重大影响。

全球绿色新政

迎接复苏全球经济的短期挑战和创造就业,并不意味着一定要牺牲长期经济和环境发展的可持续性。旨在快速实现全球经济复苏和创造就业而精心设计的经济政策、投资计划和立即采取的各种奖励办法,应与减少世界经济的碳依赖、保护脆弱的生态系统和扶贫兼容。忽略后者

---

[1] 基于2004年国际劳工组织对2015年人均日支出在1美元和2美元的世界人口份额的预测以及2006年联合国开发计划署(UNDP)对2015年世界中等生活水平人口的预测。

[2] Chen, Shaohua, and Martin Ravallion(2007). Absolute poverty measures for the developing world, 1981—2004. *Proceedings of the National Academy of Sciences* 104 (43): 16757—62. Chen和Ravallion注意到,2002年每天消费1美元的农村贫困率达到30%,是都市贫困率的2倍,虽然70%的农村人口每天消费不足2美元,但是市区的比例却不到这个数字的一半。

所要达到的目标将是对世界经济的"暂时性治疗",只会延续长期经济不稳定性和持续的环境恶化。

当前的经济危机使各国政府一起致力于全世界经济的复苏。目前,为了应对当前的全球经济衰退,国际金融和经济政策范围的合作或许是2008年9月华盛顿和伦敦二十国集团首脑会议最重要的成就所在。世界主要经济体推动的国际政策协调进程应该同样关注、处理其他重要的全球经济、社会和环境挑战。

同时解决短期的经济复苏和其他全球性挑战,需要世界各国领导人大胆地创新。75年前的大萧条时期,罗斯福总统对美国实施了大刀阔斧的改革,提供就业和实施社会保障,改革税收政策和商业惯例,有效地刺激了经济发展。罗斯福新政下的这些方案是在短期内落实的,其投资和支出规模足够大——相当于美国在此期间 GDP 的 3％～4％——不仅影响了美国经济,而且对整个全球经济都产生了重大影响。

当今世界所面临的多重危机需要一个类似于20世纪30年代罗斯福新政一样的政府领袖,但要同时能够在全球范围内具有更广泛的视野。

恢复世界经济的努力不应简单地停留在按照过去的经济发展模式重现过去的全球经济。相反,必须认真考虑实施新的和大胆的措施,不仅要刺激经济增长和增加就业机会,而且能够沿着更环保的可持续发展道路,进一步推动世界经济发展。我们在进行经济复苏时需要建立一个"绿色"世界经济体,而不是一个过时的"棕色"经济体。对于发达国家来说,其目标不仅是恢复经济繁荣,而且同时要表明减少碳依赖和环境影响的经济重组发展观点是可行的。对于发展中国家来说,我们的政策目标应该是确保经济体能够转移到一个更可持续的经济模式,并有助于实现千年发展目标。正如经济学家杰弗里·萨克斯(Jeffrey Sachs)所指出的那样,我们绝不能忘记要在2025年之前结束极端贫困的全球目标。

也就是说,这个世界最迫切的需要,不只是增加公共开支,加快经济复苏和创造就业机会。这种消费投入,即使是30万亿美元的财政刺激方案，在当前的经济衰退下也只是必要的，但还不够。实际上，现在所需要的是一个新的"全球绿色新政"，以满足多种全球性挑战。

全球绿色新政（GGND）计划中包括的政策、投资和鼓励措施提出了三个主要目标：

- 恢复世界经济、创造就业机会和保护弱势群体；
- 降低碳依赖、生态系统退化和水资源短缺程度；
- 到2025年结束世界极端贫困的千年发展目标。

实现这些目标需要各国政府的协调努力以及更多的国际行动。这样一个世界性的政策措施是必要的。如上所述，二十国集团一些国家的绿色刺激经济措施是一个良好的开端，但它们本身还不能构成一个完整的全球绿色新政（GGND）计划。不过，一个协调一致的全球运作机制可以在未来几年实现这样一个全球绿色新政（GGND）计划。

一个全球绿色新政（GGND）战略目标应该是恢复国际经济，建立国际经济新的全球经济发展模式，减少对环境的破坏和资源稀缺度，培训工人，并降低所有经济体的碳依赖。投资和消费所需的规模将很大，而且实施这些措施的时间必须很短。尽管如此，现在仍是实施全球绿色新政的大好时机。

世界近现代史上还从未有过现在这样一个时刻，即可能在一系列政策上达成全球范围的共识，这些政策将实现以上提到的三个基本目标。本书的目的就是提供一个框架——"蓝图"，描述全球绿色新政（GGND）政策会是什么。

因此，本书可以看作是在发展一个全球绿色新政（GGND）计划进程中的第一步。重点主要是构建这一战略的重要组成部分，尽可能增加重要的例子和解释，但它必然是限于细节、发展和具体政策建议的讨论方面。

本书的结构组织如下：

第Ⅰ部分介绍了为什么全球绿色新政（GGND）战略对全球经济和环境可持续性发展必不可少。

第Ⅰ部分
为什么提出全球绿色新政

第Ⅱ部分对全球绿色新政(GGND)计划的关键内容做了一个概述，这是每个国家行动战略的基础。简要介绍每个国家战略的具体措施，详细介绍如何评估每个策略对可持续发展和绿色经济复苏带来的影响；并且还详细分类讨论了不同国别水平的行动和所面临的挑战，如高收入的政府经济体系(主要是经合组织)、大的新兴市场经济国家(如转型和中等收入经济体，包括巴西、中国、印度和俄罗斯)和低收入经济体。

第Ⅲ部分集中分析在全球范围内采取的必要行动，帮助国家政府努力克服在执行全球绿色新政(GGND)战略过程中所面临的挑战和提高实施这种政策所带来的经济收益。特别令人关切的是，新兴市场经济体和低收入经济体所面临的制约因素，因为它们正在努力加快经济发展、扩大贸易机会和减轻普遍贫困。

第Ⅳ部分对全书进行总结，根据全球绿色新政(GGND)计划的提议，归纳国家和国际行动的建议与结论，讨论主要政策建议应包含更广泛的含义，包括创造就业机会、引导技术创新、克服财政赤字和恢复世界经济。最后一章展望未来，迎接挑战，努力创造一个真正的"绿色"世界经济。

附注：

经济合作与发展组织(OECD)目前主要的成员国有：欧洲包括奥地利、比利时、捷克共和国、丹麦、芬兰、法国、德国、希腊、匈牙利、冰岛、爱尔兰、意大利、卢森堡、荷兰、挪威、波兰、葡萄牙、斯洛伐克、西班牙、瑞典、瑞士、土耳其和英国；其他地区包括澳大利亚、加拿大、日本、墨西哥、新西兰、韩国和美国。但是，OECD中少数国家并不符合世界银行的"高收入"经济体的概念，如匈牙利、墨西哥、波兰、斯洛伐克和土耳其。

第Ⅱ部分
全球绿色新政的关键内容

低碳革命
——全球绿色新政

围绕如何制定绿色经济"蓝图"的政策讨论前面已经作了详细的论述[①]。过去几年间的多重全球性危机让人们重新关注兼顾绿色经济行动和解决经济危机的短期方案,并使两者协调发展的可能性。

过去几年爆发的粮食危机促使联合国在2008年组建一个高级工作组(HLTF),以执行国际政策建议,纾缓此次危机。该高级工作组制定了全面的计划,在国家层面和全球层面协调行动,制定了提高农业生产、贸易和可持续性的短期、中期和长期目标。该计划还呼吁捐助国再度进行粮食援助、营养支持和安全网建设的其他类型方案,并要求在援助的比例中增加对粮食和农业发展的投入,从过去3%的海外发展援助5年内提高到10%。

为了积极应对气候变化和矿物燃料依赖度上升等问题,美国政策智囊团一直敦促美国奥巴马政府考虑采取具体措施以确保"低碳"经济发展。在2008年的年鉴中,联合国环境计划署记录了全球范围内不断增长的资助环境政策的公司数和在清洁和可再生能源领域注入数十亿美元的投资者[②]。早在2008年7月英国就提出"绿色新政"[③],随后不久美国便推出类似的关于建设"绿色复苏"的政策建议,由此制定政策"白皮书",进一步激发了奥巴马政府和国会在2009年2月通过美国再投资和恢复法案,提出进行绿色经

---

① 对这次讨论最早作出显著贡献的是 Pearce, David W., Anil Markandya and Edward B. Barbier(1989). *Blueprint for a Green Economy*. London, Earthscan. A ten-year retrospective and update appeared as Pearce, David W. and Edward B. Barbier(2000). *Blueprint for a Sustainable Economy*. London, Earthscan.
② 联合国环境计划署(UNEP)(2008). *UNEP Year Book 2008: An Overview of Our Changing Environment*. Geneva, 联合国环境计划署(UNEP).
③ Green New Deal Group(2008). *A Green New Deal: Rained-up Policies to Solve the Triple Crunch of the Credit Crisis, Climate Change and High Oil Prices*. London, New Economics Foundation.

第Ⅱ部分
全球绿色新政的关键内容

济刺激投资计划①。最后,正如第1章所述,韩国的经济复苏计划,名为"绿色新政",优先考虑许多低碳开支计划,并且中国也在低碳激励项目上投入了几乎相当于其GDP3‰的资金(参见专栏1.1)。其他二十国集团(G20)也都在政府开支计划中将减少碳依赖作为其经济复苏的一部分。

这些举措是一个令人鼓舞的迹象,说明国际社会越来越乐于接受全球绿色新政。正如在第1章中强调的,要真正实施这种全球战略,必须在全球范围内由各国政府广泛采用财政措施和其他政策,从而有效结合经济复苏和创造就业机会的短期目标,以及减少碳依赖、环境恶化和贫困极端恶化的中期目标。为了实现这些目标,必须在未来一年或两年内迅速采取"一揽子"措施。为了确保有效性,额外投资规模和方案规模必须要大,超过G20集团各国政府目前的"绿色措施"支出,使其在未来1~2年内快速复苏世界经济(参见专栏1.1)。

第Ⅱ部分阐述了构成及时有效的全球绿色新政(GGND)计划的关键因素,这些因素是基于两大目标的战略:降低碳依赖;减少生态稀缺。

第2章和第3章突出如何在实现每个国家行动的这些目标的同时,也可以实现更直接的刺激经济增长、创造就业机会和减少穷人脆弱性的目标。虽然每个国家具体采取的优先政策、投资、激励机制,会因为各自经济体的经济、环境和社会条件的不同而不同,但是,我们会提供已被采纳或成功实施的案例。尽可能地,每项讨论措施的影响评估不应只根据环保目标,而且还要考虑刺激经济快速复苏、创造就业机会、保持经济增长和减少贫困发生率的经济

---

① Pollin, Robert, Heidi Garrett-Peltier, Lames Heintz and Helen Scharber(2008). *Green Recovery: A Program to Create Good Jobs and Start Building a Lowcarbon Economy*. 华盛顿特区,CAP.

目标。

由于不同经济体之间的经济、环境和社会条件差别很大，政府为实现这些目标，将会在执行国家行动时面对不同的挑战。有趣的是，各国政府所面临的各种挑战，以及解决这些问题有可能采取的行动，在三个不同的经济体中有所不同：经合组织组成的高收入经济体、大的新兴市场经济国家（如转型和中等收入经济体，包括巴西、中国、印度和俄罗斯）、实施任何全球新政战略都将面临最严重制约的低收入经济体。

第4章概述了发展中国家经济体所面临的特别挑战。第5章最后部分总结了成功实施全球绿色新政（GGND）提议的至关重要的国家行动，并概述了韩国360亿美元的绿色新政，它包含了本书中提到的许多国家行动。

② 降低碳依赖

减少世界经济的碳依赖存在很大的必要性,这也是全球绿色新政一个重要的组成部分。

正如专栏2.1所示,虽然从1990年到2005年世界经济的温室效应气体强度可能已经下降,但是全球总排放量却上升了,在未来25年它们甚至将进一步上升。因为随着全球人口持续增加、世界经济增长和贫困人口增加,矿物燃料能源使用量将会快速上升。因此,在如今碳依赖度高的世界经济体里恢复经济增长只会促使矿物燃料燃烧需求的进一步上升和温室效应气体排放量的增加。

2005年,温室效应气体排放量最大的前十个国家要么是富裕的经济体(如美国、欧盟、日本和加拿大),要么是新兴市场经济国家(如中国、俄罗斯、印度、巴西、墨西哥和印度尼西亚)。从总量来看,这些国家的排放量超过世界温室效应气体排放总量的70%(参见专栏2.1)。然而,到2030年情况很可能发生变化。在发展中国家,单单来自于能源消耗的排放将超过1倍,转型经济体国家将增加近30%,而经合组织国家将增加17%。到2030年,全球一半以上的来自于能源消耗的温室效应气体排放将主要来自发展中国家经济体。其中,中国的市场份额可能接近

低碳革命
——全球绿色新政

1/3。其他大的新兴市场经济体,如印度和俄罗斯也将在全球排放量中占据主要份额。

专栏 2.1 温室效应气体排放量、碳依赖和世界经济

2005年,温室效应气体排放量最大的前十个国家要么是富裕的经济体(如美国、欧盟、日本和加拿大),要么是新兴市场经济国家(如中国、俄罗斯、印度、巴西、墨西哥和印度尼西亚)。从总量来看,这些国家的排放量超过世界温室效应气体排放总量的70%。从1990年到2005年,在世界经济可持续增长的最后阶段内,全球温室效应气体排放量上升了约1/4。还有一点值得注意的是,除了前十名国家之外,那些前十之外的国家排放量增加的速度仍然很快(见表2.1)。

表 2.1　1990～2005年全球温室效应气体排放[①]　（单位:百万吨的二氧化碳当量）

	1990年	2005年	变化量	年均增长率(%)	总增长率(%)	占2005年全球份额(%)
中国	3 593.5	7 219.2	3 625.7	4.8	100.9	18.6
美国	5 975.4	6 963.8	988.5	1	16.5	18
欧盟[②]	5 394.8	5 047.7	−347.1	−0.4	−6.4	13
俄罗斯	2 940.7	1 960	−980.7	−2.7	−33.3	5.1
印度	1 103.7	1 852.9	749.2	3.5	67.9	4.8
日本	1 180	1 342.7	162.6	0.9	13.8	3.5
巴西	689.9	1 014.1	324.2	2.6	47	2.6
加拿大	578.6	731.6	153	1.6	26.4	1.9
墨西哥	459.5	629.9	170.4	2.1	37.1	1.6
印度尼西亚	332.6	594.4	261.8	3.9	78.7	1.5
前十大排放国	22 248.7	27 356.6	5 107.6	1.4	23	70.6
世界其他国家	8 456.2	11 369.6	2 913.4	2	34.5	29.4
全世界	30 704.9	38 725.9	8 021	1.6	26.1	—

注释:①温室效应气体排放来源不包括土地使用变化。2005年全球温室效应气体排放来源包括:二氧化碳(占总量的73.6%),甲烷(16.5%)。

②包括构成欧盟的27个国家,2005年欧盟前三大排放国分别是德国(9.774亿吨二氧化碳当量)、英国(6.398亿吨二氧化碳当量)、意大利(5.657亿吨二氧化碳当量)。

由于全球温室效应气体排放量的近3/4来自于二氧化碳,加上其他碳气体,占到90%以上的总排放量,所以对温室效应气体排放量进行二

氧化碳等量测量的方法是对世界经济碳依赖一个很好的近似估计方法。因此，可以通过世界经济温室效应气体的强度，即相当于每百万国际美元的国民生产总值带来的温室效应气体排放量的等量二氧化碳来反映这种依赖性。1990~2005年间，除巴西之外，全球前十大排放国家都降低了各自经济体的温室效应气体强度，其中，中国、欧盟和印度做出了最大限度的削减。全球其他地区也减少了其经济体的温室效应气体强度的大约13%。整体而言，世界经济的温室效应气体排放强度大约降低了1/5（见表2.2）。

表2.2　　　　　1990~2005年全球温室效应气体的经济密度[①]

（单位：每百万2000年国际美元的二氧化碳当量吨数）

	1990年	2005年	变化量	年均增长率(%)	总增长率(%)
中国	2 869.4	1 353.6	−1 515.8	−4.9	−52.8
美国	751.2	561.7	−189.5	−1.9	−25.2
欧盟[②]	561.5	387.4	−174.1	−2.4	−31
俄罗斯	1 570.2	1 154.4	−415.8	−2	−26.5
印度	1 076.6	759.1	−317.5	−2.3	−29.5
日本	368.2	346.9	−21.3	−0.4	−5.8
巴西	637.7	640.6	2.8	0	0.4
加拿大	774.6	647.4	−127.2	−1.2	−16.4
墨西哥	601.7	536.6	−65.1	−0.8	−10.8
印度尼西亚	894.9	839.7	−55.2	−0.4	−6.2
前十大排放国	1 010.6	722.7	−287.9	−2.2	−28.5
世界其他国家	753.6	656.1	−97.5	−0.9	−12.9
全世界	882.1	689.4	−192.7	−1.6	−21.8

注释：①温室效应气体排放来源不包括土地使用变化。2005年75.2%的全球温室效应气体排放量来自于能源，16.7%来自于农业，4.9%来自于工业，3.8%来自于废弃物。在能源部门，32.6%的全球气体排放来自于发电和取暖，14.2%来自于交通，13.7%来自于生产和建筑，10%来自于其他能源消耗，4.6%来自于废物排放。

②包括构成欧盟的27个国家。

尽管世界经济温室效应气体强度一定程度的降低十分鼓舞人心，但是这种趋势并不能表明整个世界经济体和地区的碳依赖明显减少。一项预测表明，大多数经济和地区的温室效应气体排放量的增长仍将持续到2030年。能源部门研究结果发现，目前全球温室效应气体超过3/4

低碳革命
——全球绿色新政

的排放量几乎都来自于矿物燃料的燃烧。随着全球人口增长,世界经济增长和贫穷国家的发展,能源的矿物燃料使用的增加将导致温室效应气体排放量上升。因此,如今在一个高度碳依赖的世界经济体中恢复经济增长,只会加剧矿物燃料的燃烧和需求的上升,从而导致温室效应气体排放量的增加。

到2030年,碳依赖的世界经济预计将比今天多产生近60%以上的来自于能源燃烧的温室效应气体排放量。主要的排放量增长将发生在OECD经济体的高收入国家,但也只会比现在的水平高17.4%。日本的排放量可能大幅下滑,而欧盟的排放量可能会增加不到6%。经合组织排放量增长的大部分很可能会来自于美国,可能会增长19个百分点。实际上,全球温室效应气体排放量的大幅度增长更大部分来自于转型和发展中经济体。到2030年,发展中经济体的排放量将超过1倍,尤其以印度和中国的大量增加为代表。以俄罗斯为代表的转型经济体的排放量将增长近30%。到2030年,中国的温室效应气体排放份额可能接近世界总量的1/3,所有发展中国家的排放总量将占到世界总排放量的绝大部分(见表2.3)。

表2.3　　2005~2030年全球温室效应气体排放[1]　　(单位:每百万吨二氧化碳当量)

	2005年	2030年	变化量	年均增长率(%)	总增长率(%)	占2030年全球份额(%)
全世界	26 620	41 905	15 285	1.8	57.4	—
OECD国家	12 838	15 067	2 229	0.6	17.4	36
欧盟	3 944	4 176	232	0.2	5.9	10
日本	1 210	1 182	−28	−0.1	−2.3	2.8
美国	5 789	6 891	1 102	0.7	19	16.4
转型国家[2]	2 538	3 230	692	1	27.3	7.7
俄罗斯	1 528	1 973	445	1	29.1	4.7
发展中国家[3]	10 700	22 919	12 219	3.1	114.2	54.7
中国	5 101	11 448	6 347	3.3	124.4	27.3
印度	1 147	3 314	2 167	4.3	188.9	7.9

注释:[1]国际能源机构(IEA)仅对温室效应气体排放的能源来源进行的预测;

[2]苏联和东欧经济体;

[3]非洲、亚洲、拉丁美洲和中东地区的低收入和中等收入国家。

如果不对碳依赖的世界经济体制作出改变,随之带来的全球气候变化非常令人担忧。国际能源机构警告,21世纪末大气中的温室效应气体的浓度可能会增加1倍,最终全球平均气温将会上升6摄氏度,这种情况很可能导致全球海平面上升0.26~0.59米,将会严重破坏淡水供应、生态系统、食品生产、沿海人口和世界各地的人类健康。据斯特恩报告称,温度每上升5~6摄氏度,会给全球带来巨大的成本,估计相当于全球GDP的5%~10%程度的缩减,而落后国家的成本甚至超过GDP的10%[①]。

但是,减少世界经济的碳依赖不仅仅是出于避免全球变暖的考虑。越来越多的研究强调,减少矿物燃料使用的重要性是为了加强全球和国家的能源安全。现在已经很确定,如今的经济体对于石油危机的承受能力存在较大的脆弱性[②]。据国际能源机构(IEA)预计,最近几年石油供应中断的风险还在不断增大,近期这种风险还将继续增长。其主要原因在于,碳依赖型经济体对矿物燃料的需求持续增长,对少数几个石油储备国家剩余的石油储备关注度上升,交通部门使用量增长和石油供应能力跟不上需求增长的步伐。几大产油国产量递减的现状更是加剧了这一问题。尽管世界的石油储量足够满足未来对石油的需求,即使这种需求到2030年都一直保持平稳的增长速度,每天也需要新增加4 500万桶的总生产能力——相当于沙特目前4倍的生产能力——更何况我们还要抵消全球石油油田产量下滑的影响。

逐渐地,降低世界经济的碳依赖将是同一时间一次性解决两个问题的良药:实现能源安全和缓解气候变化这两个全球目标。

据捷克共和国、法国、意大利、荷兰和英国的国家案例研究结果显

[①] Stern(2007),也可参见Tol(2008),他发现Stern研究中的这些估计是高度悲观的,而其他研究采用了一个比较低的未来损害折扣率。

[②] Hamilton,James D. (2008). Oil and macroeconomy. In Steven N. Durlauf and Lawrence E. Blume(eds.). *The New Palgrave Dictionary of Economics*, 2nd edn., vol. Ⅵ. London, Palgrave Macmillan:172-5.源自 www.dictiunaryofeconomics. com/dictionary; jimenez-Rod riguez, Rebeca and Marcelo Sanchez(2005). Oil price shocks and real GDP growth: empirical evidence for some OECD countries. *Applied Economics*,37 (2):201-28;世界银行 2009。

示,如果这些经济体没有大大减少它们的碳依赖,2030年二氧化碳排放量和能源安全将呈现逐渐恶化的趋势[①]。亚太经济体地区的岛屿型发展中国家对石油的进口依赖已经达到100%,中国、印度、印度尼西亚、菲律宾、泰国和越南等国家的矿物燃料消耗将占总能源消耗的3/4还多[②]。亚洲和其他发展中经济体日益增加的碳依赖,不仅将它们自己置于未来全球矿物燃料中断供应的巨大风险之中,而且使它们成为2030年全球温室效应气体排放的主要来源(参见专栏2.1)。

能源安全与气候变化的脆弱性给世界上极端贫困人口带来完全不同的影响。发展中国家很大一部分的人口无法获取现代化的能源服务,而能够获得的消费者往往要支付较高的价格,获得的服务还不稳定。发展中国家约24亿的人口,其中包括89%的撒哈拉以南非洲人口,依靠传统的生物质燃料来做饭和取暖,另有16亿人没有用上电[③]。极端贫困和低水平的人类发展共同降低和限制了全球穷人对日益增加的能源成本和气候风险的管理与适应能力。

世界银行研究发现,过去5年间石油价格的急剧上升已对全球粮食价格产生了直接影响,给世界上的穷人带来了不成比例的影响。例如,从2005年到2007年的粮价上涨,增加了贫困人口数量,发展中国家城市贫困人口增长了2.9%,农村人口增长了2.1%[④]。发展中国家的城市贫民特别容易遭受海平面上升、海岸侵蚀和更频繁的风暴带来的气候变化的影响。从总数上看,大约14%的发展中国家人口和21%的城市居民,生活在特别容易遭受这些风险的低海拔沿海地区[⑤]。专栏2.2列举了发展中地区数亿的贫困人口容易遭受的大范围的类似的气候性风险。

向低碳世界经济的转变不只是为了解决越来越受关注的全球能源安全和气候变化问题,它也是为了改善全球贫困人口发展前景的一条势

[①] IEA(2007).
[②] UN ESCAP(2005).
[③] Modi et al. (2005).
[④] 世界银行(2009).
[⑤] McGranahan et al. (2007). 作者估计大约10%的全球人口居住在高风险的海边区域。

在必行之路。

在未来几年内实施全球绿色新政（GGND）可以引导世界经济向可持续发展道路转变，在实现这些目标的同时，也能提高短期的经济复苏，增加全球数百万个就业岗位。反过来，这些多重目标的实现同时依赖于以下5个主要方面的发展：

- 提高能源效率和节约能源；
- 扩展"清洁能源"供应方案；
- 提高运输的可持续性；
- 在全球范围内采取政策措施，以阻止碳的使用（限制贸易、征碳税等）；
- 持续地增加全球贫困人口的能源服务（如照明、取暖、做饭等）。

专栏2.2 世界上的贫困人口对气候引致影响的脆弱性

联合国发展计划已确定五种严重影响贫困人口生计的气候变化，见表2.4。

表2.4　　　　　　　严重影响贫困人口生计的气候变化

传输通道	气候变化的物理影响	对弱势群体的效应
农业生产和粮食安全	影响脆弱地区农业的降雨、温度和水供应。	到2060年，撒哈拉以南非洲受干旱影响的地区将会扩大60万～90万公顷。2080年所有发展中国家的农业生产都可能遭受损失。2080年全球营养不良的人数可能还会上升至6亿人。
用水压力及水资源安全性	改变的径流模式和冰川融化将影响灌溉和人类住区的水供应。	2080年将会新增18亿人生活在缺水的环境中。
海平面上升和气候灾害风险	随着冰盖迅速解体，海平面将加速上升，海洋变暖可能助长更加强烈的热带风暴。	3.3亿人会因为洪水而流离失所，其中包括7 000万孟加拉国人，2 200万越南人，600万埃及人以及在加勒比和太平洋地区的小岛屿国家的人口。3.44亿人将遭遇破坏性的热带气旋。目前生活在城市贫民窟、脆弱的山坡、易发洪水的河岸的10亿人将面临更大的脆弱性。

低碳革命
——全球绿色新政

续表

传输通道	气候变化的物理影响	对弱势群体的效应
生态系统和多样性	大约一半的珊瑚礁系统因为全球变暖而遭受漂白,不断增加的海洋酸度是对海洋生态系统的一个长期威胁。气候每变暖3℃,就将可能有20%~30%的陆地物种面临灭绝。	目前生活在城市贫民窟、脆弱的山坡、易发洪水的河岸的10亿人将面临更大的脆弱性。发展中国家居住在脆弱环境中的13亿农村贫困经济群体将受到严重影响(见专栏1.2)。
人类健康	主要疾病会迅速蔓延。	另外,将有2.2亿~4亿人口可能暴露在疟疾的袭击中,登革热也有可能蔓延。

资料来源:UNDP(2008). *Human Development Report* 2007/2008; *Fighting Climate Change: Human Solidarity in a Divided World*. New York, UNDP.

本章的其余部分提供一些该类型的国家行动实例,以供这些地区的其他国家政府采用。下一节将全面评述大大改变世界的三个主要碳依赖经济体——中国、欧盟和美国——的一些建议。上述三个经济体(总和超过了全球一半以上GDP)也共同表示,实施这些计划也将刺激新的经济领域、提高对技术工人的需求、创造就业机会,从而提高整体经济复苏和持续增长。在其他国家实施这些建议的潜力还有待讨论。还有一节专门讨论着眼于提高可持续性运输的政策和行动,这是任何一个低碳国家战略都必需的重要组成部分。

创建低碳经济

中国、美国和欧盟三个经济体总的温室效应气体排放量占世界排放量的一半以上,并且在现有的政策下,到2030年这三个经济体将仍然是最大的气体排放来源(见专栏2.1)。虽然任何全球绿色新政不应只停留在降低这三个经济体的碳依赖,但是中国、欧盟和美国实现这一目标,显然对全球经济向低碳发展路径转型具有重大的影响。此外,许多提案和研究已经表明,减少这三个主要经济体的矿物燃料能源使用和温室效应气体排放量,同时能够明显地刺激新的经济领域和增加就业机会。其他经合组织和巨大的市场经济体,特别是全球温室效应气体排放量的主要来源国,可能会发现采用与中国、欧盟和美国经济体相类似的政策行动会非常有用。低收入国家政府也可以考虑采用不同政策措施中的一些主要行动,在营造低碳经济的同时促进全球"绿色"经济的恢复。

如专栏 2.3 所示,为了同时达到减少能源安全问题和经济生产的碳依赖问题这样的双重目标,中国已经开始开展一系列能够促进能源节约和绿色能源供给的项目和措施。在中国 6 480 亿美元的经济刺激计划中,超过 1/3 的投入是用于能源效率、环境改善、铁路运输和新的电网基础设施。因此,在所有的二十国集团(G20)成员中,中国是投资绿色经济刺激计划最多的国家之一,这样的投资分配占其 GDP 的 3%,低碳举措的总支出占其 GDP 的 2.5%(参见专栏 1.1)。此外,根据京都议定书的清洁发展机制(CDM),中国是世界上最大的碳减排额度承诺国,目前大约从清洁发展机制额度中征收近 20 亿美元的税收收入。

专栏 2.3 描述了多项研究,结果表明,中国可以通过采用创新的经济政策和工具,包括碳税、其他排放税和专项补贴,加速过渡到低碳经济,这些政策的成本往往会与因此带来的关联效应抵消,如改善空气质量效益、提高农业生产力、拓展新的经济领域和技术的发展、改善就业和减少贫困,中国经济也将获得增加就业和部门增长的机会。目前,中国的可再生能源部门是出口的重要来源,创造价值近 170 亿美元,拥有近百万员工。作为低碳战略的一部分,这一部门的扩张将会为该国提供所需增加的就业机会和经济增长的前景。

专栏 2.3 中国的碳依赖调整和经济发展

采取措施减少矿物燃料能源在中国的使用,从而减少温室效应气体排放量,在很大程度上是出于对能源安全问题的考虑,特别是该国对煤炭的过度依赖。2000~2005 年,中国的能源消费增长了 60%,几乎占世界能源消费增长的一半,1990~2005 年,中国的温室效应气体排放量上升了 80%。煤炭构成了中国能源消耗的近 70%,主要是用于发电。目前中国石油消耗中近

低碳革命
——全球绿色新政

一半需要依靠进口,到 2020 年很可能 60%~80%的消耗需要依赖进口。

目前中国为缓解潜在气候变化影响而实施的能源安全举措,包括了多项提高能源效率和保护措施,以及扩大其能源供应的可备选项。中国的第 11 个"五年规划"已经制定了总体目标,到 2010 年单位 GDP 能耗降低到 2005 年 20%的水平。这个目标预计将温室效应气体排放量减少超过 15 亿吨的二氧化碳当量,或者相当于比目前排放趋势减少 10%的量。整体国家目标下放到各个省份和工业部门,包括最密集型能源行业也采取了鼓励企业实现目标的激励措施。此外,中国正着手实施政策,有效地推进燃煤电厂和工业厂房的更新换代。制定一系列政策着力提高建筑、工业和消费品的能源使用效率。此外,中国已树立一个目标,争取到 2020 年可再生能源的比重达到 16%,这将增加其总发电量 1 倍以上。最后,中国 6 480 亿美元经济刺激计划中超过 1/3 的投资分配到能源效率和环境改善、铁路运输和新的电网基础设施。因此,在所有的二十国集团(G20)成员中,中国是实施最大的绿色经济刺激计划的国家之一,其投资比例相当于其国内生产总值的 3%(参见专栏 1.1)。

在清洁发展体制框架下,中国也是拥有最多碳减排额度指标的国家,占迄今登记项目的 1/4 和超过年度平均削减排放量的一半。中国大多数的清洁发展机制(CDM)额度指标主要是用于减少氢氟碳化合物和收集垃圾填埋场甲烷和氮氧化物。其具有的重要意义在于,中国从发放清洁发展机制(CDM)额度指标中获得近 20 亿美元税收收入,正在进一步用这些收入资助清洁发展机制项目投资,如可再生能源供应和研发减缓气候变化与适应技术方面。

对于中国来说,虽然采取提高能源节约和替代能源供应选择的措施是任何减缓气候变化战略的重要组成部分。但是,最近有建议提出,中国可以通过采用碳税政策与互补的经济工具和补贴相结合的方式,来实现其雄心勃勃的减少碳依赖目标。Kristin Aunan 和其同事最近的研究表明,在增加经济生产净收益的同时,采用碳税政策可有效减少 17.5%的整体温室效应气体排放。实施该政策后,城市地区的辅助医疗福利会改善空气质量,而农业生产力得到提升,农村收入出现增长,这些好处将有效抵消该政策的成本。碳税的收入可用于资助能源效率、可再生能源、碳封存和低能耗城市发展相关的研究。Mark Brenner 和他的同事曾建议,可以征收碳税建立中国

"天空信托",基金的收入按照人均计算回投到公共建设上,以减少收入不平等和贫困人口。笔者发现,大约70%的人口将在"天空信托"的帮助下逐步提升纯收入,而在中国的贫困可减少20%。王浩和中田英寿开发的方案表明,征收碳税与二氧化硫(SO_2)排放费可能会产生足够的收入来发展洁净煤发电技术。可以减少高达25%的二氧化硫排放量和29%的二氧化碳排放量,未来清洁煤技术还将提供约1/3的发电量,在电力价格方面为中国经济带来整体的净增益。

中国蓬勃发展的可再生能源部门以及其他"清洁技术"投资,可能会对发展新的经济增长和出口部门产生重大影响。中国已制定雄心勃勃的目标,准备到2020年利用甘蔗生物质生产发电量达20吉瓦(GW),并且中国目前已经是世界第三大乙醇生产商。中国已超过美国成为世界第三大太阳能电池板生产商(目前主要用于出口),是全球最大的太阳能热水器生产国。中国已经生产80%的世界节能灯,并计划成为主要的风力涡轮机制造商。中国清洁技术投资从2005年的1.7亿美元增加到2007年的4.2亿美元。

表2.5　　　　　2007年中国可再生能源部门就业情况　　　　　(百万美元)

	风能	太阳能光伏发电	太阳热能	生物能	总计
生产	6 000	2 000		1 000	9 000
制造	15 000	38 000	400 000	15 000	468 000
服务	1 200	15 000	200 000	250 000	466 200
总计	22 200	55 000	600 000	266 000	943 200
总值	3 375	6 750	5 400	1 350	16 875

资料来源:Renner, Michael, Sean Sweeney and Jill Kubit(2008). *Green Jobs: Towards Decent Work in a Sustainable*, Low-carbon World. Geneva, UNEP.

这些新行业的发展可能极大地影响了中国的就业。正如表2.5显示,中国可再生能源部门总价值近170亿美元,并已聘用了100万名工人,其中包括60万人从事太阳能研发,26.6万人从事生物质能发电,5.5万人从事太阳能光伏发电,2.2万人从事风力发电。

资料来源:Aunan, Kristin, Terje Berntsen, David O'Connor, Therese Hindman Persson, Haakon Vennemo and Fan Zhai(2007). Benefits and cost to China of a climate policy. *Environment and Development Economics*,12(3):471—97;Brenner, Mark/ Matthew Riddle and James K. Boyce(2007). A Chinese sky trust? Distributional impacts of carbon charges and revenue recycling in China. *Energy Policy* 35(31):1771—84;Downs, Erica(2006). China. Brookings Foreign Policy Studies/ Energy Security Series. Washington, DC, Brookings Institution; Heggelund, Gorild(2007). China's climate change policy: domestic and international developments. *Asian Perspective*, 31(2): 155—91 (available at http://cdm.unfccc.int/Statistics/index.html); Kim, Margaret J., and Robert E. Jones(2008). China: climate change superpower and the clean technology revolution. *Natural Resources and Environment*, 22(3): 9—13; McKibbin, Warwick J., Peter J. Wilcoxcn and Wing Thye Woo. Preventing the Tragedy of the CO_2 Commons: Exploring China's Growth and the International Climate Framework. Global Working Paper No. 22. Washington, DC, Brookings Institution; Pew Center(2007). Climate Change Mitigation Measures in the People's Republic of China. International Brief No. 1. Arlington, VA, Pew Center on Global Climate Change; Renner, Michael, Sean Sweeney and Jill Kubit(2008). *Green Jobs: Towards Decent Work in a Sustainable. Low-carbon World*. Geneva, UNEP; UN ESCAP(2008). *Energy Security and Sustainable Development in Asia and the Pacific*, Bangkok ESCAP; Wang, Hao and Toshihiko Nakata(2009). Analysis of the market penetration of clean coal technologies and its impact in China's electricity sector. *Economic Policy*, 37(1): 338—51; Zeng, Ning, Yihui Ding, Jiahua Pan, Hijun Wang and Jay Gregg(2008). Climate change: the Chinese challenge. *Science*, 319: 730—1; and Zhang, ZhongXiang(2008). Asian energy and environmental policy: promoting growth while preserving the environment. *Energy Policy*, 36(10): 3905—24.

专栏 2.3 中的中国案例说明,大的新兴市场经济体如何通过有效实施政策,提高能源效益及节约能源,增加清洁能源供应方案和碳定价政策,以及其他经济手段,从而促进经济体过渡到低碳经济。一些研究表明,一组类似的政策可以促使所有的亚洲经济体发生这种转变,包括低收入国家[①]。例如,截至 2006 年,印度在可持续能源供应方面的投资已

[①] 例如,Carmady, Lash, and Duncan Ritchic(2007). Investing in Clean Energy and Low Carbon Alternatives in Asia. Manila, Asian Development Bank [ADB]; Renner, Michael, Sean Sweeney and Jill Kubit(2008). *Green Jobs: Towards Decent Work in a Sustainable. Low-carbon World*. Geneva, UNEP; UN ESCAP 2001:1; and Zhang, ZhongXiang(2008). Asian energy and environmental policy: promoting growth while preserving the environment. *Energy Policy*, 36(10): 3905—24.

累计达 26 亿美元,在所有发展中经济体中,仅次于中国的 40 亿美元投资。如果印度在能源使用终端的有效管理上进行大幅投资,到 2030 年将减少约 45% 的能源消耗。整个亚太地区(包括俄罗斯)都可以实现类似的节约[①]。

因此,中国和亚洲其他地区采取的低碳发展战略,可以在刺激急需的短期经济恢复和创造就业机会的同时,创造一个新的发展模式,为其他大的转型和发展中经济体提供重要的全球性榜样。另外,三个主要亚太经济体,澳大利亚、日本和韩国也达成协议,共同致力于促进低碳投资作为其经济复苏战略的一部分。总体而言,在当前的经济衰退中,亚太地区占全球绿色刺激支出的 63%,并且大部分的投资目标致力于减少碳依赖。中国低碳投资占该地区总数的 2/3,日本政府开支约占 12%,韩国占 10%,澳大利亚占 3%[②]。后面将详细讨论这些主要的亚太国家的低碳国家行动,特别是韩国推出的绿色新政。

正如专栏 2.4 所示,现在对于美国来说是一个千载难逢的机会,能够将短期利益与创造就业机会和刺激经济复苏合在一起实施,同时在中期顺利过渡到低碳经济。这样的政策将涉及两个主要组成部分:立即实施一项"绿色"财政刺激计划和出台一项碳定价政策。第一部分已经到位,至少部分到位。2009 年 2 月颁布的 7 870 亿美元的美国复苏和再投资法案包括:约 5 785 亿美元将投入到节能建筑物的改造、公共交通和货运铁路的拓展、"智能"电网传输系统建设和扩大可再生能源供应等方面。这些在能源效率和清洁能源战略方面的投资有可能创造 150 万个新的就业机会。然而,这样一个投资计划必须配套实施温室效应气体排放的限额交易系统,这可能最终每年产生 750 亿美元的销售收入,从而用于支付低碳项目投资。碳定价策略的另外一个重要因素就是尽快减免和立即消除美国石油和天然气行业的所有联邦税收补贴,目前该金额

[①] UN ESCAP(2008). 也可参见 Shukla, P. R. (2006). India's GHG emission scenarios: aligning development and stabilization paths. *Current Science*, 90(3), 384—95.
[②] Robins, Clover and Singh(2009).

至少是每年60亿美元。从本质上讲,这两个战略将代表美国国家绿色新政的一个重要组成部分。

专栏2.4　美国协调经济复苏和碳依赖性

正如专栏1.1所示,2009年2月颁布的7 870亿美元的美国复苏和再投资法案包括:节能建筑物的改造、公共交通和货运铁路的拓展、"智能"电网传输系统建设和扩大可再生能源供应等;另外,水利基础设施投资大约是941亿美元。此外,人们对引入一个全面的限额贸易制度以限制二氧化碳排放量还持有谨慎乐观的态度。因此,现在对于美国来说是一个千载难逢的机会,能够将短期利益与创造就业机会和刺激经济复苏结合起来,同时在中期顺利过渡到低碳经济。各种研究均表明,这些目标是相辅相成的。

例如,由一流科学家和经济学家组成的忧思科学家联盟呼吁,到2050年将美国的温室效应气体排放量减少至2000年水平的80%以下。美国进步中心2007年发布的一份报告提出了一个十年战略,包括提高能源效率、投资清洁能源和碳定价政策。通过实施这些战略,美国能够重新调整经济走上这样的低碳发展道路。碳定价政策有两个关键的组成部分:一个整体经济限额贸易系统,到2050年将温室效应气体排放减少至2000年水平的50%~80%,取消美国每年对石油和天然气工业60亿美元的联邦税收减免和补贴。上文提议的限额交易制度将在整个经济体中向所有企业拍卖限额,但排放配额无法满足的公司只能从联邦政府或其他公司那里购买许可证。预计最初的10%每年产生750亿美元的收入,可分配给在能源密集型行业经营的企业,以补偿它们的股东、员工和当地社区。剩下的一半收入可分配给低收入和中等收入家庭,以帮助抵消过渡期减少使用能源而带来的能源价格上涨。其他限额交易收入将用来投入研发和投资,以提高经济的能源效率和促进清洁能源技术的发展。

2007年共同农业政策报告(CAP)所设想的政策,目的是制定十年战略将美国的经济转换成低碳经济。2008年第二次报告表明,在未来两年内通过实施"绿色经济复苏"计划，能够开始向低碳经济转型、振兴美国经济增长，并创造百万个高技能工种的就业机会。该报告建议，在未来两年内启动1 000亿美元的行动，所需费用可由在同一时期实施的温室效应气体限额交易计划拍卖所得款项来支付。通过对四个能源效率和可再生能源战略投资，将创造200万个就业岗位：

- 改造使用节能设备的建筑物；
- 拓展公共交通和货运铁路；
- 建设一个"智能"电网传输系统；
- 扩大可再生能源供应，即风力发电、太阳能发电、新一代的生物燃料（即纤维素，并非玉米燃料，如农业植物废料或类似草本植物和藻类的专用作物）和其他生物质能源。

表2.6　　　　　　　美国绿色恢复项目创造的就业机会

直接就业活动	创造的就业机会类型（总计：935 200个）
建筑改造	电工、取暖设施/空调安装、木工、建筑、屋顶工、绝缘工人、卡车司机、建设督察。
公共运输/货运铁路	土木工程师、铁路铺轨工、电工、焊工、金属加工工人、发动机组装工、巴士司机、调度员、机车工程师、铁路导线员。
智能电网	计算机软件工程师、电气工程师、操作工程师、电气设备装配和技术人员、机械师、装配工程队、建筑师、电力线路安装和维修工。
风能	环境工程师、工业生产工人、管理人员和监事、钢铁工人、工业维修技师、板材工人、机械师、电气设备装配工、设备经营者、卡车司机。
太阳能	电气工程师、电工、工业机械技工、焊工、金属装配工、电气设备装配工、施工设备操作员、建筑工人。
先进的生物能源	化学工程师、化学家、化学设备操作人员和技术人员、机器操作员、农民、农业工人和督导员、卡车司机。
间接就业影响	就业类型（总计：586 000个）。
创造相关的制造业和服务就业机会	林业产品、五金、钢铁、运输。
连带就业影响	就业类型（总计：496 000个）。
通过增加收入支出带来的工作机会	批发和零售。

资料来源：Pollin, Robert, Heidi Carrett-Peltier, James Heintz and Helen Scharber (2008). Green Recovery: A Program to Create Good Jobs and Start Building a Low-carbon Economy. 华盛顿特区, CAP.

低碳革命
——全球绿色新政

如表2.6所示,由绿色复苏计划创造的200万个就业岗位中,将包括超过93.52万个高技能工种的新职位以及一般工业性职位。此外,与主要的能源效率部门和可再生能源领域相关的制造业和服务业,将间接创造额外的58.6万个就业机会。最后,直接和间接雇用的工人收入增加带来的消费需求增加,将在全美引致近50万个新的零售和批发业就业机会。虽然包括在复苏法案中的785亿美元的低碳经济刺激投资是参照CAP绿色复苏计划而设定的,但是最终的份额分配量少于1 000亿美元。不过,在复苏法案中的低碳战略仍具有相当大的创造就业的影响。

其他一些研究和建议,例如总统气候行动计划认为,十年内投资5 000亿美元将在全美创造500万个新的就业机会。如果按照上述建议,能够促进实施"气候友好技术变革"的补充性政策,进而导致美国经济发生重大技术变化,就可能创造额外的收入和就业机会。皮尤研究中心(PEW center)的拉里·古尔德关于全球气候变化发布的研究报告称:将直接排放政策,如限额交易制度与研发(R&D)补贴政策相结合,鼓励私营部门投资于提高能源效率和清洁能源,可能会产生强有力的技术创新引致效应(参见专栏2.6)。同样,另一个由皮尤研究中心的戴尔·乔根森发布的研究也表明,正确组合碳定价政策与补充性财政政策,进行大幅度地改革收入再分配,能够显著地减少美国经济任何气候变化政策的成本。

资料来源:Becker, William S. (2008). *The 100 Day Action Plan to Save the Planet: A Climate Crisis Solution for the 44th President*. 纽约, St Martin's Press; Coulder, Lawrence(2004). Induced Technological Change and Climate Policy. Arlington, VA, Pew Center on Global Climate Change; Jorgenson, Dale W., Richard J. Goettle, Peter J. Wilcoxen, Mun Sing Ho, Hui Jin and Patrick A. Schoennagel(2008). *The Economic Costs of a Marketbased Climate Policy*. White Paper. Arlington, VA, Pew Center on Global Climate Change Mckibbin, Warwick, and Peter Wilcoxen(2007). Energy and environmental security. In Brookings Institution. *Top 10 Global Economic Challenges: An Assessment of Global Risks and Priorities*. 华盛顿特区, Brookings Institution: 2—4; Podesta, John, Todd Stern and Kit Batten(2007). *Capturing the Energy Opportunity: Creating a Low-carbon Economy.* 华盛顿特区, CAP; Pollin, Robert, Heidi Garrett-Peltier, James Heintz and Helen Scharber(2008). *Green Recovery: A Program to Create Good Jobs and Start Building a Low-carbon Economy.* Washington, DC, CAP; and Union of Concerned Scientists[UCS](2008). US scientists' and economists' call for swift and deep cuts in greenhouse gas emissions. Cambridge, MA, UCS. Available at www.ucsusa.org/global-warming.html.

但是实际上,在减少碳依赖方面,美国政府最终可以比目前承诺的做得更多。美国 ARRA 计划中的低碳投资达 785 亿美元,只占总财政刺激方案的 10%,不到美国国内生产总值的 0.6%(见专栏 1.1)[1]。限制贸易碳排放许可拍卖与取消矿物燃料和其他能源的补贴激励能够获取大量收入,美国利用这些资金可以很容易地扩大其承诺的低碳投资额度,甚至达到相当于国内生产总值的 1% 的金额(约 1 400 亿美元),从而提高创造就业的效果、刺激经济部门补充性私人投资的活力,并进一步减少经济体的碳依赖。

专栏 2.5 表明,欧盟(EU)利用它的"三个二十"政策,正在试探性地展开一系列步骤,以整合经济复苏的努力与低碳战略。2009 年 3 月实施的欧洲经济刺激复苏计划积极推动该组合策略的实现,其中包括约 230 亿美元——或近 60% 的经济刺激方案总额——致力于在欧盟倡议低碳发展(见专栏 1.1)。大多数后者的各项建议致力于支持更高效的矿物燃料发电、鼓励可再生能源的发展(包括补贴风力发电)、实施税收优惠以鼓励建筑节能[2]。个别欧盟成员,尤其是奥地利、比利时、法国、德国、意大利、波兰、西班牙、瑞典等,也将低碳举措作为经济复苏刺激方案的一部分。欧洲还有一个重要的非欧盟国家——挪威也在经济刺激计划中采取措施减少二氧化碳依赖度(见专栏 1.1)。例如,针对当前的

---

[1] 基于 2007 年按购买力评价估计的美国 GDP 为 137 800 亿美元,来自 CIA's, The world factbook。源自 www.cia.gov/library/publications/the.worldfactbook/rankorder/2001rank.html.
[2] 参见 Robins, Clover and Singh(2009):26—8.

经济衰退,挪威制定了财政刺激方案,并且拨出31%的份额进行低碳投资,法国占21%,德国是13%,英国则近11%(见图1.3)。

专栏2.5 欧盟的"三个二十"战略和经济复苏

2008年11月,欧盟委员会公布了"三个二十"目标,将其作为第二个战略能源审查的一部分。其主要目标包括:承诺减少欧盟温室效应气体排放量,到2020年比1990年的水平低20%;可再生能源在能源消费总量中的比例提高20%;能源效率提高20%。委员会将"三个二十"议程看作是欧盟到2050年过渡到低碳经济和确保欧盟的未来能源安全的一个基本步骤。最具有标志性的是,该计划可能包括欧盟在多个方面改进的立法,如能源性能和建筑物设计规范、能效标签、大规模的投资能源效率、可再生能源供应(目前占欧盟9%的能源消费)和矿物燃料的清洁利用。

为了履行其"三个二十"议程,欧盟将需要进一步发展配套的碳定价政策。类似的政策在欧盟内部已经存在,欧盟是第一个按照排放交易系统的模式设立广泛碳市场的区域,该系统在2005年1月已经开始运作。该系统已经满足最初设定的一般目标,同时已经在整个欧洲范围内建立碳价格,企业已开始把这个价格融入决策中,同时,已经奠定了有关碳交易的多边市场基础。然而,为了实现"三个二十"目标,还需要扩大现行的排放交易系统。根据Damien Demailly和Philippe Quirion的研究发现,对于该系统来说,最有成本效益的方案是许可证的拍卖结合边界税率的调整来维持欧洲产业的竞争力,或者是许可证在部门间以产出为基础进行分配以迎接国际竞争。

在促进减少碳排放和增加经济收益两个目标中,整个欧盟的"三个二十"的目标也有可能具有重要的协同作用。在下一个实施阶段,预计该系统每年将创造685亿美元的许可证收入,这些收入可以用来大量投资于能源保护和支持开发可再生能源。Loreta Stankeviciute和他的同事发现,委员会决定提高能源效率和可再生能源供应,到2020年增长20%,这一决定还将有效减少欧盟经济体中运输和建筑行业的温室效应气体排放量,从而使碳密集型部门达到更严格的排放削减标准的成本,如电力、水泥。此外,通过扩大清洁发展机制和联合执行计划,扩大排放交易系统(ETS)可能还意味着更多的全球碳贸易机会。如果未来排放交易系统(ETS)方案包括进口清洁发展机制指标的利益,那么,未来的欧盟碳价和履约成本应该会更低。同样,Christoph Erdmenger 和他的同事的研究表明,越来越严格的排放交易机制与提高能源效率和可再生能源供应措施相结合,能够实现德国在2020年二氧化碳排放量减少至1990年的40%的目标,目前该国是世界上温室效应气体的主要来源国之一。这些综合措施的平均成本为每减少1吨二氧化碳需要花费50欧元,或德国家庭每月额外开支25欧元。在德国和欧盟鼓励如此迅速的可再生能源供应可能还需要修改电价政策。Doerte Fouquet 和 Thomas Johansson 表示,弥补电价制度是最有希望的制度,这个制度使可再生能源电力生产商除了获得电力市场的价格之外,还能获得一个固定的溢价。

欧盟及时实施的"绿色复苏"投资计划致力于扩大节能和可再生能源供应,并带来了十分可观的就业影响。如表2.7所示,在这两个领域,规模较大的投资方案执行起来越快,也就能创造越多的就业机会。欧盟可再生能源部门在全球内已经被证实具有显著的经济意义。欧盟的风力涡轮机制造商目前约占全球市场份额的80%,欧盟已经超过日本成为世界领先的光伏电池生产商。据估计,欧盟可再生能源产业的技术工种大约占总的净就业增长的1/3。

表2.7　　　　　　　　　欧盟部门创造的就业机会

部门	方案	就业效应
可再生能源(风能、太阳能、生物质能)	2020年可再生能源扩张20%。	2010年创造95万个就业机会。2020年创造140万个就业机会。
可再生能源(风能、太阳能、生物质能)	先进的可再生能源战略。	2010年创造170万个就业机会。2020年创造250万个就业机会。
改造住宅建筑	改造建筑,2050年二氧化碳降低75%。	138万个新就业机会。
改造住宅建筑	改造建筑,2030年二氧化碳降低75%。	259万个新就业机会。

资料来源：Renner, Michael, Sean Sweeney and Jill Kubit(2008). Green Jobs: Towards Decent Work in a Sustainable, Low-carbon World. Geneva, UNEP.

欧盟范围内的住宅建筑改造方案还具有另一个优点,那就是它很可能已经在欧盟的所有国家范围内造成大量的就业影响。例如,德国每耗资14

低碳革命
——全球绿色新政

亿美元用于改造住宅建筑物,估计就会新增25 000个就业机会。欧盟的十个新成员国(塞浦路斯、捷克共和国、爱沙尼亚、匈牙利、拉脱维亚、立陶宛、马耳他、波兰、斯洛伐克和斯洛文尼亚)的住宅改造项目总投资高达64亿美元,每年将新增18万个就业机会。

资料来源:European Commission(2008). EU energy security and solidarity action plan:2nd strategic energy review. Memo/08/703. Brussels, European Commission. Available at http://ec. europa. eu/energy/strategics/2008/2008_11_ser2_en. htm; Convery, Frank J. (2009). Origins and development af the EUETS. *Environmental and Resource Economics*, 43:391—412; Demailly, Damien, and Philippe Quirion(2008). *Changing the Allocation Rules in the EU ETS:Impact all Competitiveness and Economic Efficiency*. 工作论文编号89. Milan, Fondazione Eni Enrico Mattei [FEEM]; Ellerman, A. Danny, and Paul L. Joskow(2008). *The European Union's Emissions Trading System in Perspective*. Arlington, VA, Pew Center on Global Climate Change; Erdmenger, Christoph, Harry Lehmann, Klaus Muschen, Jens Tambke, Segastian Mayr and Kai Kuhnhenn(2009). A climate protection strategy for Germany:40% reduction of CO_2 emissions by 2020 compared to 1990. *Energy Policy*,37(1):158—65; Fouquet, Doerte, and Thomas B. Johansson(2008). European renewable energy policy at crossroads:focus on electricity support mechanisms. *Energy Policy*, 36(11):4079—92; Renner, Michael, Sean Sweeney and Jill Kubit(2008). *Green Jobs:Towards Decent Work in a Sustainable, Lowcarbon World*. Geneva, UNEP; and Stankeviciute, Loreta, Alban Kitous and Patrick Criqui(2008). The fundamentals of the future international emissions trading system. *Energy Policy*, 36(11):4272—86.

不过,正如美国一样,欧盟也还有更多的事情可以做,如将目前的刺激经济复苏的政策、创造就业机会与过渡到一个低碳经济的中期战略结合起来。这种转变的一个关键步骤是,欧盟扩大和提高其上限交易的排放规定,在减少温室效应气体排放的同时,保持在未来1~2年之内加大对能源效率、可再生能源供应和清洁利用矿物燃料的投资[①]。如果采取

[①] 关于ETS的起源和发展,参见 Convery, Frank J. (2009). Origins and development of the EUETS. *Environmental and resource econmomics*,43(3):391—412.

第Ⅱ部分
全球绿色新政的关键内容

这些措施,未来十年所有欧盟成员国的经济收益有可能上升,排放量也能得到有效的削减。一个用于扩大节能和可再生能源供应的大规模的即时性投资计划,有可能创造至少 10 万～20 万个新的全职工作。与美国类似,欧盟也可以制定绿色复苏计划,在低碳和激励机制上投入大约 140 亿美元,这大约相当于欧盟国内生产总值的 1%[1]。这种投资将大大增加欧盟目前 23 亿欧元的专门支持低碳行动的绿色刺激方案(参见专栏 1.1)。并且,任何欧洲绿色复苏方案融资的很大一部分可通过扩大排放交易系统(ETS)产生的收入得到满足。例如,在未来的实施阶段,该排放交易系统(ETS)预计将为欧盟获得超过 68 亿欧元的年收入。

个别欧盟政府还可以做更多工作来扩大低碳行动。例如,正如第 1 章所述,主要欧洲国家政府如法国、德国、瑞典和英国,比亚太地区主要经济体如澳大利亚、日本和韩国,在低碳和环境投资上的花费得更少(见图 1.2)。除瑞典外,大多数欧洲国家的政府在降低碳依赖上的花费远远低于国内生产总值的 1%(见图 2.1)。

中国、美国和欧盟的例子,以及韩国颁布的绿色新政,都表明一个事实,即通过绿色复苏计划实施的大规模投资,不仅是向低碳经济转型的重要一步,而且也将刺激新的经济领域、提高对技术工种的需求和创造就业机会,从而拉动整体经济恢复和维持经济增长。美国和欧盟在未来两年中实施的一个 1 400 亿美元方案——约相当于两大经济体国内生产总值的 1%——将成为这种全球绿色新政的重要组成部分。在韩国的绿色新政中,节能和绿色建筑部分的投资占该国国内生产总值的 0.5%,完整的低碳战略占 1.2%(参见第 5 章)。澳大利亚已经采取大约相同规模比例的绿色复苏刺激计划,日本政府现在对低碳行动投入占其国内生产总值的 0.8%左右(参见专栏 1.1)。其他高收入经济体,尤其是二十国集团(G20)的成员,应采取相似的投资策略以降低它们的碳

---

[1] 基于 2007 年按购买力评价估计的欧盟 GDP 为 144 300 亿美元,来自 CIA's, The world factbook. 源自 www.cia.gov/library/ publications/the-world-factbook/rankorder/2001 rank. html.

低碳革命
——全球绿色新政

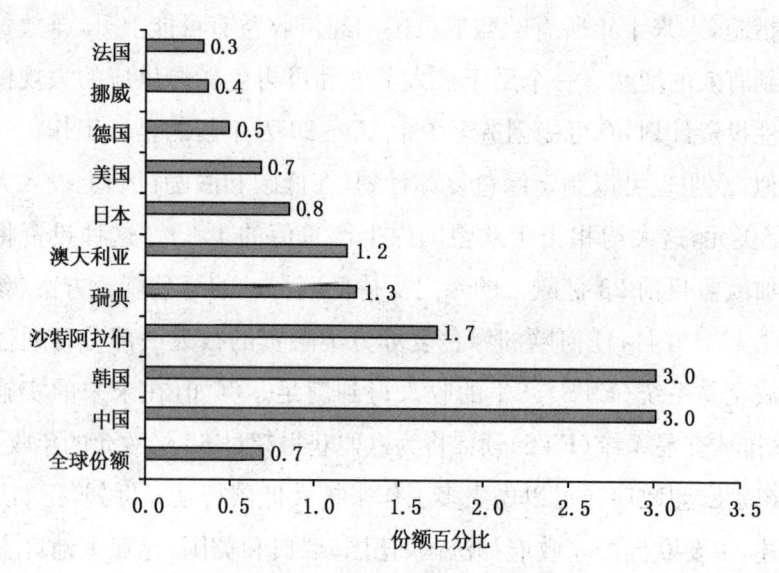

国家	份额百分比
法国	0.3
挪威	0.4
德国	0.5
美国	0.7
日本	0.8
澳大利亚	1.2
瑞典	1.3
沙特阿拉伯	1.7
韩国	3.0
中国	3.0
全球份额	0.7

图 2.1　绿色刺激计划占 GDP 份额

经济依赖。对于中国以及其他大的新兴市场经济体,很难估计应该在绿色复苏计划中立即投入多少,但专栏 2.3 的中国案例清楚地表明,在能源效率、增加清洁能源供应等经济领域的大量投资将给部门增长、刺激经济和创造就业等方面带来实实在在的好处。目前,中国政府已经花费 1 750 亿美元,相当于其国内生产总值的 2.5%,以促进低碳行动。其他大的新兴市场经济体,尤其是二十国集团(G20)的成员,应遵循中国和韩国的模式,在未来 2~3 年内至少投资国内生产总值的 1%,以减少二氧化碳的依赖性。

中国、美国和欧盟的例子还说明了采用碳定价的互补政策是何其重要。

欧洲目前的排放交易系统(ETS)项目已经开始进入到下一个阶段。美国也预期建立一个全面的温室效应气体排放总量控制交易系统。在中国,碳税是更有可能和可行的方法。这些不同的例子表明,高收入的经合组织和新兴市场经济体在实施碳定价政策时有一个范围广泛的可能模式可以从中选择。限额贸易和碳税这两个政策都能够产生相当大的收入,可为一部分投资提供资金,包括增加能源保护和可再生能源供应数量,减少贫困和不平等现象,缓解分配影响和清洁能源技术的开发。其他一些经济手段也可以获得额外的收入,如排放税和取消扭曲的矿物燃料补贴。这些经济体在终止或减少矿物燃料补贴、将储蓄大规模投资在清洁能源和节能方面具备很大的潜力,这作为向低碳发展道路长期过渡的一部分,具有重要的意义。

对一些经济体而言,取消矿物燃料补贴可能是碳定价政策特别重要的组成部分。全球每年共有大约3 000亿美元(相当于世界国内生产总值的0.7%)用于此类补贴[①]。绝大多数矿物燃料的补贴用于人为降低煤炭、电力、天然气和石油产品的价格。与大家广泛认为的不同,实际上这些补贴大多不利于穷人,并且获益的有钱人也不能提供全球性的经济利益。取消这些全球性的补贴本身将使温室效应气体排放减少多达6%,使全球国内生产总值上升0.1%。这些节省下来的补贴资金可以定向投资到清洁能源的研究和开发(R&D)、可再生能源开发和能源节约等领域,这将进一步促进经济增长和增加就业机会。

正如专栏2.4所示,美国取消60亿美元的矿物燃料补贴将为未来两年内实施的绿色复苏计划提供额外的资金来源。但是,总的来说,非经合组织比经合组织经济体在消除矿物燃料和相应的能源补贴方面具有更大的可选择范围。高收入经合组织每年的能源补贴金额约800亿美元,但20个非经合组织国家的能源补贴却高达2 200亿美元。俄罗斯每年能源补贴达400亿美元,主要是为降低天然气价格。伊朗的能源补贴大约是370亿美元。中国、沙特阿拉伯、印度、印度尼西亚、乌克兰和埃及每年的能源补贴已经超过100亿美元。委内瑞拉、哈萨克斯坦、阿根廷和巴基斯坦每年的补贴在50亿～100亿美元之间。南非、马来西亚、泰国、尼日利亚和越南每年的补贴介于10亿～50亿美元。

---

① 联合国环境计划署(UNEP)(2008). *Reforming Energy Subsidies: Opportunities to Contribute to the Climate Change Agenda*. Geneva,联合国环境计划署(UNEP).

低碳革命
——全球绿色新政

取消一些重大的补贴,例如对矿物燃料的补贴,始终是各个政府的一个艰难的政治步骤。每年全球3 000亿美元矿物燃料的补贴中,超过2/3的补贴来自于二十国集团(G20)经济论坛的成员。如果二十国集团(G20)可以通过谈判和协调分阶段地取消这些补贴,就能使取消补贴变得更为可能和可行。

启动减少所有中低收入经济体碳依赖的项目是任何一个全球绿色新政必需的重要目标。正如专栏2.1所示,按照目前的趋势,预计到2030年发展中经济体将产生超过一半的全球温室效应气体排放量,中国一个国家将占据发展中经济体排放量的一半,其他一些大的新兴经济体和转型经济体构成剩余的部分。在不久的将来,为低收入经济体提供低碳经济发展的机会仍然是最重要的。

如前所述,中国通过实施碳定价政策等其他(见专栏2.3)经济手段,有效地提高了能源效率和节能,扩大了清洁能源供应的方案。许多低收入经济体也可以应用类似的政策。亚洲,包括低收入经济体可以实施的政策范围包括:取消矿物燃料补贴、增加金融投资,这是为可再生能源和节能投资提供的一个潜在的资金重要来源,这项政策不仅适用于大的新兴市场经济体,而且适用于补贴非常普遍的低收入经济体。此外,如专栏2.6中所述,博茨瓦纳、加纳、洪都拉斯、印度、印度尼西亚、尼泊尔和塞内加尔等国家的能源部门改革,已被证明是过渡到更有效和更清洁的燃料阶段的一个示范案例,该项政策特别有利于贫困家庭。

专栏2.6 发展中经济体的能源部门改革和贫困人口服务的改善

博茨瓦纳、塞内加尔、加纳和洪都拉斯4个国家进行了多个能源部门改革,使穷人能够获得重要的燃料,包括电力、石油产品(如煤油、蜡烛、木炭、薪柴)。这4个国家都实施了一些电力部门的改革,包括补贴、梯度或基准运营定价政策,其不同之处在于技术、价格制定、贷款计划和社区参与等方面。为了增加贫困人口对资源的获取能力,塞内加尔、加纳和洪都拉斯都引入了针对低消费者的梯度定价政策。不同的是,博茨瓦纳选择投资农村电气化方案项目,将补贴支付转移给穷人。其结果是,1996~2003年间,农村电网设施连接增加了5倍。塞内加尔、加纳和洪都拉斯的改革和优惠价格政策也增加了穷人获得电力供应的途径,但是增长速度较慢。因此,所有4个国家的居民都开始使用电力而不是木材了。

这4个国家还允许私人公司接管进口、分销及石油产品的销售。如此一来,居民更容易获得煤油和天然气之类的产品,否则,他们还要依靠木炭和薪柴来做饭、取暖和照明。自20世纪70年代以来,塞内加尔就开始以提供补贴等方式资助农村贫困人口在做饭时使用小丁烷气灶替代木炭和薪柴等燃料。从1999年到2001年,当所有收入群体中85%的人口,包括最贫穷的家庭,都开始使用燃气灶做饭之后,政府将补贴减少了80%。目前,塞内加尔收入最低的1/5人口中也有86%的居民使用煤气做饭。博茨瓦纳、加纳和洪都拉斯的居民家庭也越来越多地开始转向使用煤气做饭,但是城市地区比农村地区使用更为广泛。

因为加纳仍然有广阔的森林和林地,政府已将其中一些森林区域作为燃料种植园,同时把放松对私营炭业的管制作为一种激励手段,鼓励居民使用煤炭而不是使用木炭与薪柴来做饭和取暖。因此,从2001年至2004年,农村和城市地区对木材的使用下降很快,而木炭的使用得到增加。

为了扩展贫困人口使用能源的途径,其他发展中经济体也采用创新性能源机构改革。例如,印度正在由私人能源企业促进分散技术的供给,尼泊尔也鼓励私营公司销售沼气设备。印度尼西亚已经建立一个公私合营机制的行动计划,以促进偏远农村社区能用上电。

这些发展中国家的能源部门改革的经验教训表明,如果改革提高了一个部门的效率,那么,整个经济包括穷人都将从中获益,如获得能源服务、成本降低和供给质量的提升。此外,着眼于使穷人受益的政策也鼓励更广泛地采用更有效的和更清洁的燃料。因此,增加穷人对能源服务的使用、提高整体能源效率与发展中经济体的目标并不矛盾。

资料来源:Prasad, Gisela(2008).《能源部门改革、能源转换和非洲的穷人——能源政策》,36(8):2806-1,联合国亚太经社会,2008;能源安全和亚洲及太平洋可持续发展;

低碳革命
——全球绿色新政

联合国亚太经社会,曼谷。

发展中经济体从这些政策中获得的经济和就业增长可能是巨大的。例如,据国际能源机构(IEA)估计,低收入和中等收入国家在提高发电能源效率上每投资1美元,就能够节约3美元的投资成本,因为这些国家现在的效率水平还非常低。小水电、生物质能和太阳能光伏发电已经为发展中国家农村地区数以千万计的居民提供电、热、抽水和其他能源动力。约250万个家庭依赖沼气做饭和照明,还有25万个住户使用太阳能照明系统。发展中经济体目前拥有全球可再生资源容量的40%、太阳能热水容量的70%和生物燃料生产的45%[①]。因此,这些部门的扩张是非常重要的,它们不仅能够为全世界的穷人增加对可持续能源服务供应的可获得性,而且也为发展中经济体提供急需的就业机会[②]。

减少能源贫困

在减少全球能源贫困方面,提供负担得起的和可持续的能源服务是全球绿色新政(GGND)的一个重要组成部分。发展中国家有几十亿人可能无法获得现代能源服务,或为了获取不稳定和不可靠的服务支付较高的价格。

正如在专栏2.7中所示,孟加拉国格莱珉·沙克蒂(Grameen Shakti)率先在农村地区传播推广三种可再生能源技术——太阳能光伏家用系统、沼气设施和改进的炉灶。超过205 000户家庭已经安装了太

[①] REN21(2008). Renewables(2007). Global Status Report. Paris, REN21 Secretariat,华盛顿特区,世界观察研究所。

[②] 缺乏数据使得估计发展中国家增加可再生能源供应的就业潜力非常难。例如,2008年Renner、Sweeney和Kubit的报告认为,全世界的可再生能源部门已经超过230万个工作岗位。尽管这些数据仅包括一些发展中经济体的就业,例如中国(所有可再生能源部门有943 200名工作者)、印度(风力部门有大约10 000名工作者)和巴西(生物燃料能源部门大约有500 000名工作者)。然而,发展中国家的就业潜力是巨大的,因为上述统计的这三大发展中经济体已经占全世界可再生能源就业的65%。

阳能光伏系统,建立了6 000个沼气厂,已发放20 000多个改良炉灶,这直接新增约20 000个就业机会,培训超过1 000名可再生能源技术工人,以及众多通过小规模培训创造的其他就业机会。到2015年要实现的目标是,750万户家庭配备光伏太阳能系统,建立50万个沼气设施,提供20万个改良炉,带来至少有10万个直接就业岗位,培训1万名技术员。

专栏2.7 孟加拉国乡村能源公司和穷人对可再生能源的利用

通过其创新的小额信贷计划,孟加拉国乡村能源公司一直在实施一项雄心勃勃的计划,为农村家庭提供可以负担得起的可再生能源技术。在整个孟加拉国,该公司已经为20多万家居民安装了太阳能系统,能够为一些小规模家电(如冰箱、电视、电子电器、手机、电脑和收音机)提供供电能力。每月要新安装8 000个太阳能光伏系统,并且对系统的需求正在成倍增长。我们的目标是到2011年新增安装200万个太阳能光伏系统,到2015年达到750万个,总量将达到孟加拉国人口的一半。

孟加拉国乡村能源公司还安装了6 000个沼气发电厂,能够将动物粪便、有机污染转化为无污染的沼气和浆料。沼气可用于烹调食物、照明和通过家庭发电机发电。浆料可以用作有机肥料和养殖鱼类的食物。30多个大型工厂直接为家庭提供电力。孟加拉国乡村能源公司为自己设立的目标是在2015年实现建造50万个沼气发电厂。从长期来看,随着煤油等常规燃料的成本上升,以及木材和化学肥料的短缺,孟加拉国至少要建400万个沼气工厂。

孟加拉国乡村能源公司已经发放超过2万个改良炉灶,计划在2010年实现为3.5万个村庄提供100万个炉灶的目标。较长期的目标是在2015年实现200万个炉灶的市场潜力。改进的烹饪炉灶取代了传统炉灶,因为它能够减少薪柴消耗,保护妇女和年幼的孩子避免遭受室内污染。

这个方案对就业和其他经济机会的影响是深远的。目前,孟加拉国广泛采用这三种可再生能源技术,已经至少创造了2万个工作岗位。大约有

低碳革命
——全球绿色新政

1 000名妇女接受了光伏太阳能或改进炉灶技术培训,许多学员甚至开始成立自己的可再生能源企业。农村地区已经建立了33家格莱珉技术中心来开展培训和制造业务。通过这些中心,超过45 000名农村妇女学会了维护在自己家中安装的太阳能光伏系统,至少10 000名学员已经了解了新的可再生能源技术。现在沼气发电厂建设项目中配备了1 000名经过培训的本地工人,建立了1 000个示范农场,普及可以把浆料作为有机肥料使用的相关知识。另外,培训了1 000名左右的技术改良炉灶的技术工人,通过种子资金和技术援助已经设立了35家制造单位。目标是通过新能源技术项目的开展,到2015年主要为妇女至少新增10万个直接就业机会,并至少培训10 000名技术员。

资料来源:Barau,Dipal(2008).将绿色能源、健康、收入和绿色带入孟加拉国.在国际咨询委员会向国际气候保护倡议的筹备会议上提交的论文,德国联邦环境,自然保护和核安全,波兰,12月7日。

获得现代能源服务不仅可以减少贫困,也有利于经济增长、提高生产率、促进当地创收和降低单位能源成本。更有效的燃料的使用可以减少家庭收入在烧饭、照明和取暖等方面上的开销,从而导致居民对粮食、教育、卫生服务和其他基本需求的支出更多。低端现代能源服务的使用也与高婴儿死亡率、文盲、生育、预期寿命低存在很大的相关性。

为了扩展世界穷人获得现代能源服务途径,从而促进最贫困经济体的增长和发展,联合国开发计划署(UNDP)和世界银行的一个报告倡导三个主要目标:增加获得能用于做饭和取暖的现代燃料和清洁生物质系统的路径;确保所有城市和城郊地区能获取电力;为农村地区提供机械动力和电力的集中获取点[①]。但是,该报告还建议,发展中国家如果也要开展这方面的行动,将需要体制支持和国际社会的容量建设,以确保这些经济体具备所需要的技能和技术支持,来支撑现代能源服务的扩展和发展。正如第4章中所述,发展中经济体在实施减少能源贫困低碳

---

① Modi et al.(2005).

第Ⅱ部分 全球绿色新政的关键内容

战略时,主要面临的一些挑战就是这样的技能、技术和资金短缺。

改善交通的可持续性

从全球来看,运输部门占了世界能源总使用量的1/4以上,占温室效应气体排放总量的14%。在高收入经济体,交通运输占温室效应气体排放的份额甚至更高。例如,美国高达26%,欧盟接近19%。交通运输排放量增长最快的地区是中东和北非(1990～2005年间平均年增长率为4%)、亚洲(3.9%)、撒哈拉以南非洲(3.5%)、拉丁美洲和加勒比海地区(3%)。在世界范围内,运输部门是所有温室效应气体排放的部门中增长速度最快的部门,目前道路运输占交通运输排放总量的74%。

除非目前的能源使用方式发生重大的转变,从目前的格局发展下去,世界运输能源使用量预计每年将增长2%,那么,到2030年,能源使用和温室效应气体排放量将比2002年的水平上升约80%以上。

提高交通可持续发展还存在其他一些必不可少的环境和经济原因。运输是现代经济的重要基础设施部门,可以作为一个重要的经济增长刺激点。交通网络是城市日常运行所必需的,但是在同时,尤其是在快速发展中的经济体,人口增长、城市化和工业活动是运输部门增长的主要动力,促使能源使用量增加及其占全球温室效应气体排放量的比重上升。据估计,在大都市地区的运输部门占城市温室效应气体排放总量的1/3还要多。此外,交通造成的空气污染已成为发展中国家城市地区最糟糕的环境和健康危害之一,特别是往往伴随着高聚集度的城市人口、高速的城市化和低效率的运输系统。最后,缺乏公共交通、机动车交通的高成本、不可靠的道路交通造成的高事故率都给城市地区的穷人造成不利影响。

创建一个更可持续的全球运输系统同时也是在提高运输网络的效率、增长和就业潜力。目前全球运输系统对机动车的过度依赖不断增长,私人汽车保有量持续上升。其主要原因有以下三点:

低碳革命
——全球绿色新政

首先,该系统强调移动性的益处多过方便性。后者给城市发展、土地利用规划和就业机会造成了意想不到的后果。例如,在美国,1950～1990年间迅速扩张的公路系统造成了大城市人口的大幅度下降。不幸的是,特别是随着人均收入的增加和汽车使用的增加,美国模式已成为全球运输系统的模型。这种自动导向型城市结构不能提高工作的可通达性,可能会带来恶性循环。例如,波士顿、洛杉矶和东京的一项比较研究表明,在这三个城市,公共交通乘客的工作通达性比机动车乘客要低,并且美国城市公共交通用户通达性比东京低。换句话说,在现代大都市地区,私家车的缺乏会减少获得就业的机会,但是对于那些模仿美国交通模式的国家尤其如此,因为这些国家的交通变得更加自动导向。

其次,目前全球运输系统朝着更大的机动车辆、道路交通和增加能源使用方面发展,这种偏离进一步加剧了大规模的运输市场扭曲,包括机动旅游抑价、鼓励汽车使用的城市规划和土地利用规划、支持道路运输多过其他交通模式的扭曲公共投资等。这些扭曲可能会导致额外的经济和社会成本,包括交通拥堵、交通运输成本增加、低效的能源消耗和上升的事故发生率。社会成本大多具有外部性,因为它们是车辆使用者强加给别人的,通常构成汽车使用总成本的1/3。在美国,这类成本已接近每年500亿美元。这种经济后果往往是循环累积并且影响深远的。例如,拥塞就存在多种经济效应。世界银行的报告认为,发展中经济体的人均保有车辆不断增加的趋势只会更加迅速地导致道路拥堵,这反过来又会增加地面公共交通运行的时间,如巴士公共交通。其结果是汽车和出租车使用越多,交通堵塞问题越严重。在美国大型都会区,车辆拥堵已达到非常严重的情况,以至于影响就业率的增长。有数据估计显示,对于一个交通延误能与洛杉矶相媲美的城市,拥堵每增长10%,长期就业增长就会降低4个百分点。目前,随着全球城市化和交通拥堵的趋势不断加深,大城市就业率增长的减少可能是巨大的。决策者每年花费数十亿美元用于扩大道路网络以减少堵塞,其结果也逐渐变得不那么有效。例如,美国在公路上每花1美元,货运业务和航运企业驾驶者的阻塞成本减少的程度只有11美分。

第三，当前的全球运输系统鼓励更多的私人机动车辆使用，也是不利于穷人的。在印度的孟买，超过44%的乘客步行去工作，穷人中的63%步行去工作。穷人一般使用公共交通：市区中心的穷人有21%乘坐公车去上班，郊区穷人有25%乘火车上班[1]。在整个发展中世界，较低收入水平的人们一般乘坐公共交通，使用某种形式的非机动车交通或干脆步行。中等收入水平的人们对小型机动交通工具的依赖加深，如三轮车、滑板车或摩托车。私人汽车的使用只有在高收入水平的人群中才出现。然而，低收入和中等收入家庭在交通运输上的花费最多，城市地区的人们花费在交通运输上的比例高达他们收入的30%[2]。相类似地，非洲最贫穷的城市家庭花费在交通运输上的费用占其收入的1/4。因此，穷人是高运输成本最大的不对称受害者。例如，在亚洲4个发展中经济体中，2002~2005年燃料价格的上涨导致贫困家庭在交通运输上的支付增加了1.2倍[3]。在富裕国家，如美国，穷人往往集中在城市中心，收入中较大部分用于支付交通支出，并且高度依赖于公共交通[4]。因此，贫困家庭对公共交通系统的可用性和交通成本非常敏感和脆弱，他们往往受限于资金不足和其他限制。因此，公共交通的通达性对于劳动参与率和内城居民的就业率具有显著的影响[5]。

实施全球绿色新政的目的应是改善全球运输系统的可持续性，包括穷人对交通运输更好的获得性，并同时刺激短期的经济复苏和创造数百万的工作岗位。

实现这些多重目标需要通过以下五个方面的进展：

---

[1] Baker, Judy, Rakhi Basu, Maureen Cropper, Somik Lall and Akie Tkeuchi(2005). *Urban Poverty and Transport*：*The Case of Mumbai*. 政策研究工作论文第3693号. 华盛顿特区，世界银行.

[2] Sperling, Daniel and Deborah Salon(2002). Transportation in Developing Countries：An Overview of Greenhouse Gas Reduction Strategies. Arlington, VA, 皮尤全球气候变化中心.

[3] Renner, Sweeney and Kubit(2008).

[4] UN. ESCAP(2008).

[5] Glaeser, Edward L., Matthew E. Kahn and Jordan Rappaport(2008). Why do the poor live in cities? The role of public transportation. *Jounal of Urban Economics*, 63(1):1—24.

低碳革命
——全球绿色新政

- 发展新一代省油汽车、低碳、生物燃料，以及新燃料和汽车的传输基础设施；
- 鼓励交通运输向铁路和公共交通的运输方式转换；
- 减少机动车辆行驶里程——通过智能交通、城市规划和土地利用规划；
- 提高穷人负担得起的交通运输的可获得性；
- 消除运输市场的扭曲，实施适当的、以市场为基础的方案和条例，以改善运输系统的可持续发展。

下一节提供了国有经济体的国家政府都适用的各项措施范例，这也将刺激新的经济领域、提高对技术工种的需求、创造就业机会，从而提高整体经济复苏和持续增长。

使交通更加可持续的行动

全球经济衰退的标志之一是全球汽车销售不景气。2008年年底，汽车销售比往年下降了30%，2009年平均下降率至少达到8%。美国三家汽车制造商中的两家——通用和克莱斯勒汽车公司先后进入破产，第三家汽车制造商——福特公司，从美国政府获得贷款救助。丰田公司预计将面临70年来第一个经营亏损的年份。日产报告说，全球产量下降将超过1/3以上。随着经济衰退加深，全球汽车业的危机有望恶化。鉴于此，从历史上看，就业和收入增长一直是汽车销售的关键因素。

重振世界经济的愿望让大家携手共同推进全球汽车业的复苏。随着行业销售额的下降，特别是燃料密集型车辆需求的降低，汽车行业高度依赖于财政贷款和其他来自国家政府的支持，使得实施新政的时机到了。我们应该抓住良机，将汽车行业的复苏计划与必要的奖励和重组结合起来，以开发下一代省油车辆以及可使用的生物燃料。

正如专栏2.8所示，全球汽车业发展更省油的车辆对就业的影响可能是巨大的。如果全球汽车产业都按照日本汽车制造商利用清洁技术生产车辆所创造的就业率相类比的话,那么,使用替代燃料和低排放技术,生产具有高燃油效率的汽车和混合动力车可直接带来相关的超过380万个工作岗位。此外,目前直接和间接的比例范围是4∶1(日本)到6.5∶1(美国)。如果全世界的比例是5∶1,那么,通过发展清洁汽车技术、提炼燃料、分销配套作业、销售、维修和服务领域可以创造高达19万个额外工作机会。当然,传统的汽车制造业衰退也将大幅减少工作机会。不过,据估计,在美国仅仅提高燃油经济标准就可以扩大省油型汽车的产量,直接创造多达35万个的新就业机会,这些机会主要集中在美国目前受全球汽车行业危机影响最严重的一些州:密歇根州、俄亥俄州、加利福尼亚州和印第安纳州。

专栏2.8 燃油效率高的车辆和就业

全球汽车制造业的就业人数,包括零件及配件的生产,估计约为840万人。这些就业人口大多集中在主要的汽车生产国:美国、欧洲、日本和韩国。一些大的新兴市场经济体也有一个扩张的汽车制造业和就业人口,如中国(1 600 000)、俄罗斯(755 000)、巴西(289 000)、印度(270 000)和泰国(182 000)。但是,全球汽车业的间接就业人口甚至更大,包括燃料的提炼和分销、销售、维修和服务领域的就业。例如,美国这种间接的就业机会达650万个,日本达400万个。

使用替代燃料和低排放技术生产具有高燃油效率的汽车和混合动力车的制造业,能够带来直接就业岗位,但是其数量是很难估计的。从全球范围估计为25万~80万个,或仅占全球汽车相关的员工队伍3%~10%的比例。相比之下,日本有434 000名工人受聘于混合动力和低排放车辆生产企业,占所有汽车制造业952 000名劳动力的46%。如果全球生产更清洁的车辆的制造业也按照同比例就业,那么,全球此类就业人口将超过380万人。作为全球绿色新政的一部分,韩国预计将投资近15亿美元研发省油型汽车和清洁燃料,创造超过14 000个新的就业机会(参见第5章)。

低碳革命
——全球绿色新政

发展中经济体也将从这些新的就业机会中受益。2007年6月,泰国颁布了一系列税收优惠政策,鼓励制造商生产一种符合欧洲排放标准的更小型的发动机。该发动机每加仑燃料至少运行47英里,每英里二氧化碳排放量为120克。这些汽车不仅在国内市场上畅销,而且还投放到其他亚洲国家、澳大利亚和非洲。虽然现在还不知道泰国创造的净就业的影响,但是可以预料,启动这项汽车行动使该国有潜力吸纳目前182 000名劳动力中的一大部分进入汽车制造业。同样,对于中国的研究表明,通过实施财政投资和激励政策、鼓励加强车辆废气排放标准制定、推进燃料质量、促进混合燃料和替代燃料汽车生产,该国能够转向清洁汽车技术生产。如果采纳这种做法,中国160万个汽车行业岗位中的更大一部分会使用这些技术。

即使汽车行业在大规模转向省油汽车生产时会发生结构变化和工作替代,但是可以估计的是一定会带来新的就业机会。一项美国研究表明,提高企业车辆平均燃料经济性标准可以在创造73 000个和350 000个新的就业机会的同时,减少美国每年的石油消费量和温室效应气体排放量。大部分新增就业机会将出现在传统汽车制造业密集的州域,这些州是受目前全球汽车业危机影响最严重的州:密歇根州、俄亥俄州、加利福尼亚州和印第安纳州。

资料来源:Bezdek,罗杰 H. 和罗伯特·温德林(2005).美国的汽车燃油效率标准的变化带来的潜在的长期影响.能源政策,33(3):407—19;伦纳、迈克尔、肖恩斯威尼和吉尔 Kubit(2008).绿色的工作:可持续、低碳世界的体面劳动;日内瓦,联合国环境署和赵济民(2006).机动车何去何从?中国的汽车业和清洁车辆技术.发展和变化,37:121—44。

发展新一代低碳生物燃料和国家输送系统将是全球汽车业省油汽车生产扩张的一个重要补充(参见专栏2.9)。出于对能源安全、减少温室效应气体排放、农业多样化和增加出口收入等问题的日益关注,全球在机动车中使用生物燃料的势头剧增,随之带来的就业率上升潜力也是非常可观的。目前,参与全球生物燃料生产至少会创造120万个就业机会,并且考虑到生物燃料的劳动密集度,全球生产的扩张很容易产生1 000万个以上的就业机会。

专栏 2.9　生物燃料：经济潜力或环境灾难？

对能源安全、温室效应气体排放、增加农业和出口收入的关注已导致全球生物燃料生产的迅速扩张。例如，从 2004 年到 2007 年，全球乙醇产量从 108 亿加仑上升至 131 亿加仑，增长了近 25%（见表 2.8）。虽然这一总产量的近 88% 来自美国和巴西这两个国家，但是越来越多的其他国家，包括许多发展中国家和地区，开始投资于生物燃料的生产。据估计，目前该行业生产在全球范围内创造了近 120 万个就业机会，但是这可能低估了该部门总就业的影响，因为这个全球估计数据是基于 5 个国家：巴西（约 500 000 人）、美国（312 200 人）、中国（266 000 人）、德国（95 400 人）和西班牙（10 350 人）。未来该行业的就业和经济潜力会更强大，特别是在发展中经济体。例如，在未来的几年里，哥伦比亚糖乙醇行业预计将增加 17 万个工作岗位，委内瑞拉可能会通过类似的乙醇项目创造 10 万个就业机会，尼日利亚的木薯和甘蔗生物燃料生产的扩张可产生 20 万个职位。并且，通过增加乙醇生产，整个撒哈拉以南非洲可以创造 70 万～100 万个新的就业机会。生物燃料每生产 1 焦耳的能量要比矿物燃料多需要约 100 倍以上的工人，因此，人们有理由相信，未来全球生物燃料生产扩张带来的净就业机会可能达到 1 000 万个。

表 2.8　　　　　　　　　　2007 年全球乙醇燃料产量

国家	百万加仑
美国	6 498.6
巴西	5 019.2
欧盟	570.3
中国	486
加拿大	211.3
泰国	79.2
哥伦比亚	74.9
印度	52.8
美国中部	39.6
澳大利亚	26.4
土耳其	15.8
巴基斯坦	9.2
秘鲁	7.9

续表

国家	百万加仑
阿根廷	5.2
巴拉圭	4.7
全部	13 101.7

资料来源：Renewable Fuels Association. Ethanol Industry Statistics，源自www.ethanolrfa.org/industry/statistics.

不过，第一代生物燃料生产带来的环境和经济影响也遭到很多诟病。在许多地区，生物燃料的主要原料，如甘蔗、玉米和油棕榈的使用加剧了森林砍伐、水资源利用、生物多样性丧失，以及空气和水的污染问题。美国以玉米为原料的乙醇生产在迅速增加的同时，也造成了食物饲料短缺和物价上涨的问题。油棕榈和甘蔗的大规模种植园可能导致了热带森林转换，造成发展中世界的小规模农户和土著人的流离失所。一些种植园和加工工厂的工作条件也可能不太理想，并可能涉及对未成年童工甚至是成年劳动力的剥削。最后，有人担心，当前的生物燃料作物，尤其是以玉米和油菜籽为原料生产乙醇燃油的效率，实在是太低了。

全球生物燃料生产的进一步发展必须着重于尽量减少这些经济环境和社会成本。开发第二代原料，提高植物中的纤维素物质能量转换效率是一个有希望的开端。例如，目前的原料中，只有棕榈油、甘蔗和甜菜糖能够每公顷产出足够高的与汽油相当的燃料，有潜力产出更高的每公顷单产燃料的新型原料有：藻类、蓖麻油、粮食作物废料、麻风树、木质素、多年生草本植物、短轮伐期木本作物和森林工业废物。这些新的原料如果能够节约成本，有效地减少对农业和森林土地、水资源供应和投入使用形成的压力，它们就有潜力减少土地和水资源利用冲突，产生经济和就业效应。巴西已使用甘蔗作物废料（蔗渣）来生产热和电能，目前正在探索同时使用甘蔗渣和制糖作物提高每公顷燃料产量。美国政府将投入1 800万美元开展对许多第二代原料的燃料产量的研究、开发和示范。发展中世界已经开始开发利用麻风树油和蓖麻油，这些和其他类别的油籽作物可能会改善就业前景，因为它们需要手工收割。马里以麻风树为基础的生物燃料生产将替代进口柴油,并且创造大量的当地就业机会。据估计,在印度,麻风树农庄在第一年每公顷种植园中每天提供31人的就业岗位,此后将达到每公顷内每天50人。巴西估计收获蓖麻油每公顷可提供0.3个工作机会,麻风树可提供每公顷0.25个工作机会,而油棕榈是0.2个,大豆是0.07个。

此外,需要在全球范围内采取和推行生物燃料生产、收割和加工的劳保和环保法规,必须采纳并严格遵守国际劳工组织对未成年劳动力的使用和工作条件的规范建议。此外,对于生物燃料项目,尤其是大规模种植园,需要审核其对土地和水利用的影响,对毁林的潜在影响,以及对其他形式的农业生产的替代影响和对小农与土著人口生计的影响。

资料来源:Goldemherg,Jose Suani Teixeira Coelho 和 Patricia Guardabassi(2008). 以糖为原料的乙醇生产的可持续性. 能源政策,36(6):2086—97;佩纳,纳奥米(2008). 交通运输的生物燃料:一个气候的视角. 阿灵顿,弗吉尼亚州,皮尤全球气候变化中心,可再生燃料协会,乙醇行业统计局,可以访问 www.ethanolrfa.org/industry/statistics;迈克尔,Swceney 和 Kubit(2008). 绿色工作:可持续、低碳世界的体面劳动. 日内瓦,联合国环境计划署。

但是,在世界范围内,人们开始关注增加生物燃料生产带来的负面效应,包括对土地和水资源的竞争性需求,森林砍伐和污染,小农户和土著居民的工作被替代,恶劣的劳动条件,以及对全球粮食和饲料价格的影响。第二代原料可以产出较高的与汽油等效的燃油效率,如藻类、蓖麻、作物废料、麻风树、木质素、多年生草本植物、短轮伐期木本作物和森林工业废料,它们的发展可能会减少这些问题,同时创造更多的就业机会(参见专栏2.9)。为了促进这些发展,还需要在全球范围内推动全球劳动力和环境法规的执行,改进工作方法和条件,以减少对土地和水利用的影响,减少对森林砍伐和对其他农业活动、小农户和土著居民的替代影响。

可持续交通发展战略更应强调公共和铁路运输,这些运输方式比私

低碳革命
——全球绿色新政

人机动车辆行驶更为低碳,并也有可能创造就业机会。

为方便旅客和货物运输,加大对城市公共交通和铁路网络的投资,不仅能够直接为公路交通和铁路运输的相关工人提供就业机会,而且通过提供基本的基础设施建设投资可以创造大范围的不同水平的设计和制造工作,因此,具有强烈的创造就业的乘数效应(见专栏2.10)。全球城市公共交通系统具有显著的直接就业效应,仅仅在美国和欧盟两个地区就分别提供了36.7万和90万个工作岗位。城市公共交通系统投资还存在较大的二次就业效应。在欧洲,公共交通的投资对间接就业机会的乘数效应高达2～2.5,而在大量投资公共交通工具的国家,如瑞士,则具有事半功倍的效果,乘数达到了4.1。此外,降低城市贫民的交通成本,改善其交通流动性而引起的就业效应可能也很重要。投资于公共交通和铁路运输,以及改善非机动车如骑自行车和步行交通的土地利用和城市规划,也可能引起人口稠密地区远离车辆的使用,转变成为使用非机动车辆的模式。其结果可能不仅是减少污染和温室效应气体排放量,而且还能够创造就业机会。

专栏2.10 公共交通及铁路运输和就业

在全球范围内,城市公共交通系统有着显著的直接就业效应,仅仅在美国和欧盟就分别提供了36.7万和90万个工作岗位。在发展中国家,如中国、埃及、加纳、印度、印度尼西亚、伊朗、墨西哥、南非和韩国,压缩天然气(CNG)公交车和快速公交(BRT)系统的扩张正在减少城市空气污染,创造新的生产和操作型的就业。例如,在印度新德里,引入CNG汽车预计将增加18 000个新职位。

城市公共交通的投资也存在重要的二重就业效应。在欧洲,公共交通的投资对间接就业机会的乘数效应高达2～2.5,而在大量投资公共交通工具的国家,如瑞士,上升到了事半功倍的效果,乘数达到了4.1。对公共交通的投资也能够为穷人提供更方便的交通,并增加穷人的就业机会。例如,在美国的一些主要城市,各大城市间公共交通对于提高劳动力参与率和内城贫困居民的就业是一个重要因素。在印度孟买,公共交通的可获取性对于他们增强流动性和获得就业机会是一个关键因素。这对生活在城市边缘的穷人尤其重要,原因在于遥远的通勤距离导致使用非机动车辆或步行交通方式显得不可行,穷人因此很容易被孤立。

对铁路系统的投资将不仅为客运和货运提供除道路车辆之外的另一种出行方式,而且也创造了大量就业机会。例如,美国一个针对新的高速铁路系统的十年联邦投资计划,据估计将提供近25万个新职位。作为其绿色新政的一部分,韩国通过大规模投资交通和铁路,预计将产生超过138 000个新的就业机会(参见第5章)。在欧洲,现有铁路系统投资的匮乏导致劳动力就业率在下降。铁路运输仍占约90万个就业机会,但近几十年来就业率已逐步降低,从2000年至2004年大概下降了14%。在铁路及电车道机车制造部门的就业也大幅下降,现在只有14万工人。在发展中经济体中,铁路仍然是客运和货运的一个重要方式,但除非未来增加更多投资,否则就业潜力存在减少的可能性。例如,从1992年到2002年,中国铁路部门的就业人数从340万人下跌到180万人,而印度则从170万人下跌到150万人。

非洲对铁路投资的忽视在持续恶化交通问题的同时,也减少了就业人数。对替代使用汽车的其他运输方式的投资能够减少污染和温室效应气体排放,以及创造就业机会。德国的一项研究认为,部分由高汽油税资助的这些投资资金将增加两倍的公共交通和铁路运输,增加72%的自行车使用,减少8%的汽车行驶里程,创造20.8万个新的就业机会。英国一个类似的研究估计,随着自行车使用或者步行出行的增加,同时减少对汽车的使用,火车和公共汽车的使用将会增长70%~80%,将带来8.7万~12.2万个新就业机会。

资料来源:Baker, Judy, Rakhi Basu, Maureen Cropper, Somik Lall and Akie Tkeuchi(2005). *Urban Poverty and Transport: The Case of Mumbai*. 政策研究工作论文第3693号. 华盛顿特区,世界银行; Renner, Michael, Sean Sweeney and Jill Kubit(2008). *Green Jobs: Towards Decent work in a Sustainable, Low-carbon World*. Geneva, UNEP; Sanchez, Thomas W. (1999). The connection between public transit and employment. *Journal of the American Planning Association*, 65(3):284—96; and 世界银行 (2006). *Promoting Global Environmental Priorities In the Urban Transport sector: Experience from World Bank Group-Global Environmental Facility Projects*. 华盛顿特区, 世界银行。

如果目标明确,公共交通和铁路投资的就业和经济增长效应可在短期内增强。例如,美国主张的低碳战略,参见专栏 2.4,表明下列投资于国家大型运输系统的措施可立即实施:

- 扩大现有巴士和地铁在市区的服务范围;
- 降低公共交通票价;
- 扩大联邦政府对大都市和各州的公交运营维护预算的支持;
- 增加基于雇主的公共交通激励的联邦补贴;
- 为那些因缺乏联邦资金而遭遇瓶颈的大型关键交通方案提供资金。

欧盟和其他高收入经济体也可以采取一个相似的短期政策,以加强经济恢复、创造就业机会和改善交通运输系统的可持续性。在发展中国家,必须优先投资开发安全、可靠和可负担得起的城市交通系统,要以省油系统,如压缩天然气公交车和快速公交系统为基础。扩大、维持及改善客运和货运铁路网络也应该是一个重要的目标。

通过实施可持续发展的交通运输策略达到促进经济、改善环境和增加就业收益的目标,要求消除运输市场扭曲,并且实施以市场为基础的政策和法规(参见专栏 2.11)。消除扭曲的市场和计划将最大限度地减少经济上的浪费,减少污染和交通堵塞,增加可供选择的交通工具,促进有利于经济复苏和就业的可持续交通运输战略。一些财政政策,如燃料和车辆税、新能源车辆激励、道路收费、用户费、车辆保险和小排量车辆激励,对于鼓励清洁、节油车辆的引进存在重大的影响。这些政策与规制措施的结合,例如更严格的温室效应气体和燃油经济性标准,可能会在汽车需求和使用方面产生重要的转变。这些政策不仅对高收入经合组织经济体，而且对大的新兴市场经济国家，如中国和印度，也越来越有吸引力。

专栏 2.11　针对可持续交通的市场改革和财政政策

毋庸置疑的是，运输市场的扭曲，包括机动车行驶"抑价"、鼓励汽车使用的现行城市和土地利用规划，以及鼓励公路运输的公共投资扭曲，都在系统性地误导全球运输网络不断地倾向于公路运输和过度使用汽车。消除扭曲的市场和计划将最大限度地减少经济上的浪费，减少污染和交通堵塞，增加可供选择的交通工具，促进有利于经济复苏和就业的可持续交通运输战略（参见专栏2.8～专栏2.10）。表2.9指出了所有政府都能推行运输市场和规划改革的重要领域。

表 2.9　　　　　　　　　运输市场和规划扭曲的潜在改革

	描述	潜在改革
消费者可选项和信息	市场上提供的机动车辆运输的替代品常常很有限。	认识到其他运输模式的价值和制定更加可行的发展规划。
抑价	许多汽车的成本是固定的或外部的；固定成本导致使用更多的车辆，外部成本驾驶者没有承担。	如果可行，将固定成本转变为可变的收费，向驾驶者直接征收他们强加的成本。
交通规划	交通规划和投资方案更偏好于扩张公路运输，即使其他解决方案更能节约成本。	纳入公路运输和使用的全部成本，包括外部成本；并应用最低成本规划；如果管理战略是节约成本的，就资助它们。
土地使用政策	现行土地利用规划政策鼓励较低密度汽车导向的发展。	推行经济增长政策改革，以支持多样化的模式和充分的土地利用。

资料来源：改编自 Litman, Todd(2006). Transportation market distortions. *Berkeley Planning Journal*,19:19—36.

为了解决公路交通运输长期存在的"抑价"问题，以及为了鼓励发展更多的省油汽车，应该采取一系列财政政策和以市场为基础的措施。作为其政策的一部分，有些国家已经开始实施部分类似的措施，以解决机动车使用带来的外部性成本这个关键性问题，并鼓励更多节油型交通运输的发展。表2.10列出了各种财政政策，并给出了具体的国家使用这些工具的最佳实践案例。

　　财政政策对燃料消耗、污染和节油汽车的发展具有持续性的影响。例如,托马斯·施特纳(Thomas Sterner)的一项研究表明,如果所有经合组织国家采用相当于其他国家采用的最高水平的燃油税率,那么,经合组织国家总的汽车燃料消费量将降低36%,碳排放量将减少一半。各国政府还可以通过设立温室效应气体和燃油经济性标准来促进机动车辆燃料效率的提升。欧盟设立的一个标准是:某些类型的新车每行驶1英里排放不超过130克的二氧化碳。日本将在2015年实施最为严格的标准:对于所有新型客运汽车,每行驶1英里排放不超过125克的二氧化碳。财政政策和燃油经济性标准的组合可能是引入更清洁、更省油汽车的最有效手段。此外,引入信用交易或"综合税制"计划是更具成本效益的燃油经济性的策略。这项计划将奖励符合标准的企业,同时对超过标准的企业收取违约费。例如,监管标准、财政政策和技术变化的结合,使得加利福尼亚州在过去的15年间在保持持续快节奏的城市增长的同时,依然能够实现显著的车辆"绿化"和空气质量的迅速改善。事实证明,这些政策对于大的新兴市场经济国家也具有吸引力。中国正在逐步提高其燃油经济性标准,采取更有效的财政政策措施,尤其是车辆和燃料税收,以引进更省油的汽车。印度也已开始引进这些政策。

表2.10　　旨在发展可持续交通的财政政策的国际最佳实践案例

燃料税	汽油/柴油税(波兰);碳税(瑞典)。
车船税	每年的车辆配置税费(欧盟);新型清洁、省油汽车的税费减免(丹麦、德国、日本);每年的二氧化碳和烟雾外部性费用(丹麦、英国)。
新型车辆激励	清洁汽车退税(日本、美国);"气体消耗大户"税(美国);综合税制:因燃油消耗不同而不同的购置税(奥地利)。
道路费	道路收费/高占有车道费(美国加利福尼亚州);拥挤费(英国伦敦);所有存在外部性的道路收费(新加坡)。
使用费	停车费(美国加利福尼亚州);停车代替费(加拿大、德国、冰岛、南非);停车需求管理费(美国)。
车险	未交交强险的罚款(英国、美国);具体的汽车保险税(法国);随开随收和随停随收型保险(英国、美国)。

续表

| 清洁交通激励 | 成本节约、清洁省油型公共交通(加拿大);对清洁、节油公司车辆的奖励(英国)。 |

资料来源:改编自 Cordon, Deborah(2005). Fiscal policies for sustainable transportation: international best practices. In Energy Foundation (ed.). *Studies on International. Fiscal Policies for sustainable Transportation*. San Francisco, Energy Foundation: 1—80.

资料来源:An, Feng, Deborah Gordon, Hui He, Drew Kodjak and Daniel Rutherford(2007). *Passenger Vehicle Greenhouse Gas and Fuel Economy Standards: A Global Update*. 华盛顿特区, International Council on Clean Transportation; Fischer, Carolyn (2008). Comparing flexibility mechanisms for fuel economy standards. *Energy Policy*, 36(8):3 116—24; Gordon, Deborah(2005). Fiscal policies for sustainable transportation: international best practices. In Energy Foundation (ed.). *Studies on International Fiscal Policies for Sustainable Transportation*. San Francisco, Energy Foundation: 1—80; Huang, Yongh(2005). Leveraging the Chinese tax system to promote clean vehicles. In Energy Foundation (ed.). *Studies on International Fiscal Policies for Sustainable Transportation*. San Francisco, Energy Foundation: 90—7; Kahn, Matthew E. and Joel Schwartz(2008). Urban air pollution progress despite sprawl: the "greening" of the vehicle fleet. *Journal of Urban Economics*, 63(3): 775—87; Litman, Todd(2006). Transportation market distortions. *Berkeley Planning Journal*, 19: 19—36; Minato, Jari (2005). Clean vehicle promotion policies in Japan. In Energy Foundation (ed.). *Studies on International Fiscal Policies for Sustainable Transportation*. San Francisco, Energy Foundation: 81—9; Sterner, Thomas(2007). Fuel taxes: an important instrument for climate policy. *Energy Policy*, 35(6): 3194—202; and Zhang, ZhongXiang(2008). Asian energy and environmental policy: promoting growth while preserving the environment. *Energy Policy*, 36(10): 3905—24.

总结和结论

降低世界经济的碳依赖性,越来越被看作是实现全球能源安全和缓解气候变化双重目标的手段。向低碳世界经济转型也是改善世界贫困

低碳革命
——全球绿色新政

人口的发展前景,特别是解决全球能源贫困问题的必由之路。如果正确实施改善能源效率、扩大清洁能源供应选择的政策,可以创造大量的就业机会,并在短期内促进重要的经济部门增长。通过公共和私人投资推进这些行动,对全球绿色新政(GGND)和向低碳经济转型至关重要。本章讨论的中国、美国和欧盟实施低碳战略的例子,充分说明了采用补充性碳定价政策的重要性。在全球绿色新政(GGND)下实施任何低碳战略的一个重要内容应该是,采取政策行动以改善运输的可持续性,包括提高全球贫困人口的交通可获得性。确保世界汽车行业的经济复苏是"绿色"的,必然要求鼓励节油汽车的发展和新一代生物燃料车辆的研发。相比私人机动车辆行驶,公路交通及铁路运输是更为低碳和能源密集型的交通方式,而且它们也有创造就业机会的潜力。

本章主张的低碳"绿色复苏"战略,包括对可持续交通的额外政策和投资,表明公共资助的项目、投资和相当于二十国集团的主要经济体GDP的1%的支出,将会对降低碳依赖产生持续的影响,同时直接刺激经济复苏和创造就业机会。作为其绿色新政的一部分,韩国已采用了这一目标,将其国内生产总值超过1.2%的金额用于投资在铁路、公共交通、清洁燃料、节能和环境友好型建筑物等项目上,这项投资也将创造334 000个工作机会(参见第5章)。中国政府已承诺将其GDP的2.5%的资金投资于低碳项目(参见专栏1.1)。

正如本章所述,为推行低碳措施的融资有许多途径,可能来自取消能源运输的不正当补贴和其他市场扭曲,还可能来自于补充性碳定价政策,如总量管制、交易收入或任何额外税收等方法。因此,做出以下建议似乎是非常合理的:作为全球绿色新政(GGND)的一部分,高收入经济体应拿出国内生产总值的1%用来实施低碳战略;大的新兴市场经济体,如中国(在本章中讨论的例子),也可以至少拿出国内生产总值的1%用于降低碳依赖的国家行动。

由于二十国集团(G20)经济总体占世界经济的90%,如果他们都采取1%的国内生产总值的目标,那么,全球低碳策略总支出金额将达到二十国集团(G20)刺激投资计划(3兆美元)的约1/4(参见专栏2.11)。如果二十国集团(G20)在全球范围内协调这些投资的时间和实施步骤,那么,对世界经济向低碳复苏的道路上转型将产生推动性的整体影响。正如本章所讨论的,在创造就业和主要经济部门的恢复方面,将会有一个巨大的影响。发展中经济体也应执行本章中讨论的许多低碳措施,特别是改善穷人的交通便利性,虽然很难确定这些经济体应该把多少钱花在这些活动上。

③ 减少生态稀缺性

前面的章节详细地介绍了发展低碳经济的措施。作为全球绿色新政的一部分，这些措施能在未来 1~2 年内刺激经济复苏，创造就业，引导世界经济走上较节约和环境可持续发展的道路。这样的策略应该成为所有国家的首选——包括高收入的经合组织经济体、大的新兴市场经济体和低收入经济体。

虽然低碳战略是全球绿色新政（GGND）的一个重要组成部分，但本章将讨论另一个关键领域：降低生态稀缺性。这对于消除全世界贫穷是非常重要的，这样的目标必不可少。全球绿色新政（GGND）不可能是真正全球性范围的，除非它涉及世界经济所有的迫切需要。正如第Ⅰ部分所强调的，世界极端贫困问题是一个持续存在的问题，需要紧急处理。

因此，全球绿色新政（GGND）的一个主要目标是，它必须有助于实现发展中国家的千年发展目标，即到 2025 年可以实现结束全球极端贫困的目标。本章建立生态稀缺性和穷人生活之间的关系，然后概述了几种措施，阐述国家行动如何才能在改善人们生计的同时，朝着减少生态破坏、改善自然资源管理和管理全球水资源短缺的道路不断前进。

第Ⅱ部分
全球绿色新政的关键内容

生态稀缺性与贫困

生态稀缺性是指无数的生态系统收益或者服务的损失,因为这些系统是被人类利用和经济活动所破坏的[①]。

正如本书第Ⅰ部分所指出的,这个短缺问题在全球范围内已经变得日益严重,并在损失许多重要的生态系统服务方面一再得以印证。受到无视环境恶化的世界经济恢复的影响,世界淡水资源和生态系统将继续濒临危险的边缘。相对于人类历史上任何可比时期,过去的50年间,为了满足人类对食物、淡水、木材、纤维和燃料快速增长的需求,生态系统遭到更加迅速和广泛的破坏。其结果是造成生物多样性大量的和不可逆转的损失。全球24种主要的生态系统服务中,大约有15种已经退化或不能持久地使用,包括淡水捕捞渔业、空气和水的净化、区域和当地的气候调节、自然灾害和病虫害[②]。

随着世界经济危机的加深和发展,它极大地影响了穷人的生计。这些贫困人口最易受生态稀缺性上升的经济后果的伤害,这反过来更增加了其经济的脆弱性。

全球绿色新政(GGND)因此也必须解决生态稀缺性上升造成的世界极端贫穷这样一些迫切问题,以及实施措施更加直接地降低世界贫困人口的脆弱性。

本章概述了几种方法,发展中经济体可以通过具体的国家行动,在三个主要领域采取这些方法,纾缓世界穷人的脆弱性:

● 改革投资政策,以提高自然资源和生产过程依赖的可持续性和有效利用度,并确保这些活动产生的充足财政回报再投资于工业生产、基础设施、保健服务、教育和技能等方面,以便促进长期经济发展。

---

① Barbier, Edward B. (1989). *Economics. Natured Resource Scarcity and Development: Conventional and Alternative Views*. London, Earthscan, 96—7.
② MA(2005).

低碳革命
——全球绿色新政

- 目标投资和其他政策措施,以便改善农村贫困人口的生计,特别是那些居住在脆弱环境的人口。
- 保护和改善极度贫穷人口依赖的生态系统服务供给。

如果全球绿色新政能够在减少全球贫困的同时,确保随后的全球经济复苏是可持续的,并且具有一个持久的影响,那么,全球绿色新政(GGND)还必须包括这样的政策措施,以解决另一个迫在眉睫的全球生态稀缺的问题:新出现的水危机。

新兴的水危机存在两个方面的问题:世界淡水供应的相对稀缺性与日益增加的需求之间的矛盾,以及发展中地区的数以百万的贫困人口缺乏可用的清洁用水和卫生设施。本章还概述了一些方法,以解决全球绿色新政(GGND)为了满足这两个挑战,如何改善全球水管理。

改善初级生产的可持续性

提高发展中国家初级产业的可持续性,是实现减少全球贫困目标的重要途径。

大多数发展中国家,特别是生活在这些国家的大部分人口,直接依赖于开采自然资源维持生计。对于其中的许多经济体,初级产品出口量占其出口收益的绝大部分比例,并且其出口商品绝大部分是由一种或两种主要的商品组成[1]。从这些国家的平均水平来看,农业增加值占GDP的40%左右,近80%的劳动力人口是从事农业或以资源为基础的生产活动[2]。到2025年,发展中国家的农村人口将会增加至近32亿[3]。

发展中国家中的这些农村人口直接依赖于开发利用自然资源和环境,发展农业、畜牧业、渔业、基础材料和燃料,以满足自己的生存需求,

---

[1] Barbier, Edward B. (2005). *Natural Resources and Economic Development*. Cambridge, Cambridge University Press.
[2] 世界银行(2008).
[3] UN. World urbanization prospects: the 2007 revision, executive summary. 源自 http://esa.un.org/unup.

并在市场出售获得现金收入。水的供应、环境卫生和其他基础设施服务的缺乏,说明许多家庭都高度重视增加对基本服务的公共供给。土地利用的快速变化意味着许多自然环境和居住地正在迅速消失,其结果是重要的生态服务遭到破坏或丢失,包括淡水、渔业和其他一些重要的利益。发展中国家濒临灭绝的一些关键生态系统包括,红树林(约35%已经丢失或退化)、珊瑚礁(30%的比例)和热带森林(30%的比例)[1]。

如上所述,发展中国家 1/3 的人群(13 亿)很难承受生态系统已经破坏的结果,他们构成了世界极端贫困人口的主要部分,每天生活费不到 2 美元(参见专栏 1.2)。这些人群大都居住在缺乏灌溉系统的区域、耕作贫瘠的土地上,或者居住在陡坡上的土地和脆弱的森林区域。到 2015 年,尽管处在极端贫困的世界人口份额已经下降,但是仍有近 30 亿人每天的生活费不足 2 美元。如专栏 3.1 所示,许多低收入和中等收入国家陷入资源利用的恶性循环中具有如下的特征:高度的资源依赖性、较大比例的人群居住在脆弱环境中和农村贫困。

专栏 3.1 低收入、中等收入经济体和资源利用的模式

许多低收入和中等收入经济体持续性地陷入一种资源利用模式怪圈中,这种模式会出现资源依赖的慢性状态、人口大量集中在脆弱的环境中和农村贫困地区。表 3.1 已经详细阐述了这种模式,按照至少有 2%的总人口生活在边远地区(遵循专栏 1.2 的定义)这一标准,选取了 71 个发展中国家,并把这些国家按照它们的经济对资源依赖的程度分组,作为衡量其总出口中初级产品的比重。每个国家括号中的数字表明了低于全国农村贫困线的农村人口比重。

---

[1] 例如,Houghton, R. A. (1995). Land-use change and the carbon cycle. *Global Change Biology*,1(4):257—87;MA(2005);Sukhdev(2008);UNEP(2006). *Marine and Coastal Ecosystems and Human Well being: A Synthesis Report Based on the Findings of the Millennium Ecosystem Assessment*. Nairobi, UNEP and Valiela, I., J. L. Bowen and,. K. York(2001). Mangrove forests: one of the world's threatened major tropical environments. *BioScience*,51(10):807—15.

其中有55个发展中经济体的初级产品占总出口的份额超过50%以上，因此，可以认为它们具有高度资源依赖性。所有这些经济体也表现出较高的农村贫困发生率，即这些国家的农村人口中至少有20%以上属于贫困人口。有16个国家拥有较高的农村土地人口聚集率，同时又有较低的资源依赖度（初级产品占出口的比重低于50%），但仍然有很高的农村贫困发生率。只有约旦和突尼斯这两个国家的农村贫困率低于20%。

表3.1　　　　资源依赖和脆弱性土地上的人口比例

	脆弱土地上人口比例大于50%	脆弱土地上人口比例在30%～50%	脆弱土地上人口比例在20%～30%
初级产品出口份额大于90%	布基纳法索(52.4)、乍得(67.0)、刚果民主共和国(NA)、老挝(41.0)、马里(75.9)、尼日尔(66)、苏丹(NA)、巴布亚新几内亚(41.3)、索马里(NA)、也门(45.0)。	阿尔及利亚(30.3)、安哥拉(NA)、贝宁(33.0)、博茨瓦纳(NA)、喀麦隆(49.9)、科摩罗(NA)、赤道几内亚(NA)、埃塞俄比亚(45.0)、冈比亚(63.0)、圭亚那(NA)、伊朗(NA)、毛里塔尼亚(61.2)、尼日利亚(36.4)、卢旺达(65.7)、乌干达(41.7)。	厄瓜多尔(69.0)、刚果共和国(NA)、利比亚(NA)、赞比亚(78.0)。
初级产品出口份额在50%～90%	埃及(23.3)、津巴布韦(48)。	中非共和国(NA)、乍得(67.0)、危地马拉(74.5)、几内亚(NA)、肯尼亚(53.0)、摩洛哥(27.2)、塞拉利昂(79.0)、叙利亚(NA)、坦桑尼亚(38.7)。	玻利维亚(83.5)、布隆迪(64.6)、科特迪瓦(NA)、萨尔瓦多(49.8)、加纳(39.2)、几内亚比绍(NA)、洪都拉斯(70.4)、印度尼西亚(34.4)、莫桑比克(55.3)、缅甸(NA)、巴拿马(64.9)、秘鲁(72.1)、多哥(NA)。
初级产品出口份额小于50%		哥斯达黎加(28.3)、海地(66.0)、莱索托(53.9)、尼泊尔(34.6)、巴基斯坦(35.9)、南非(NA)、突尼斯(13.9)。	中国(46.0)、多米尼加共和国(55.7)、印度(30.2)、牙买加(25.1)、约旦(18.7)、马来西亚(NA)、墨西哥(27.9)、斯里兰卡(79.0)、越南(35.6)。

资源依赖性与人口在贫瘠土地上的聚集程度似乎存在正相关的关系。但所有的55个资源高度依赖型经济体中，有4个国家至少有30%的人口位于边缘的农村地区。有10个国家至少有30%的人口集中在脆弱的环境中。与此相反，有16个资源依赖度低的国家却有50%以上的人口位于贫瘠的土地，参见表3.1。

因此,改善发展中国家初级生产的可持续性能够使依赖资源的发展中经济体实现多元化发展的目标。

在可预见的未来,初级产品出口将仍然是出口收入和储蓄的主要来源,为经济持续发展的融资需要,应当促进外国直接投资、国内私人和公共投资、国际借贷。初级生产带来的持续收入不仅对于长期必需的收入和储蓄非常重要,而且对于确保有足够的资金流动,用于投资在长远发展所必需的物质资本、基础设施、技能、健康服务和教育机会等领域也非常重要。

鼓励一个国家利用自然资源禀赋进行更多的初级产品生产并不是真正的可持续发展,除非它还能减轻持续存在的普遍贫困,特别是农村贫困,提高聚集在脆弱的资源贫乏的环境中的广大人民的经济生活水平。但是事实上,主要以出口为导向的发展中经济体,其初级生产活动往往是孤立的,在产业链上与其他经济部门缺乏前向和后向的联系。初级生产带来的收入和就业的好处往往只是局限于有幸参与这些部门的那些生产者、工人和企业家,但该经济体中绝大多数的农村家庭、低技术工人及传统产业几乎不受益。此外,这些发展中经济体往往专门生产一类,甚至只是一个或两个主要的初级产品用于出口。任何加工处理生产都只是与初级生产纵向相关联,但却不一定与其他经济领域存在横向联系。

虽然扩大生产出口导向型的初级产品带来较大的投资回报,并吸引富有的投资者,但是它的缺点在于,许多发展中国家的政府都鼓励这类投资者,设立太多的专业部门或颁布经济性政策,不断地按照对他们有利的方向扭曲市场和激励方向。其结果往往是浪费自然资源,高成本、低效率的生产活动普遍存在,长期存在腐败和贫困管制的问题。

全球绿色新政应致力于提高全球初级生产活动的可持续性,并在同一时间着力实现减少世界极端贫困的重大目标。

下一节提供了各类国家行动的实例,发展中国家政府可以采取这些政策达到以下几个目的:提高整体初级生产的持续发展、自然资源管理和经济发展。

创造更多的可持续资源依赖型经济体

因为发展中国家拥有不同的自然资源禀赋、初级生产活动甚至经济发展水平,所以就难以制定一张统一的处方来指导不同类型的国家如何制定政策、投资和改革,以改善自然资源可持续和有效利用,以及它们依赖的生产过程。

这些措施需要确保自然资源和其依赖的生产工艺得到有效的开发,从而能够从这些生产活动中获取最大的经济回报。执行资源管理和初级生产的政治和法律体制应该制止浪费、腐败和非法活动,而且将从初级生产获得的投资回报再投资于经济,发展补充性加工和其他工业,提高劳动力的技能、健康和教育水平,创造一个更多元化的经济。

为了详细阐述资源依赖型发展中经济体为实现这些目标可以采取的具体策略,本部分集中讨论三个有较大进展的经济体:马来西亚、泰国和博茨瓦纳。这三个国家都已成功地实现了长期投资率超过国内生产总值的25%,长期的年平均增长速度超过4%,这些分别是与高收入经济体的投资率和增长率相比较而言。马来西亚和泰国是发展中经济体中具有代表性的例子,它们成功地将出口初级生产的财政收益用于再投资,从而顺利转型为多样化经济。博茨瓦纳是一个资源丰富的经济体,它制定了有效的管理体制和政策,管理从自然财富和粗放型经济中获得的大范围的利益。

马来西亚已经颁布了一系列政策来改善其初级生产活动的经济回报,主要是煤矿和森林产品工业,并将这些收益进行再投资以实现经济多样化(参见专栏3.2)。近几十年来的结果是经济体对资源的依赖度迅速下降,就业、工资和生计以及教育和培训机会得到普遍改善。然而,与许多发展中国家一样,马来西亚的快速发展同样伴随着矿产、木材和其他自然资源,以及森林转化成的农业用地的迅速枯竭。不过从整体上而言，这些发展战略成功地利用初级生产和利用自然资源获得了大量可投资资金，从而促进物质和人力资本的形成，这足以抵消自然资源枯竭带来的影响。

专栏3.2　提高初级生产的可持续性：马来西亚

现今马来西亚主要出口加工种植农作物（包括热带木材产品），工业发展主要是出口导向型、劳动密集型的制造业。正如专栏3.1所示，虽然马来西亚仍有20%~30%的人口集中在脆弱的土地上，但是其初级产品占出口的总份额已下降到1/3。马来西亚的资源依赖度的下降尤为引人注目，因为在1965年其初级产品占出口的份额还是94%，并且在1980年的比重还高达80%。

马来西亚的长期经济增长表现强劲，反映了将初级生产出口所得收益再投资到物质和人力资本所获得的持续收益。马来西亚长期平均年增长率为4%，长期固定资本投资形成总额占GDP的份额平均为28%，超过高收入经济体的世界平均水平。此外，马来西亚的长期投资净额，经过矿物和木材消耗的调整，除了一个年份之外都是正的，而国内生产净值每年上升2.9%。马来西亚的小学和中学毛入学率已经大大高于其他低等和中等收入国家的水平，并且其小学入学率已经赶上高收入经济体的水平。成功地将初级生产的收益进行再投资是马来西亚经济实现多样化的关键，包括其资源依赖度得以迅速下降、农村工资上升和农业劳动力绝对和相对比重下降，当然还带来其他经济性的好处，例如，增加了城市和农村住户获得处理过的管道自来水的数量。

与其他低收入和中等收入经济体的情况类似，马来西亚的发展一直伴随着显著的农业用地扩张，尤其是以热带森林为代价。大部分的土地转换都是用来提高常年种植作物的产量，如油棕榈和橡胶。马来西亚也是世界热带木材产品的主要出口国，是世界人造板出口的头号国家。因此，农产品加工业和森林工业聚集了相当大的投资量，并带动了大量国内人工林热带

低碳革命
——全球绿色新政

作物和林业的前向和后向关联产业的发展。

马来西亚在政治经济稳定、问责制、政府效率、监管框架、法律规则和控制腐败等方面的排名可以与高收入国家媲美。马来西亚已经成功举行民主选举,并且进行了相对平稳的政治权力过渡。鉴于马来西亚的人口民族多样化,除了大多数马来西亚人外,还包含相当多的中国和印度少数民族,所以长期的政治稳定是马来西亚尤其值得说明的特色。总体而言,马来西亚似乎具有"善政"的能力,能够长期有效运行管理自然资源财富和资源租金的再投资,从而实现更加多元化和繁荣的经济发展。

马来西亚成功地将初级生产的收益进行再投资,实施了若干政策,这些战略得以成功的关键在于以下几点:首先,从20世纪70年代起,从矿物和木材行业获得的收益约占国内投资总额的1/3,最有效的政策就是对这些关键收入的创造和再投资。这些政策包括石油分成合同,该制度不仅吸引了来自国际上的石油公司投资、提供必要的资金和技术,同时又能确保大量的石油收入保留在马来西亚国内。在马来西亚半岛建立的永久性森林地产也增强了以森林为基础的工业的长期木材管理的发展,并能够维持一个持续的木材收入流量。虽然砍伐了大量的热带森林,但是也及时落实了森林和土地使用政策,以确保森林砍伐只用于种植出口作物树的扩充。现在,马来西亚已经成为这个行业里全球领先的创新者和生产者,这在很大程度上要归功于该国对农业研究的投资。许多其他热带国家的情况是,森林砍伐最终导致的是非生产性的、退化的土地。马来西亚最终与此相反的是,从矿产、木材和耕地获得的初级生产收入形成大量的再投资,成为出口导向型、劳动密集型制造业产业发展至关重要的资源,这反过来又导致了当今马来西亚经济的多样化。因此,这些政策保证了马来西亚利用资源和初级生产获得可投资资金,建立物质和人力资本储备,获得整体经济的成功,这些足以抵消对矿产、木材和其他自然资源造成的枯竭影响。

最近,马来西亚成功的多样化经济创造了自身内部的"良性循环",有效地减少了土地退化和滥伐森林,制止渔业和其他可再生能源的损耗,减少农村贫困。例如,马来西亚半岛的毁林和农村贫困的减少应该归功于该地区经济快速增长和经济多样化。劳动密集型制造业中更好的就业机会已经促使农业提高实际工资率,产生了溢出效应,促使大量劳动力走出农村,从而降低农村劳动力人口。其结果是土地开荒的减少,从而对脆弱环境(包括沿海和海洋生态系统)的压力得以降低。从农村向城市迁移的人口不断上升,农业绝对劳动力下降导致农村工资率上升,进而给农村贫困人口带来更好的就业前景。最后,对农村资源和土地的压力下降也使马来西亚能够有效地实施农业和渔业资源管理政策。例如,政府已针对小规模的大米和橡胶种植实施土地复垦方案,克服了土地分散的问题,提高了这些小农场的经济活力。在海洋渔业方面已经提议若干政策,通过控制捕捞和报酬递增以减少传统沿海渔业和商业性的过度捕捞。

但是,这个国家实施的资源管理战略并非所有的都是成功的。一些政府农业计划存在一定的浪费。他们试图对小规模农场恢复农垦给予大量补贴,事实上,这在经济上是不可行的。而在同时,土地市场的政策引致刚性反而增加了可生产土地的闲置量。虽然实施了控制沿海地区过度捕捞的政策,深层海洋捕鱼却基本上是开放的。此外,马来西亚的资源管理策略往往过于强调最大限度地提高物质生产,而不是最大化提高净经济利益,关键部门国有企业的参与更直接加剧了这一问题,如林业、公营企业、石油和捕鱼。为了促进以森林为基础的工业发展,在马来西亚沙巴和沙捞越的剩余热带木材储备遭到过度开发,这对马来西亚而言是一个令人担忧的问题。出口限制、保护木材处理和家俱产业的长期政策加剧了这一问题,从而导致木材加工行业的产量过剩和低效率。最近人们开始关注油棕树种植园的扩张,以及其带来的过度砍伐问题。

资料来源:Auty Richard M. (2007). Natural resources, capital accumulation and the resource curse. *Ecological Economics*, 61(4): 600—10; Barbier, Edward B. (1998). The economics of the tropical timber trade and sustainable. forest management. In F. B. Goldsmith (ed.). *Tropical Rain Forest: A Wider Perspective*. London, Chapman and Hall: 199—254; Barbier, Edward B. (2005). *Natural Resources and Economic Development*. Cambridge, Cambridge University Press; Coxhead, Ian and Sisira Jayasuriya(2003). *The Open Economy and the Environment: Development, Trade and Resources in Asia*. Northampton, MA, Edward Elgair; Gylfason, Thorvaldur(2001). Nature, power, and growth. *Scottish Journal of Political Economy*, 48(5): 558—88; Kaufmann, Daniel, Aart Kraay and Massimo Mastruzzi (2003). *Governance Matters* Ⅲ: *Governance Indicators for 1996—2002*. 政策研究工作论文第 3106 号. 华盛顿特区, 世界银行; Vincent, Jeffrey R., Razali M. Ali and Associates. (1997). *Environment and Development in a Resource rich Economy*: *Malaysia under the New Economic Policy*. 剑桥, MA, 哈佛大学出版社; 世界银行(2008). *World Development Indicators 2008*. 华盛顿特区, 世界银行.

泰国实现经济多样化, 维持可持续增长的方式最初是与马来西亚类似的(见专栏 3.3)。泰国以资源为基础的发展已经取得了显著的成效, 但是与大量矿产和木材储量所能够产生显著的经济效益并无关系。相反, 这种发展是通过大量投资于农业、工业行业得以完成的, 投资项目集中于与国内种植作物、粮食作物和渔业具有广泛的前向和后向联系的产业。其结果是, 相对于泰国其他产业, 农业部门逐渐衰退, 在动态和劳动密集型制造业的繁荣发展下, 农村工资开始上涨, 全国总种植面积下降, 这反过来减少了对土地转换和毁林的压力。但是, 一些行业也存在问题, 如虾养殖业的过度膨胀导致沿海水产养殖系统的费用上升, 并且贫困地区缺乏一个协调发展的战略。但总体而言, 泰国已经证明, 通过制定严谨的政策, 投资食品出口行业和以农业为基础的经济, 并对产生的经济回报再投资, 是可以实现经济多样化发展的。

专栏 3.3 提高初级生产的可持续性: 泰国

在很多方面, 泰国的成功与马来西亚类似。20 世纪 70 年代以来, 泰国一直是粮食净出口国, 其主要发展的工业是出口导向型和劳动密集型制造业。因此, 泰国经济的资源依赖度稳步下降, 初级产品占总出口的份额在 1965 年还高达 95%, 1980 年下降到 68%, 目前却低至 30%。虽然 80% 的人口仍然生活在农村地区, 农村贫困人口的比例却只有 18%。泰国经济的多样化和其资源依赖性的下降, 导致农村工资的上升与农业绝对和相对劳动力比例的下降。

泰国成功的多元化战略也反映在其长期增长和投资模式上。在过去的几十年中,国内生产总值人均年增长率平均达4.7%,而且固定资本总额占国内生产总值的比例平均达28%。这两个指标均有超过世界平均水平和高收入经济体水平的趋势。此外,与世界比率相比,小学和中学入学率高于那些低收入和中等收入国家的水平。泰国的发展一直伴随着对热带雨林的牺牲,农业用地不断扩张,这些新增土地主要种植多年生农作物。泰国以资源为基础的发展获得显著成效,但是与能够产生显著的经济效益的大量矿物质和木材储备却并没有关系。相反,这种发展是通过大量投资于农工行业得以完成的,投资项目集中于与国内种植作物、粮食作物和渔业等具有广泛的前向和后向联系的产业。泰国的长期发展战略能够获得成功,其中至关重要的因素似乎就是良好的治理。

在泰国的经济体制中,粮食生产和种植作物贸易是水地和旱地的主业,所以山地森林的压力仅由区域间劳动力迁移造成。任何水地地区对劳动力需求的增加都会减少毁林,同时,农业旱地的总面积也会下降。重视农业产业化、加强产业的前向和后向联系、强调对劳动密集型制造业的再投资,这一系列措施本身都形成一个良性循环,有利于减少土地退化和滥伐森林,加强渔业和其他可再生资源更好的管理,以及改善农村人口的生计。然而,该过程的关键就是泰国发生了一场深刻的经济结构变化。这种变化体现在主要非贸易产品、非农业产品的价格上涨、非农业投资的增长,以及农业部门以外的生产部门的劳动生产率的上升。其结果是农业以外的其他行业就业机会增加,农村工资上涨,农产品价格相对下降,从而导致农业利润和投资的减少。总的结果是,相对于泰国经济体中的其他部门,农业部门存在一定程度的收缩,同时总种植面积持续下降,这反过来又减少了土地转换和森林砍伐的压力。与此同时,农业部门迫于压力变得更有商业化效率和更有国际竞争力。其结果是,大量区域间劳动力从旱地迁移到水地地区,以充分利用农村工资上涨的优势,随之而来的是,有条件的生产型土地实现农业商品化,即使泰国种植区总的农村就业机会已经下降。此外,泰国实行的整个经济贸易改革进一步地刺激了劳动密集型制造业的发展,产生了更多农村地区以外的就业机会,并大大降低了前沿农业土壤、森林和集水区的压力。

低碳革命
——全球绿色新政

在渔业等其他部门,泰国还积极促进出口导向产业的发展,尤其是虾产业。自1979年以来,泰国一直是世界上主要的虾生产国,所有国际市场上虾总量的1/3来自泰国。虽然沿海渔业也可以捕虾,但是泰国的绝大多数的虾产量来自于水产养殖。虾类出口收入的总价值每年达10亿~20亿美元,而且政府一直热衷于扩大这些出口。泰国还力求通过分区管理沿海渔业。自1972年以来,在泰国南部3公里以内的沿海区域都预留了小规模的、传统的海洋渔业。泰国海湾也分为四个类似的大区,以及安达曼海—印度洋组成一个单独的第五区。

然而,泰国推行的一些资源管理战略也存在一定的问题。首先,森林地区的边界不清的产权导致森林遭到过度砍伐,而且大量红树林地快速转换为泰国虾养殖场。从历史上看,这已经成为泰国所有的森林地区一个共同的问题。虽然州政府在皇家林业部的授权下表面上拥有和控制森林地区,但是实际上他们开放准入领域,任何人都可以染指。对红树林转化成虾养殖场的总量估计各有所不同。但有研究表明,自1975年以来已经有高达50%~65%的泰国红树林地区被转化成虾养殖场。在靠近曼谷的一些省份,为了支持养虾场的发展,已经摧毁了大片红树林地区。这导致了重大损失,特别是当地社区需要依赖于红树林开展活动,红树林还为沿海渔民提供了庇护所,红树林的破坏会让沿海居民无法抵抗频繁的热带风暴灾害。其次,伴随着农业商业化的提升,制造业和产业化农业的凸显可能会带来更优质的土地和更洁净的水资源,但是,却会恶化其他环境问题,如污染和城市拥挤(特别是曼谷)、工业和有毒废弃物、塑料的过度使用和农业污染。最后,农业商业化的提升引导着这样一种趋势:土地所有权的固化、采取节省劳动力创新和降低种植密度的改革,这种趋势会导致劳动力替代、减少农业就业机会。尽管这样做能够减少食品生产中的低效生产和高地边缘生产,但是也同样会使得低地农村就业机会更难获得,为来自于旱地的劳动力提供的工作机会也会减少。泰国目前并不存在一系列专门针对旱地的政策,用于:(1)管理从大米等一些替代性粮食生产向各种各样的商业导向型的农业企业的转变,如玉米、园艺、果树、乳制品以及牲畜饲养;(2)在具备恰当的产业化农业生产条件的旱地推广农业企业,这样的区域是指不易退化、具备适宜小气候的地区;(3)提供研发(R&D)支持,着重为小农场生产提供作物收获和市场交易的基础设施,为旱地企业与经济体的产业化农业发展政策协调一致提供方便;(4)鼓励旱地农业商业化,以便为该地区农村贫困人口提供更多的就业机会。

资料来源:Barbier, Edward B. (2005). *Natural Resources and Economic Development*. Cambridge, Cambridge University Press; Barbier, Edward B. and S. Sathirathai (eds.)(2004). *Shrimp Farming and Mangrove Loss in Thailand*. Cheltenham; Edward Elgar; Coxhead, Ian, and Sisira Jayasuriya(2003). *The Open Economy and the Environment: Development, Trade and Resources in Asia*. Northampton, MA, Edward Elgari; Feeny, David(2002). The co-evolution of property rights regimes for man, land, and forests in Thailand, 1790—1990. In John F. Richards(ed.). *Land Property and the Environment*. San Francisco, Institute for Contempomry Studies Press:179—221; Gylfason, Thorvaldur(2001). Nature, power and growth. *Scottish Journal of Political Economy*, 48(5):558—88; Kaosa-ard, M. and S. S. Pednekar(1998). *Background Report for the Thai Marine Rehabilitation Plan* 1997—2001. Bangkok, Thailand Development Research Institute Foundation; Kaufmann, Daniel, Aart Kraay and Massimo Mastruzzi (2003). *Governance Matters Ⅲ :Governance Indicators for* 1996—2002. 政策研究工作论文第3106号. 华盛顿特区,世界银行;Pingali, Prabhu L. (2001). Environmental consequences of agricultural commercialization in Asia. *Environment and Development Economics*,6(4):483—502;世界银行(2008). *World Development Indicators* 2008. 华盛顿特区,世界银行。

博茨瓦纳的案例说明,即使作为一个非洲经济体,作为一个完全依赖矿产品出口收入的国家,也完全能够实现重大和持续的经济进步(参见专栏3.4)。博茨瓦纳能够取得成功的关键因素之一,是在商品繁荣和萧条期分别制定适当和稳定的经济政策。这些政策包括:在繁荣时期管理利率、避免过度升值;在繁荣结束之前使用额外利润建立国际储备和政府结余,进行必要的缓冲;避免政府开支大规模增长,增加对公共教育和基础设施的专项投资;最后追求经济多样化战略,促进劳动力密集型制造业和服务业的温和增长。博茨瓦纳还制定了配套的法律和政治体制，以促进长期经济管理、加强政治稳定和反对腐败、投资教育。博茨瓦纳能够获得持续发展的主要原因在于：降低对公共部门投资的依赖，鼓励制造业从生产非贸易品向生产出口商品转变，制定一套旨在改善居住在脆弱环境中的农村贫困人口生活的农业发展战略。

专栏 3.4 改善初级生产的可持续性：博茨瓦纳

博茨瓦纳一直以来严重依赖矿物出口获得收入，特别是钻石。其所有出口几乎都来自于初级产品，而且矿物特别是钻石占到 GDP 的 1/3，占政府收入的一半。正是由于具备高度的资源依赖性，自从 1970 年以来，博茨瓦纳经历了周期性的大规模的商品出口大潮，大赚了一笔。自 1965 年以来，该国是全球长期经济增长率最高的国家之一，并且相对于 GDP，具有较高的教育财政支出比例。博茨瓦纳的长期投资占 GDP 的份额与马来西亚和泰国等同，并且还拥有相对较高的小学和初中入学率。因此，和大部分资源依赖性高的国家不同，博茨瓦纳通过将资源财富再投资于物质和人力资本，获得了较好的经济成功。

很大程度上，博茨瓦纳能够成功地管理商品繁荣和萧条周期归结于制定适当和稳定的经济政策。这些政策包括：在繁荣时期管理利率，避免过度升值；在繁荣结束之前使用额外利润建立国际储备和政府结余，并进行必要的缓冲；避免政府开支大规模增长，增加对公共教育和基础设施的专项投资；最后追求经济多样化战略，促进劳动力密集型制造业和服务业的温和增长。但是，用于稳定经济的长期政策起作用的前提条件是，法律和政治机制运行有效。博茨瓦纳具有超稳定的政治氛围，民事冲突鲜见，能够与高收入国家媲美。此外，该国政策还享有"主人翁公共治理"的美名。总体而言，博茨瓦纳在非洲贪污最少的国家中是排名最靠前的。

政府长期发展政策的基石就是实现对资源租金的恢复和再投资。几十年来，政府已通过税收和特许权收取平均 75％ 的采矿租金。这些矿产收入已被再投资于公共资本和公共部门，占经济体固定资本形成总额的 30％～

50%。虽然其中大部分的公共开支投在基础设施方面,如道路、用水设施、电力和通信,但是目前对教育和卫生方面的投资日益重视,最近几年中此类开支平均占资本发展预算的24%。

自20世纪90年代中期以来,博茨瓦纳针对此类公共投资的主要规划工具是可持续的预算指标(SBI)。该指数非常简单,是指非投资性支出占经常性收入的比例。SBI值低于或者等于1意味着公共消费是可持续的,因为它的资金完全是出于收入而不是矿石,而且所有从矿物中获得的收入都用于公共投资。SBI值高于1,说明消费部分依赖于矿产收入,这在长期是一个不可持续的状态。然而,将SBI作为经济规划工具存在一个缺点,就是它会鼓励经济过度依赖于公共部门的投资。从长远来看,这种过度依赖会导致公共部门投资在一系列支出上的持续增长,包括国防或其他非生产性投资,如农业补贴和援助方案的投资,以及一些纯转移支付。政府正在努力防治博茨瓦纳的艾滋病毒疫情,包括其最近承诺为全部人口提供负担得起的药品,这些也会增加公共开支。

政府方面较为关键的一个投资策略就是增加外汇储备和金融资产。其主要理由是,无论是在短期衰退还是一旦长期矿产储量枯竭时,要从矿物收入中节省额外利润以备出口收入下降时所需。总体而言,这一战略已取得成功。近年来,外国金融资产收入已经成为除矿产税收和特许权使用费之外的第二大政府收入来源。政府还能够促进经济适度多元化,特别是对于劳动力密集型制造业和服务业。能够取得这样的成绩主要基于两个方面:直接通过对制造业进行公共投资,间接通过采取稳定政策以使在商品繁荣时期也能够阻止本国货币的升值。尽管制造业增加值在国内生产总值中的比重仍只有5%,但是该部门正在发展壮大。制造业和服务业的就业人数也在不断增长,分别占常规就业的25%~32%。

促进农业增长的正式计划一直不太成功。尽管已经对农业投入平均7%的政府发展预算,公共部门对农业的开支也平均超过农业国内生产总值的40%,但是,在过去的十年中,该部门对国内生产总值的贡献已下降到不足4%。下降的主要原因是长时间的干旱,加上对农村资源的持续的过度开发,包括村庄水储备的枯竭、水体污染、过度放牧、牧场退化和木材供应的衰减等。

　　为了维持和巩固其经济成就,博茨瓦纳需要在近期解决一些额外的结构性失衡问题。首先,经济过于依赖于公共部门投资,导致私人部门投资在经济体的相对份额已大大下降。第二,尽管制造业和服务业的增长有迹象显示经济是多样化的,但是这些行业主要生产非贸易品。总体而言,开采在整个经济体中仍然占主导地位,特别是出口收入的主要来源。私人资本在经济体中的相对份额下降表明,全面的经济多样化很可能要在很长一段时间后才能实现。最后,政府对农业的投资计划基本上是失败的。但是,农业发展仍然是经济的关键。农业劳动人口占总人口的70%,并将继续成为农村贫困人口重要的收入来源。正如专栏3.1所述,超过一半的人口仍然生活在农村地区,30%~50%的人口仍旧生活在脆弱的土地上,另外约47%的人口仍然生活在贫困之中。

　　资料来源：Barbier, Edward B. (2005). *Natural Resources and Economic Development*. Cambridge, Cambridge University Press; Gylfason, Thorvaldur (2001). Nature, power and growth. *Scottish Journal of Political Economy*, 48(5): 558—88; Iimi, Atsushi (2007). Escaping from the resource curse: evidence from Botswana and the rest of the world. *IMF Staff Papers*, 54(4): 663—99. Kaufmann, Daniel, Aart Kraay and Massimo Mastruzzi (2003). *Governance Matters Ⅲ: Governance Indicators for 1996—2002*. 政策研究工作论文编号3106. 华盛顿特区,世界银行; Lange, Glenn-Marie, and Matthew Wright (2004). Sustainable development and mineral economies: the example of Botswana. *Environment and Development Economics*, 9(4): 485—505; Sarraf, Maria and Moortaza Jiwanji (2001). *Beating the Resource Curse: The Case of Botswana*. 环境部门工作论文第83号. 华盛顿特区,世界银行;世界银行 (2008). *World Development Indicators 2008*. 华盛顿特区,世界银行。

　　其他资源依赖型经济体可以从这三个国家的例子中吸取若干教训,以帮助自己改善初级生产的可持续性。

　　首先,自然资源禀赋和初级生产活动的类型并不一定对实施一个成功的战略构成障碍。博茨瓦纳的经济在很大程度上是依赖于矿物,泰国在开始的时候几乎完全是一个以农业为基础的粮食出口国,马来西亚的成功也是首先建立在矿产和木材储备上,然后转移到种植果树上,最后形成一个高度多元化的经济发展网络。

其次,因为各个国家的资源禀赋、农业生产活动、历史、文化、经济和地理环境的差异,它们各自采取的发展策略的类型也各不相同。比如,泰国和马来西亚最初采取相似的战略来鼓励可持续的农业生产和资源利用;但是泰国的农业占有首要地位,加之经济和社会状况的不同,意味着它的多样化战略与马来西亚最终大相径庭。

再次,发展战略必须具有全面性。把农业生产活动放在一个经济体的重心位置以提高它们的竞争力、保持它们的出口潜力、限制对资源的过度开发与浪费,以及增加回报和利润是必要的,但仅这些还远远不够。所有上述的三个国家的政策显示,从农业生产活动中得到的财政收益和资金必须要重新投资到工业活动、基础设施、卫生服务、教育和必要的技能以获得长期的经济发展。

最后,没有完美的策略。在所有上述的三个国家中,通过保持主要农业生产部门的可持续性,随之带来的重要部门和人口收益已经非常显著。在马来西亚,人们正在密切关注森林遭到破坏的状况和那些扩大棕榈树种植园的计划,前者在遥远的沙巴省和沙捞越省表现得尤为严重。在泰国,主要问题表现在红树林的损失、持续增长的污染问题和山地区域发展的失败。博茨瓦纳仍然面临着发展停滞的农业、居住在脆弱的环境里的大量人口和普遍的农村贫困等问题。因此,找到拓宽经济收入的方法来提高资源依赖型经济的可持续发展能力是另一个重要的目标。

改善穷人的生计

为了减少极端的全球性贫穷,高度关注许多发展中经济体的脆弱环境和边缘土地的贫困人口显得尤为紧迫。

这些农村家庭为了他们的生计,不仅直接依赖对土地的开垦和对环境中可用自然资源的开采,而且热带森林、珊瑚礁、红树林以及其他生态系统大范围损失也导致了生态环境恶化,穷人们对此却缺乏抵抗力。例如,专栏3.5提供了来自发展中国家的许多这样的例子。因此,治理这些环境和生态系统是为改善穷人生计而需要努力的一个重要方面。同样地,创造更多的经济机会和提高脆弱环境中的穷人生活水准,非常有利于减轻环境生态系统的压力。

专栏3.5　生态系统和贫困人口生计

沿海生态系统、珊瑚礁、丛生树木和洪泛区对于贫困人口经济生计的重要性是得到了充分证实的。

例如,来自泰国的估计显示,1996~2004年间收集美洲红树林产品的地方社区的净收入的净现值(NPV)(以1996年美元价格计)为每公顷484~584美元。近海手工渔业的繁殖地和哺育地的美洲红树林的净现值(NPV)为每公顷708~987美元,而保护服务费为每公顷8 966~10 821美元。与海岸线家庭的平均收入相比,这样的好处是可观的;2000年7月对两省4个依靠红树林的社区进行的调查显示,每个村庄的平均收入为每年2 606~6 623美元。整个泰国农村地区的总体贫困(相当于年收入180美元或以下)平均发生率是8%,但是有三个村庄超出了这个比例。如果撇开收集美洲红树林产品的收入,其中两个村子的贫困发生率会分别提高到55.3%和48.1%,而另外两个地方社区是20.7%和13.6%。泰国的例子并不异常,发展中世界的贫困家庭普遍从红树林中获得很多收益,并且认为他们现在获得的收益比生态系统实际带来的经济产品和服务要多。

珊瑚礁是发展中世界的另一个重要的栖息地,它不但支持了贫困海边社区的沿海渔业收获,也提供了有价值的海岸线保护。例如,印度尼西亚为了支持传统手工渔场和保护海岸以免珊瑚礁被破坏,是以每平方公里净现值(NPV)来估计损失的。珊瑚礁受到的主要威胁来自用毒物、炸药捕鱼、珊瑚开采、海岸积累的沉积物以及过分捕捞。同时,这些威胁导致的珊瑚被毁给现在海岸线渔业大概带来每平方公里41万美元的损失,以及1.1万~45.3万美元的海岸线保护现值上的损失。来自肯尼亚的证据显示,珊瑚礁对扩散至渔业区的幼虫相当重要,可以影响海洋储备和处于恢复期的闭合渔场的有效性,而储备和闭合最终是为了能重新捕鱼。珊瑚礁对临近海岸线的社区也有重要的文化和非使用性的价值;热带海岸线区域的许多文化和宗教传统非常看重当地社区对相邻珊瑚礁的依赖,并反映出未来继续保护这种生活方式的价值。

发展中地区的树木丛生的水域也提供了能影响贫困人口生计的可观的水服务,比如说水过滤/纯净化、季节性的流量控制、侵蚀和沉淀控制,以及栖息地保护。当越来越多的发展中地区江河流域在更多地使用淡水供应时,这些服务会变得越来越重要。除此之外,上游水域的森林会为居住在那里的贫困社区提供数量可观的直接用途,包括木材、收集的非木材产品和社区林业。然而,上游水域维持和提高土地使用的好处比下游的水服务带来的好处大得多。例如,在玻利维亚的中部高原,旨在提高流域保护和减少农民田地土壤侵蚀的项目产生了将近3 490万美元的净现值(NPV),而大部分的好处要归因于洪水预防和下游水域的水资源可获得性的提升。类似地,印度的卡纳塔卡(Karnataka)地区通过植树造林、构造水箱、人工池塘、防洪坝和其他开垦结构改进了上游水域,提高了地下水的补充和可获得性,进而减少了灌溉和开发新井或扩充现有井的费用,因此,给下游农民带来了显著的收益。印度尼西亚东部日益增加的水流量与水域的植树造林为下游农民带来了相当于年农业利润1%~10%(3.5~35美元)的经济价值。然而,除了森林之外,热带水域的土地利用也可能产生具有经济收益的水流量。比如,哥斯达黎加Rio Chiquito的上游水域的森林转化为了牧场,实际增加了下游的水流量,产生了每公顷牧场250~1 000美元的净现值(NPV)。

在许多发展中地区,江河流域中的重要的下游生态系统通常是季节性淹没的大草原或树木丛生的洪泛区。在季节性洪水期间,水经常离开河流的主要渠道并淹没这些洪泛区。洪水消退后,庄稼就种植在这些自然灌溉的土壤上,在后退的水域里捕鱼也变得更容易了,增加的淤泥储存也会增加森林、野生动物和其他资源的生物生产力。非洲总湿地的大约一半是由洪

低碳革命
——全球绿色新政

泛区组成的,并且包含有着数千平方公里的巨大范围的生态系统,比如马里的内陆尼格三角洲、博茨瓦纳的奥卡万戈三角洲、苏丹的白色尼罗河湿地和赞比亚的卡富平原。这片大陆的成千上万的人通过洪水退落农业、渔业、牧业以及河边森林资源的林业和非林业收获来维持他们的生计,而这些直接依赖的就是洪泛区,而且还有数以百万计的处于干旱土地环境的人依靠洪泛区的地表水用于饮用和灌溉。类似的益处也发生在其他极端贫困的国家,如孟加拉国80%的国土是由恒河、雅鲁藏布江、梅克纳河与其他河流的交汇造成的洪泛区构成的。

例如,上游的水坝发展威胁了尼日利亚数以百万计的贫困农业家庭,他们的经济生计主要来源于东北部的洪泛区。所有上游水坝和大范围灌溉项目的充分实施预计会给那些家庭造成农业、薪柴和渔业生产方面大约2 020万~2 090万美元净现值(NPV)的净损失。另外,洪峰的减少预计会导致洪泛区的地下水平面下降1米左右,而浅蓄水层的水平面一直是由湿地保留的水来补充的,水平面下降也进一步导致了干旱季节农业灌溉每年损失120万美元,以及农村家庭的当地水消费方面损失476万美元。在孟加拉国,渔业和洪水消退的农业种植是农村贫困家庭利用自然洪泛区的重要农产品。洪泛区的渔业产品生产主要为无地家庭带来好处。因此,自然洪泛区意味着更多的土地用来发展渔业而不是农业,虽然上游水坝的发展缓解了洪水泛滥,增加了农业区和扩展了下游的种植业,但是与这种传统管理情况相比,自然洪泛区实际上可以产生更高的整体经济回报。

资料来源:Barbier, Edward B. (2008). Poverty, development, and ecological services. *International Review of Environmental and Resource Economics*, 2(1):1—27. 关于进一步的案例研究,参见 Sukhdev, Pavan(2008). *The Economics of Ecosystems and Biodiversity: An Interim Report*. Brussels, European Communities.

这两种方法都在致力于改善穷人生计的全球绿色新政(GGND)中发挥着作用。为了缓解维持重点生态系统收益的发展压力,当前的努力主要集中在支付环境服务和为保护发展中国家的重要生态系统和栖息地提供激励等方面。这些支出和激励在一定程度上使穷人们直接受益,其结果是改善了穷人的生存状况和保存了重要的栖息地,然而,也应该考虑应对贫困的其他方法。设计针对贫困人口的投资项目和政策也可以减少脆弱环境和生态系统的发展压力。

如果穷人的生计依靠的是生态环境服务,那么,为了保护重要生态系统和栖息地,发展能提供激励的市场也可能同样对减少贫困有所帮助。这些为发展中地区提供生态系统服务而构建的"支付"市场,主要关注的是森林系统,特别是从这个系统中衍生的四种系统:碳隔离、流域保护、生物多样性收益和漂亮风景[1]。在20世纪90年代,生态系统服务的支付就开始了,主要地点是在拉丁美洲,但是,近年来在撒哈拉以南的非洲和亚洲也开始采用。尽管通过京都议定书的清洁发展机制的碳隔离计划近年来在数量上增加了,流域保护中的水服务仍然占据优势。为了尽到京都议定书中要求的义务,一些国家和公司越来越热切地为发展中国家林业部门的清洁发展机制(CDM)提供经费,这样做的一个原因是热带地区的碳隔离费用比其他地点更加低廉。例如,欧洲森林清洁发展机制(CDM)的每吨碳隔离花费大约为777美元,而热带碳隔离项目的成本则更昂贵[2]。

这三种方式表明,为生态系统建立的市场机制同样能减轻贫困。首先,如果对于生态系统服务的支付直接给予贫穷的农村家庭以便于维护

---

[1] Alix-Garcia, Jennifer, Alain de Janvry, Elisabeth Sadoulet and Juan Manuel Torres(2005). *An Assessment of Mexico's Payment for Environmental Services Program*. 罗马,联合国粮农组织[FAO]; Barbier, Edward B. (2008). Poverty, development, and ecological services. *International Review of Environmental and Resource Economics*, 2(1):1—27; Grieg-Gran, Mary-Anne, Ina T. Porras and Sven Wunder(2005). How can market mechanisms for forest environmental services help the poor? Preliminary lessons from Latin America. *World Development*, 33(9):1511—27; Landell-Mills, Natasha and Ina T. Porras(2002). Silver bullet or fool's gold? A global review of markets for forest environmental services and their impact on the poor. In Verweij, P. A. (ed.). *Understanding and Capturing the Multiple Values of Tropical Forest*. Wageningen, the Netherlands, Tropenbos International:89—92; Pagiola, Stefano, Agustin Arcenas and Gunars Platais(2005). Can payments for environmental services help reduce poverty? An exploration of the issues and the evidence to date from Latin America. *World Development*, 33(2):237—53; Ravnborg, Helle Munk, Mette Gervin Damsgaard and Kim Raben(2007). *Payments for Ecosystem Services: Issues and Pro-poor Opportunities for Development Assistance*. Report No. 2007—6. Copenhagen, Danish Institute for International Studies; and Sukhdev(2008).

[2] Van Kooten, G. Cornelis and Brent Sohngen(2007). Economics of forest ecosystem carbon sinks: a review. *International Review of Environmental and Resource Economics*, 1(3):237—69.

或提高这些服务,那么,农户有了必要的现金收入。其次,无论农村的穷人是否能直接收到支付,它们也许能从所有的生态系统服务供应中间接地得到改善。第三,农村的穷人也可以获得来自支付项目所创造的额外的经济机会,比如重新造林和其他保护投资带来的工作机会。然而,所有这些事例也表明,旨在缓解贫穷的支付项目的成功依然有限。

迄今为止,引入生态系统服务支付的主要目的是影响土地利用,这种影响是通过使土地所者获得的环境服务回报大于没有这些支付机制时的回报来发生作用的。在有些情况下,一些项目的参与者并不需要为了获得支付而展示他们的正式土地所有权,因为发展中地区很多农村贫困人口不但缺少正式的土地所有权,甚至他们都不能获得土地。其他人要么近乎无地,要么只有很少的一些土地,以至于他们在利用自己的土地参与森林保护或者种植项目时困难重重。在拉丁美洲,因为保护了流域的水服务而收到支付的土地使用者几乎都是一些富有的家庭,甚至在哥斯达黎加的项目中,许多参与者都是有着可观非农收入的城市居民[1]。类似地,墨西哥森林生态系统服务的支付明确指向了社区拥有的森林,并且虽然86.3%的注册森林属于贫困社区,但只有31%的参与家庭被认定为处于贫困线以下[2]。

生态服务项目的支出也可能给穷人带来意想不到的正面或负面的作用。在印第安河流域,由于村庄参与到了支付项目中,管理森林公共品方面的社区合作得到增强。但是,如果妇女和放牧者等参与这些项目的收集非木材产品的机会被这些项目限制了的话,他们的生存状况便会受到伤害[3]。在拉丁美洲,有些项目通过授予空闲林的法律地位并制定针对非法占用或侵占土地的预防措施,提高了所有权的安全性。尤其是当所有权处于争议时,通过增加边缘土地的价值,有些生态服务的支付

---

[1] Pagiola, Arcenas and Platais(2005).
[2] Alix-Garcia et al. (2005).
[3] Kerr, John(2002). Watershed development, environmental services, and poverty alleviation in India. *World Development*, 30(8): 1387—400.

项目已经为更多富有群体占有土地创造了激励①。最后，支付项目也可能为无地的穷人提供工作机会有双重作用。农村地区的生态系统服务计划能推动可观的移植或植树造林，并能产生对非熟练劳动力的显著需求；另外一种情况是，如果引进的计划留出了本来可以砍伐或者转为农业用地的大面积地方森林，那么无地的穷人的工作机会就更少了②。

总之，因为它们的主要目标是为土地所有者提供保护重要生态系统和栖息地的激励，为生态系统服务设计的支付项目就不能经常针对高贫困地区。这样的计划并不总是能保证农村贫困人口的高参与率或者显著提高他们的收入。根据定义，无地和近乎无地的人经常会被排除。但是，在任何可能的情况下，支付项目都应该设计成能提高贫困人口的参与率，在为农村工人创造就业机会的同时也应减少对未参加者的任何负面影响，同时提供技术支持、信贷和其他支持以鼓励贫困佃农采用他们期望的土地利用方式。要投入更多的努力去设计有利于无地或近乎无地者直接参与的计划和项目。

为了提升生态系统服务并希望因之减少农村贫困的投资选择，反而使投资直接定位于提高农村贫困人口的生计，从而降低他们对开发自然资源的依赖程度。这种对农村贫困人口的"地理针对性"的设计是正确的，它的成功已经得到了证明③。

例如，在厄瓜多尔、马达加斯加和柬埔寨，根据人们的相对贫困状况绘制的"贫穷地图"可以使公共投资流向特定地理范围的人口亚群体，这极大地缓解了贫困状况④。这些地图大大方便了针对更小行政单位而

---

① Pagiola, Arcenas and Platais(2005). Landell-Mills and Porras(2002).
② GriegGran, Porras and Wunder(2005).
③ Barbier(2005); Barbier(2008); Binswanger, Hans P. and Klaus Deininger(1997). Explaining agricultural and agrarian policies in developing countries. *Journal of Economic Literature*, 35(4):1958—2005; Coady, David, Margaret Crosh and John Hoddinott(2004). Targeting outcomes redux. *World Bank Research Observer*, 19(1): 61—85; Dasgupta et al. (2005); Elbers, Chris, Tomoki Fujii, Peter Lanjouw, Berk Ozler and Wesley Yin(2007). Poverty alleviation through geographic targeting: how much does disaggregation help? *Journal of Development Economics*, 83 (1): 198—213.
④ Elbers et al. (2007).

进行的投资设计和实施,例如地区或村庄。但是,与较大的地区或者省区水平相比,村庄的一部分收益被更高的项目管理成本抵消。另外,目前还不清楚地方的权贵势力是否有能力影响针对性投资的分配。

世界银行通过检验48个发展中国家的122个有针对性的项目的研究,分析了它们在减少贫困上面的有效性[1]。研究认为,针对底层收入群体家庭的中间项目比没有针对性的项目多转移了25%的收益。但是,一些有针对性的项目是倒退的,如那些包括食物补贴的项目,与通行分配相比几乎没有给贫困人口带来更多的好处。相比之下,地理定位项目包括强制性的工作要求,也为最贫困的40%的人口带来了收益。有针对性的计划应该在体制环境中运作,如政府的有效性和可靠性、资产保有权、财产权利和官僚的能力,都对旨在减轻农村贫困的项目的效果影响较大。显然,地理针对性项目的精心设计和实施将对减缓贫困的产出和成功机会有相当大的影响。

在另一些情况下,定位制度却失灵了。例如,在贫困人口集聚的偏远地区政府在有效管理和传递服务方面表现出无能,这对于克服关键障碍以提高脆弱环境中贫困人口的生计而言是重要的。在对发展中国家的灌溉用水、饮用水、渔场和林地的不同案例研究表明,当缺乏有效的政府管理时,鼓励私营部门参与到自然资源的管理中能提高各种环境收益,同时实现经济发展和缓解贫困的目标[2]。但是,提高补充性的管理能力和政府监控是保证长期公共环境收益并将其广泛覆盖最贫困人口的关键。另外,市场的有效功能会根据地方的不同而变化,这取决于法律、经济和文化因素等。

与地方社区利益相关的自然资源管理的糟糕制度安排产生了利益持续的问题,因此,这就需要开发全新的制度体系。例如,一项研究表

---

[1] Coady, Grash and Hoddinott(2004).

[2] Johnstone, Nick and Joshua Bishop(2007). Private sector participation in natural resource management: what relevance in developing countries? *International Review of Environmental and Resource Economics*, 1(1): 67−109.

明,有效财产权的缺乏与地方社区和外来投资者之间的冲突是一个持续出现的问题,这进一步加剧了由泰国海滨地区的虾水产养殖和其他商业发展带来的过度的美洲红树林转换问题[①]。为管理泰国海滨地区的红树林制定一个新的机制框架能增进对当地红树林的恢复和保护,同时改善当地社区的经济生计。这样的框架也许包含以下特点:首先,剩下的红树林地区应该设计成为保护区和经济区。养虾业和其他商业用途如树林特许权——应该被限制在经济区。但是,依靠在红树林采集林产品和渔业产品的当地社区应该被允许进入两个区域,前提是这种收获活动在可持续的基础上运行。其次,社区美洲红树林的设立也应该产生在类似的经济区和保护区域。允许这种地方管理的介入是因为社区能有效地增强当地的秩序,并有能力使森林免遭过分利用、退化和转为其他土地用途。而且,这样的社区权利不应该体现为所有权而应该体现为使用权。第三,红树林群落应该由政府和地方社区共同管理。这种有效的共管将要求现有海滨社会组织的积极参与,并将允许这类组织的代表有表达他们意见和根据红树林资源利用相关的管理变革做决定的权力。最后,政府应该为当地社区参与管理红树林提供技术、教育和财政等方面的支持。例如,如果只有使用权(但不是充分的所有权)授予了当地社区,那么,后者为了投资于红树林的保护和移植而获取正规信贷的可能性就受到了限制。政府也许要为这种基于社区的活动提供专项信贷的支持。

在大的经济危机期间,政策定位于贫困人口显得更为迫切。人力资本的投资不足和融资路径的缺乏是极端贫困的长期特征,尤其是对那些集中在脆弱土地上的贫困家庭而言。这些家庭缺少足够的储蓄,承受着持续债务,并且依赖短期高利率的非正规信贷市场。

其结果是,旨在提高人力资本的私人投资对大多数农村贫困家庭而

[①] Barbier, Edward B. and S. Sathirathai eds. (2004). *Shrimp Farming and Mangrove Loss in Thailand*. Cheltenham, Edward Elgar.

低碳革命
——全球绿色新政

言是奢侈的,同样,缺乏教育和销售技能不仅限制了农村贫困人口的潜在收入,也同样限制他们与更富有的城市家庭在政治上讨价还价的权力[①]。对贫困人口而言,缺乏资金和人力资本使他们无力应对危机期间的整体经济冲击。另外,在长期的危机期间,贫困人口经常采用极端的措施来维持他们短期的生计:他们背上了更加巨大的家庭债务,他们出售重要财产,例如土地和家畜,并且不得不放弃在教育上的支出。因此,整体经济的动荡会对贫困人口带来持续的冲击。例如,一项对1997年东亚危机长期影响的研究发现,印度尼西亚2002年统计的贫困人口中有一半都要归因于危机带来的作用,即使在此之前印度尼西亚经济恢复得还不错[②]。

针对贫困人口的这两类政策和投资项目在以下情况下是必需的。

第一,设计和定位社会安全网项目,这些项目是对那些没有保险,或者面临较高保险成本的个人保障。在正常经济环境下,即使穷人通过社区或者基于家庭的风险分担也能获取一些非正式的保险资源,但是剧烈的经济范围内的危机经常会影响整个社区甚至整个地区,从而否定了非正式的保险机制。不幸的是,许多发展中国家的安全网项目比较弱小,这些项目在经济危机期间为贫困人口提供的保护极其有限。更糟的是,政府经常很仓促地实施项目,例如食物和燃料补贴,其结果导致了它们的无效,并需要巨大的资金,而且极少能惠及贫困人口,这已被证明很难扭转。但是,如专栏3.6所讨论的,为贫困人口去设计一个全面和定向的安全网以便在危机期间为他们提供足够的保险是可能的。理想的项目包括一个救济工作的内容,这部分能帮助那些要么是暂时失业要么是因为危机而不完全就业的贫困人口;同时也包括现金或者食品的转移支

---

① Barbier(2005);Binswanger and Deininger(1997);发展研究小组(2008). *Lessons from World Bank Research on Financial Crises*. 政策研究工作论文,第4779号. 华盛顿特区,世界银行;Ravallion, Martin(2008). *Bailing out the World's Poorest*. 政策研究工作论文,第4763号. 华盛顿特区,世界银行;与世界银行(2005). *World Development Report 2006:Equity and Development*. 华盛顿特区,世界银行.

② Ravallion, Martin, and Michael Lokshin(2007). Lasting impacts of Indonesia's financial crisis. *Economic Development and Cultural Change*,56(1):27—56.

付,这些转移支付通常是在限制条件下保证贫困家庭不放弃教育或者健康支出。

专栏3.6 救助世界最贫困人口

世界银行的忠告是,在全球经济危机期间设计和实施一个面向贫困人口的综合安全网项目对发展中经济体是必要的。通过使用"贫困地图"来指引资金流向贫困人口所在的地方,或者保证主要接受者是贫困家庭的女人,这样能显著减少成本。安全网可以为贫困人口免受危机冲击提供保障,并且鼓励那些需要帮助的人加入,直到经济状况出现好转。运作良好的安全网应该是给家庭的转移支付(通常是现金或食物)和一个救济工作项目的组合构成的。现金或食物的转移支付主要针对那些不能工作的特殊群体,或在危机期间无奈放弃重要支出(例如儿童的教育)的人们。救济工作帮助那些暂时失业或者因为危机而未充分就业的贫困人口。

一个理想的安全网项目将有以下特点:

它应该为救济工作设定一个有保证的低工资,不鼓励那些非贫困人口的参与,又能鼓励穷人在危机结束后能为了更高工资的工作机会而离开项目。

工作应该由贫困地区的社区来推荐,以确保救济努力面向当地需求,并且生产对贫困人口有价值的产出。

预算必须足够大才可以为愿意接受最低工资的任何人提供工作,如果工作必须定量配给,那么,它为贫困人口提供保障的作用就消失了。

对救济工作需求的迅速扩大应该被视作开始实施现金或食物转移支付的信号,这些转移要针对那些不能工作的特殊群体,或者放弃教育或医疗支出的家庭。

自罗斯福新政以来,设计良好的救济行动项目已经成为经济复苏计划的一个重要组成部分。在1997年的亚洲金融危机期间,印度尼西亚和韩国都引入了大型的救济工作行动。墨西哥在1995年的"比索危机"中也实施了这类的项目,秘鲁在1998~2001年的衰退中,阿根廷在2002年的金融危机中都实施了此类项目。已经有越来越多的发展中经济体在危机期间使用有条件的现金转移支付(CCT)项目,以确保贫困人口的教育或医疗开支。典型的救济计划要求接受帮助家庭的孩子出示充足的学校出勤率,或要求家庭提供维持基本医疗服务的证据。有条件的现金转移支付(CCT)项目已经顺利地在孟加拉国、巴西、印度尼西亚和墨西哥展开。

综合安全网项目也能带来整体经济的收益。如果危机确实为推行针对穷人的有效安全网项目创造了机会,那么,它应该转变为一个持久的自动的政策并在危机期间推广,危机之后仍然运行以减轻某些地区的持续贫困问题。可以继续保持这个项目的某些特点,比如说鼓励贫困家庭的儿童继续上学或者利用救济工作来建立贫困社区的价值资产,以促使在经济发展中长期贫困人口减少。安全网项目也应该针对经济总需求提供额外和直接的刺激。贫困人口增加的额外收入有可能迅速转变为当地或更大范围的巨大消费。

资料来源:发展研究小组(2008). Lessons from World Bank Research on Financial Crises. 政策研究工作论文第4779号. 华盛顿特区,世界银行;以及Ravallion, Martin. 2008. Bailing out the World's Poorest, 政策研究论文第4763号. 华盛顿特区,世界银行。

在危机期间,面向贫困人口的教育和卫生服务应该继续维持,并且应该尽可能地提升服务。危机对贫困人口的经济影响是持续的,甚至在经济的其他方面恢复之后仍可能延续。在1997年亚洲金融危机期间印度尼西亚的例子可以说明这一点。针对贫困人口、农村居民和妇女的初等教育和卫生服务的投资对缓和长期危机冲击而言相当重要,不仅是因为这些投资推动了增长并减少了贫困,也因为它们能减少收入不平等。不幸的是,在金融和经济危机期间,健康和教育服务的公共支出经常会成为发展中国家政府首先进行削减的对象。

在这个正在加剧的全球经济危机中,要求发展中经济体的国家政府实施政策、改革和投资以提高农业生产的可持续性,同时要求其继续在社会安全网项目上投资,以及维持教育和健康服务支出,以上这些的确是有点勉为其难。正如2008年11月世界银行向二十国集团(G20)会议递交的提议所指出的,发展中国家,特别是低收入经济"将会受到出口增长下降(全球贸易预计将在2009年下降)、汇款减少、商品价格降低(将减少商品出口者的收入)以及捐款人的援助减少所带来的影响。危机也许还会导致私人投资流量的减少,进而使疲软的经济更加缺少应对内部脆弱性和发展需求的能力……更高的商品价格也会把许多石油出口国现有账户的亏损提升到令人担忧的水平(在1/3的发展中国家这个数字超过国民生产总值的10%),而且以后还可能会极大地上升,出口石油的发展中国家的国际储备正在随着它们的出口份额而下降。更糟的是,通货膨胀率很高,并且金融地位已经恶化,这是周期性原因和政府增加支出以减轻商品的高价格负担而共同导致的"[1]。

然而,世界银行也主张在危机期间,"表现更好的国家往往是那些成功减少了宏观财政脆弱性、增加了投资率、使出口市场多样化并最终恢复生产增长的国家……发展中国家必须保证资源投入到对它们来说最佳且效率最高的领域,包括事先制定的有针对性的社会安全网和提高贫困人口的资源供应"[2]。

在大的经济衰退中,主要政策优先领域应该是改进农业生产活动的可持续能力,同时保证它们为多样化经济积累足够的可投资资金;加强人力资本;确保在社会安全网和其他针对贫困人口的投资。这些政策的实施失败容易导致发展中经济体在解决极端贫困问题上更加困难,而且在经济情况好转后实施这些政策的成本会增加。

例如,世界银行估计发展中经济体的增长每降低1%会导致2 000万人变为贫困人口。由于食物和燃料危机,极端贫困人口的数字估计会增加至少1亿人口。而且,已经是贫困人口一分子的穷人会滑进更加贫

---

[1] 世界银行(2008)。
[2] 世界银行(2008),或发展研究小组(2008)。

困的深渊。比如,88%的极端贫困的增加产生于变得更加贫困的贫困家庭,而只有12%的家庭是新近变为贫困人口的。由于这些冲击,为了使所有贫困家庭提升到贫困线以上,每年几乎要花费380亿美元,相当于所有发展中国家全部国民生产总值的0.5%[①]。

此外,许多发展中经济体把它们的稀缺性资源浪费在了短期且无效率地应对这些危机上面,比如通过减税来抵消更高物价的影响、增加整体经济补贴和收入支持。国际货币基金组织(IMF)对161个发展中国家的研究发现,为了应对燃料、食物和经济危机,大约57%的这些国家减少了食物税,27%的国家降低了燃料税。几乎1/5的国家增加了食物补贴,同时有22%的国家增加了燃料补贴[②]。如专栏3.6所示,对这种"全面的"减税和补贴的依赖不过是对面向贫困人口的综合安全网和其他投资的一种无效且成本过高的替代品而已。一般性的减税和补贴经常作用相反,更加昂贵并且很难一次性去除。燃料补贴比食物补贴通常具有更多的反作用,并经常导致对环境不利的后果。对这种无效财政方法的依赖同时也意味着,发展中国家在增加针对性安全网和政府资助医疗与教育开支方面会更加缺乏财政资源,而这些方面都可能是在长期经济危机中更有必要的政策。

改进水资源管理

在本章的介绍中已经表明,这次出现的全世界水危机是一个全球性的生态稀缺问题,如果这个问题对世界范围内的贫困有持续影响的话,那么全球绿色新政(GGND)必须提出应对措施,同时要保证全球性经济复苏是可持续的。

这次出现的水危机问题表现在两个方面:相对于不断增长的需求,

[①] 世界银行(2009);世界银行(2008)。
[②] 引自世界银行(2008)。

淡水供给是短缺的;发展中地区数以百万计的贫困人口缺乏干净水和卫生条件。

专家也许在是否存在紧迫的全球性水缺乏问题上有所争议,但是可利用淡水的供应短缺压力的确一直在攀升,这有四个主要原因:第一,不断增长的人口有持续增长的需求;第二,因为世界人口的城市化,导致需要更多的水来满足高集聚程度的大量需求;第三,随着经济发展和贫穷的减少,人均用水量也将上升;第四,气候的变化、淡水生态系统和流域的限制都可能影响水供给的可获得性[①]。

在"水短缺"的定义及其测量上还没有一个明确的共识,而且体现它的影响的证据也是有限的(参见专栏 3.7)。发展中国家已经占全球水提取的 71%,并且它们的需求预计在 2025 年将增长 27%。虽然现在的证据表明大多数国家水资源的可获得性并没有影响经济增长,但是也有例外,西亚或北非地区正经历着中度或极端的水短缺,而且不久的将来还有恶化的趋势。到 2025 年亚洲也有可能显示出中度到高度的用水压力。作为两个人口众多的国家,中国和印度占了大约全球水提取量的 35%。两个国家已经显示出了中度到高度的用水压力,而且到 2025 年情况会进一步恶化。然而,在每个国家特定的江河流域地区问题更加糟糕。其中一些江河流域已经或者在未来几年即将超过 100%的临界线,显示出极端水缺乏的长期问题。包括巴基斯坦、菲律宾、韩国和墨西哥在内的国家都面临着正在恶化的用水压力和水短缺问题。

专栏 3.7 水缺乏和它的影响

衡量可用淡水的最普遍方法是一个国家或地区的总的可更新的水资

---

① 联合国开发计划署(UNDP)(2006);UNEP(2007). "Water" In UNEP. *Global Environmental Outlook GEO-4: Environment for Development*. Geneva, UNEP: 115−56; FAO(2007). *Coping with Water Scarcity: Challenge of the Twenty-first Century*. Rome, FAO; UN(2006). *Water: A Shared Responsibility*. 世界水资源发展报告,第 2 号. 纽约,联合国。

源，包括每年增加的平均地面径流量和降雨补充的地下水，加上来自其他国家或地区的地表流量。水利专家通常用一个国家或地区每年总的可更新的水供应与总水提取量的程度来衡量水紧张或者短缺程度。"提取"意味着从淡水资源转移或者提取出一部分水并用于人类目的——比如工业、农业或者当地水利用。每年的水提取量与总淡水资源的比例指的是相对水需求或水重要性比率。水利专家习惯性地认为对于一个国家或地区而言重要比率在 0.2～0.4（或 20%～40%）之间就意味着中度到高度的用水紧张，当然比 0.4 高的值反映的是严重水紧缺的情况。

发展中国家已经占了全球水提取量的 71%。这些国家的水需求到 2025 年有望增长 27%。虽然重要性比率在所有发展中国家都预期保持很低，但是仍然有些重要地区例外。在 2025 年亚洲预计会显示出适度或高的用水紧张的迹象。西亚或北非当前面临着严重的水紧缺，而且这个问题到 2025 年时会达到严峻的程度。正如表 3.2 显示的，水紧张和缺乏问题在重要发展中国家和地区的状况似乎更糟了。作为世界上两个人口众多的国家，中国和印度大约占全球水提取量的 35%。两个国家都已经显示出中度到高度的用水紧张，到 2025 年还有可能更紧张。即使对各自国家内的具体江河流域区域而言，问题仍然在变得糟糕，一部分江河流域已经或者即将在未来几年里超过 100% 临界比率，这反映了极端水资源短缺带来的长期问题。其他一些面临更严重用水紧张和短缺的国家包括巴基斯坦、菲律宾、韩国、墨西哥、埃及和西亚或北非的几乎所有国家。

表 3.2　　　　具有重要水比率的发展中国家和地区

地区/国家	总的水提取量(立方米)			共享的水供应的总提取(%)		
	1995 年	2010 年	2025 年	1995 年	2010 年	2025 年
淮河	77.9	93.7	108.3	83	100	115
海河	59.2	62.1	62.9	140	147	149
黄河	64.0	71.1	79.5	89	99	111
长江	212.6	238.5	259.1	23	26	29
松辽	51.5	59.2	67.6	26	30	34
内陆	89.5	98.9	111.2	299	330	371
西南	8.3	9.7	12.3	1	1	2
珠江	77.1	84.9	96.9	19	21	24

续表

地区/国家	总的水提取量（立方米）			共享的水供应的总提取（%）		
	1995 年	2010 年	2025 年	1995 年	2010 年	2025 年
东南	38.8	41.4	47.7	27	29	33
中国总计	678.8	759.5	845.5	26	29	33
Sahyadri Gats	14.9	18.7	20.8	14	17	19
Eastern Gats	10.5	13.7	11.6	67	87	74
高韦里河	11.8	12.8	13.1	82	89	91
戈达瓦里河	30.2	33.3	38.8	27	30	35
克里希纳	46.2	51.4	57.5	51	57	63
印度沿海	34.8	46.9	43.6	108	145	135
Chotanagpur	7.2	10.9	14.3	17	26	34
Brahmari	25.5	27.2	31.0	24	22	26
卢尼河流域	41.9	43.1	50.8	148	140	166
马希—纳尔默达	31.4	34.3	36.3	36	39	42
雅鲁藏布江	5.5	7.2	9.2	1	1	1
印度河	159.1	178.7	198.6	72	81	90
恒河	255.3	271.9	289.3	50	54	57
印度总计	674.4	750.0	814.8	30	33	35
巴基斯坦	267.3	291.2	309.3	90	98	105
菲律宾	47.0	58.2	70.0	24	29	35
南非	25.8	34.9	35.9	56	75	78
墨西哥	78.6	86.2	94.2	24	26	29
埃及	54.3	60.4	65.6	89	99	108
其他西亚/北非[①]	143.2	156.0	171.5	116	125	139

注：① 土耳其除外。

资料来源：改编自 Rosegrant, Mark W. and Ximing Cai(2002). Water for food production. In Ruth S. Meinzen-Dick and Mark W. Rosegrant (eds.), *Overcoming Water Scarcity and Quality Constraints*. 华盛顿特区, International Food Policy Research Institute: tab. B. 3.

事实上，水缺乏和用水紧张发生在特定的江河流域和地区，但并不一定横跨整个经济体，原因是很难断定现在与水供应有关的水使用方式是否阻碍了经济发展。一项对于 163 个国家的水利用和经济增长的研究发现，没有证据表明现在广泛存在的全球水短缺问题限制了世界范围的经济发展。例外是西亚或北非地区的极少数国家表现出了中度或高度的水缺乏。然而，正如表3.2指出的，在不久的将来重要江河流域的水使用的增加可能会严重阻碍更多国家的整体经济增长。

资料来源：Barbier, Edward B. (2004). Water and economic growth. *Economic Record* 80 (1)：1—16; Cosgrove, William J. and Frank R. Rijsberman(2000). *World Water Vision：Making Water Everybody's Business.* London, Earthscan; Rosegrant, Mark W. and Ximing Cai(2001). Water for food production. In Ruth S. Meinzen-Dick and Mark W. Rosegrant (eds.). *Overcoming Water Scarcity and Quality Constraints.* 华盛顿特区, International Food Policy Research Institute; Vorosmarty, Charles J., Pamela Green, Joseph Salisbury and Richard B. Lammers(2000). Global water resources：vulnerability from climate change and population growth. *Science* 289 (July 14)：284—8.

有一种共识是，尤其在那些发展中经济体的农村地区，不断增长的水资源缺乏和竞争是减轻贫困的主要威胁，或者如同联合国水资源项目（联合国关于水资源的多边协调机制）所宣称，"首先，水缺乏是一个贫困问题"[①]。

水资源可获得性、卫生和健康的一些指标显示了发展中国家的这个问题的程度。43个国家的大约7亿人口现在生活在有用水压力的条件下（每人少于1 700立方米），包括中国北部的5.38亿人口。到2025年，随着用水以及水缺乏在发展中地区的加剧（参见专栏3.7），18亿人口将会生活在中度或极度水缺乏的国家和地区，并有30亿人口会面临用水压力。今天，发展中国家1/5的人口缺乏获取足够干净用水的途径，而且城市贫困人口在每单位用水上一般要比可获得自来水的人们高出5～10倍的价格。在萨尔瓦多、牙买加和尼加拉瓜，最贫困的20%的家庭把他们家庭收入的10%花在水消费上；而与此相比，在英国，家庭收入的3%花费在水消费上就被认为是生活困难。发展中地区的数百万妇女每天要花费数小时用于收集水资源，这也是一个额外的水供给方面的非货币成本。发展中国家的一半人口——26亿人，不能获得基本的

---

① FAO(2007).

卫生条件。超过 6.6 亿没有卫生条件的人口每天只靠不足 2 美元生活；而超过 3.85 亿的人每天的生活支出不到 1 美元。发展中国家人口的大约 1/2 现在都忍受着由不干净的水和糟糕的卫生条件带来的健康问题，而这也正是儿童获得急性呼吸道感染后死亡的第二个主要原因。与水相关的病症也导致患病儿童每年损失 4.43 亿个教学日[①]。

在许多经济体内部，包括高收入国家，淡水被习惯性地浪费和无效率地使用，这是因为水的分配不均所造成的。在灌溉农业上问题尤其严重，灌溉使用了 70%～90% 的世界淡水供应。另外，许多世界的地面灌溉系统在从水源到庄稼地之间运送时会损失 1/2～2/3 的水。在很多国家，灌溉用水常被给予补贴，因此，价格不会影响农民利用水的成本，更不用说使用中的价值了。管理所有水消费的需求，尤其要减少在灌溉用水使用上的无效率，是一个淡水资源相对于竞争性使用而言越来越稀缺的重要任务。水定价、可交易的用水权和其他基于市场的手段越来越多地被应用，这些方法是为了保证未来水资源管理活动的效率[②]。一些体制改革也鼓励了私人部门应该在提高水资源运输和应用效率的适当水资源服务方面扮演更重要的角色。例如，大约 7% 的世界人口所使用的

---

① 联合国开发计划署(UNDP)(2006)；FAO(2007)。
② 例如，Cantin, Bernard, Dan Shrubsole and Meriem Ait-Ouyahia(2005). Using instruments for water demand management: introduction. *Canadian Water Resources Journal*, 30(1): 1－10; Easter, K. William and Sandra Archibald(2002). Water markets: the global perspective! *Water Resources Impact*, 4(1): 23 5; Howitt, Richard and Kristiana Hansen(2005). The evolving Western water markets. *Choices*, 20(1): 59－63; Rosegrant, Mark W. and Sarah Cline(2002). The politics and economics of water pricing in developing countries. *Water Resources Impact*, 45－8; Schoengold, Karina and David Zilberman(2007). The economics of water, irrigation, and development! In Robert Evenson and Prabhu Pingali (ed.) *Handbook of Agricultural Economics*, Vol. Ⅲ. Amsterdam, Elsevier: 2933－77; Stavins, Robert N. (2003). Experience with market-based environmental policy instruments. In Karl-Goran Maler and Jeffrey Vincent (ed.) *The Handbook of Environmental Economics*, Vol. Ⅰ. Amsterdam, North-Holland/Elsevier: 355－435; Tsur, Yacov, Terry Roe, Rachid Doukkali and Ariel Dinar(2004). *Pricing Irrigation Water: Principles and Cases from Developing Countries*. Washington, DC, Resources for the Future; and Young, Mike and Jim McColl (2005). Defining tradable water entitlements and allocations: a robust system. *Canadian Water Resources Journal* 30(11): 65－72。

水和废水处理业务就是由私人赞助的水公司或项目提供[①]。

水资源管理的进一步复杂化是许多世界重要江河流域和其他淡水的主要来源跨越国际边界(参见专栏 3.8)。世界 2/5 的人生活在由多个国家共享的水域，39 个国家现在的主要用水来自国外的水源。大多数国家都在分配国内水资源时有行政机制和政策，但是解决水争端，谈判、实施可行的协议来管理和共享国际间水源已经被证明具有更多困难。

专栏 3.8 跨边界的水资源可获得性

许多国家共享了它们的水资源，比如江河流域、大湖、蓄水层和通常跨越国境线的其他淡水水体。这种跨越边界的水源对全球供应是重要的。例如，2/5 的世界人口生活在由超过 1 个国家共享的国际江河流域。亚马逊河有 9 个国家分享它，尼罗河则有 11 个国家分享。有时跨边界的水源平等地分布在国家间，这些国家可以相当容易地为分享安排达成协议。或者，水的外部来源可能不是国家最重要的供给。然而，表 3.3 说明，39 个国家当前获得的大多数的水来自于它们的边界之外。这些国家中只有两个国家是发展中经济体。

表 3.3　　　　　　　　　　从外部接受水资源的国家

地区	50%～75%的水源来自外部的国家	大于 75%的水源来自外部的国家
中东	伊拉克，以色列，叙利亚。	巴林，埃及，科威特。
东亚和太平洋	柬埔寨，越南。	
拉丁美洲和加勒比地区	阿根廷，玻利维亚，巴拉圭，乌拉圭。	
南亚	孟加拉国，巴基斯坦。	

---

① Allison, Peter(2002). Global private finance in the water industry. *Water Resources Impact*, 4(1): 19−21; Brook, Penelope J. (2002). Mobilizing the private sector to serve the urban poor. *Water Resources Impact*, 4(1): 9−12; Dosi, Cesare and K. William Easter(2003). Water scarcity: market failure and the implications for markets and privatization. *International Journal of Public Administration*, 26(3): 265−90; John stone, Nick and Libby Wood (eds.)(2001). *Private Firms and Public Water: Realizing Social and Environmental Objectives in Developing Countries*. Cheltenham, Edward Elgar.

续表

地区	50%~75%的水源来自外部的国家	大于75%的水源来自外部的国家
撒哈拉以南非洲	比宁,乍得,刚果,厄立特里亚,冈比亚,莫桑比克,纳米比亚,索马里,苏丹。	博茨瓦纳,毛里塔尼亚,尼日尔。
东欧和中亚	阿塞拜疆,克罗地亚,拉脱维亚,斯洛伐克,乌克兰,乌兹别克斯坦。	匈牙利,摩尔多瓦,黑山,罗马尼亚,塞尔维亚,土库曼斯坦。
高收入OECD	卢森堡	荷兰。

资料来源:联合国开发计划署(UNDP)(2006). *Human Development Report* 2006: *Beyond Scarcity*: *Power*, *Poverty and the Global Water Crisis*. 纽约,联合国开发计划署(UNDP)。

全球绿色新政(GGND)的目标是提高世界范围内的水资源管理,以及同时为贫困人口提供水资源服务的目标做出贡献。通过对所有经济体的三个主要领域的进展研究,这些目标的达到是可能的。

● 致力于投资和其他政策措施以提高贫困人口的清洁水和卫生服务的供应。

● 取消补贴和其他扭曲的激励,并在只要适合的地方,尝试基于市场的手段和其他措施以改进水输送和应用的效率并管理水需求。

● 促进在共享管理和应用上的跨边界水域治理和合作。

下一个部分提供了一些在这三个领域的可由所有政府制定的这种类型的国家行动的例子。

水资源的缺乏、风险和脆弱性管理

全球水缺乏问题明显地揭示出,世界上最贫困的人很少能获得干净的水和卫生条件,但他们却要为所能得到和使用的水付出最高的价格、忍受最高的风险。因而提供安全饮用水和提高卫生条件是至关重要的减缓贫困的途径,这应当成为全球绿色新政的一个重点内容。

联合国已经设定了千年发展目标(MDG),即在2015年之前,使世

低碳革命
—— 全球绿色新政

界无法持续获取安全饮用水和基本卫生设施的人口减少一半。即使这个目标得到实现,2015年仍然还会有超过8亿人没有干净水,18亿人没有卫生条件[1]。尽管在经济危机之前洁净水和公共卫生就成为千年发展目标的关注内容,但是,经济衰退之后,国际社会是否仍然会努力去实现这一目标呢?南亚、拉丁美洲和加勒比海地区已经实现了安全饮用水的目标,到2018年东亚和太平洋地区也可能达到这个目标,但是撒哈拉以南的非洲和阿拉伯国家在2040年时也不太可能达到目标。同时,所有亚洲、拉丁美洲和加勒比海地区都设立了项目以便在2015年或者稍后实现卫生条件的目标,但是撒哈拉沙漠以南的非洲地区被认为到2076年都不太可能达到使无卫生条件的人口减少一半的目标。正如在前面章节中所讨论的那样,一种主要的担心是发展中国家的政府已经在减少卫生和相关花费的支出。私人投资也显著地下降了,而且官方发展援助也没有相应的增加。当前全球性的衰退已经严重危及了许多地区为实现千年发展目标(MDG)而做的努力。

全球绿色新政(GGND)的最应优先考虑的是,必须恢复必要的投资,以在2015年实现关于清洁水和卫生条件的千年发展目标(MDG)。

联合国开发计划署(UNDP)估计要达到千年发展目标(MDG),全球每年对干净水源和公共卫生的最小追加成本是100亿美元[2]。为了达到这个目标,联合国开发计划署建议发展中经济体的各国政府应该致力于将目标定为洁净水和卫生方面的政府投入最少是国民生产总值的1%,而在经济衰退之前这些投入一般少于国民生产总值的0.5%。

作为全球绿色新政(GGND)的一部分,所有发展中经济体都应该接受联合国开发计划署的建议,将至少1%的国民生产总值投资于清洁用水和卫生设施。

联合国开发计划署(UNDP)估计全球投资的总经济收益在达到千

---

[1] 联合国开发计划署(UNDP)(2006)。
[2] 联合国开发计划署(UNDP)(2006)。

年发展目标(MDG)时大约每年 380 亿美元,仅撒哈拉以南非洲每年的收益就将达到 150 亿美元,这相当于这块大陆当前援助额的 60%。其他好处还有:一旦投资就会在以后 10 年内拯救大约 100 万儿童的生命,到 2015 年平均每年会减少 20.3 万名儿童的死亡,另外,又会减少因腹泻带来的 2.72 亿日课时的缺课。如专栏 3.9,贫困家庭也将从生病减少带来的工作日增加中受益,从减少医疗支出和药物花费而得到的现金储蓄受益,以及在生产活动中投入更多的时间。当这些受益遍及所有的发展中国家时,在干净水源和卫生条件干预上的投资回报是 5~11 美元,以及在某些更低成本的干预上是 5~28 美元。

专栏 3.9 改善饮用水和卫生条件的经济收益

发展中经济体的大量研究表明,获得清洁水和卫生服务可以给贫困家庭带来经济收益。大量的收益不仅来自于贫困家庭获得了生命必需的服务,而且来自于隐含的应对或避免策略成本的减少,这些策略是当贫困家庭不能获得这些服务时而不得不采取的。

例如,巴西马瑙斯的一项研究估计,贫困家庭愿意每月多付出 6.12 美元来提高水处理服务,然而这个数额却远低于这些家庭当前为"不干净"的水所付出的成本。尼泊尔加德满都的一项研究发现,贫困家庭应对不安全水源的办法是把大量时间用于从公共来源收集水、在消费前储存和处理水。有些家庭也会去买瓶装水,这些水来自公共送水车和私人小贩。另外,家庭也要在储存箱、水过滤器、管井和化学品上花费一些钱,还要支付维护这些设施的费用。每个家庭的这些"处理成本"平均每月是 3 美元左右,相当于现有收入的 1%。这些处理成本不仅是每月用水账单的两倍,而且它们比提高水资源服务的平均家庭意愿支出要明显低得多。

这些结果在很多发展中经济体和地区是很典型的。世界卫生组织(WHO)所做的一个针对家庭获得干净水和卫生条件的评估为,对于大多数发展中国家的亚区域所采取的措施而言,每 1 美元的投资可以带来 5~11 美元的收益。为了实现到2015年使无干净水或者卫生条件的人口减少一半的千年发展目标(MDG),采取以上措施,每1美元投资都会带来5~28美元的回报,这为所有人获得洁净水和卫生条件提供了机会。这些干预措施的高收益来自于避免因生病而导致的工作日收入减少、因医疗服务使用和药品支出减少而节约的现金,以及给家庭带来收入的生产性活动时间的增加。

资料来源:Casey, James F., James R. Kahn and Alexandre Rivas(2006). Willingness to pay for improved water service in Manaus, Amazonas, Brazil. *Ecological Economics*, 58(2):365—72; Hutton, Guy, and Laurence Hailer(2004). *Evaluation of the Costs and Benefits of Water and Sanitation Improvements at the Global Level*. Geneva, WHO; and Pattanayak, Subhrendu K., Jui-Chen Yang, Dale Whittington and K. C. Bal Kumar(2005). Coping with unreliable public water supplies: averting expenditures by households in Kathmandu, Nepal. *Water Resources Research*, 41(2):1—11.

供水、卫生和保健等方面的大规模改善需要在主要的工程和管理项目上进行实质性的投资,由此带来的水资源质量的提高通常会产生多种好处,其中包括贫困人口就业机会的增加。专栏3.10显示,在印度的恒河行动计划(GAP)案例中,后者的就业收益好处可能是实质性的。根据非熟练劳动力的就业来计算的净现值接近5 500万美元,增加的收入是来自就业以及对非熟练劳动力的收入再分配。如果更大的权重倾斜到从贫困家庭雇用非熟练劳动力,这些收益的现值会增加到将近1.9亿美元。

专栏3.10 恒河行动计划的成本收益分析

该行动计划于1985年2月开始实施,旨在提高印度恒河的水质。从1985年6月到1995年6月实施恒河行动计划(GAP)的最后投资成本是3.18亿美元(以1995年6月的价格计算),同期的运营成本是1 000万美元。另外,水污染产业也需要减少投资,这个数字约为1 050万美元。根据这个计划,虽然恒河沿岸的有些地方轻微地受到影响,但仍然可以依据溶解氧的提高、生化氧的需求,以及磷酸盐和硝酸盐的浓度等观察水的质量。其结果是河水的清洁对许多不同的利益相关者带来了多种好处。

那些来恒河沐浴或带着宗教意图的居民、游客和朝圣者直接感受到了清洁恒河的好处。保证恒河水的持续清洁也有其他好处,即通过保护它内部栖息的生命的方式把这条河流的生物多样性遗赠给未来几代,以及保护沿河的居民免受水污染造成的疾病。这些来自恒河行动计划(GAP)的好处是通过对家庭的调查来进行评估的。另外,改进恒河的水质给使用河水的附近居民带来了不同程度的健康收益,这是因为河水使用者的生病减少,产生的工作日损失减少,进而带来收入的增长,农民经常把污泥和沿恒河的城镇污水当作有机肥料和灌溉用水。根据恒河行动计划(GAP)修建的大量污水处理厂使农民可以利用处理过的污水替代常规肥料,从而灌溉更多的土地。通过估计肥料成本的节省和灌溉产量的增加,也能计算出恒河行动计划(GAP)带来的额外农业收益。最后,恒河行动计划(GAP)项目通过雇用非熟练劳动力也可以带来可观的社会效益,因为就业和收入再分配可以增加非熟练劳动力的收入,这些劳动力在印度经济中属于收入最低的群体。

表3.4　　　　　恒河行动计划(GAP)和收入效应的成本收益分析

单位:百万美元(1995年价格)

	现值[①]	收入分配效应[②] ε=1.75	ε=2.00
收益来源:			
休闲和礼节	0.83	0.08	0.06
不使用	195.20	12.49	8.39
健康效应	23.49	72.42	81.64
农业生产力	16.33	48.58	56.76
非熟练劳动就业	54.53	162.17	189.49
费用:			0
产业	42.74	4.10	2.91
政府	129.81	129.81	129.81
净现值	117.83	161.83	203.62
收益成本比率	1.68	2.21	2.53

注:①1985年6月~1996年7月的值以10%的折扣率估计。

②ε值是对每个保管群体的成本收益的衡量,与每个群体所属国家人均收入的成本收益有关。

表 3.4 总结了恒河行动计划(GAP)带来的各种各样的好处和成本的净现值(NPV)估计，以及收入分配效应的敏感度分析。正如分析表明，恒河行动计划的净现值(NPV)明显是积极的。另外，因为许多好处流入到低收入群体，例如农民、河水用户和非熟练劳动力，恒河行动计划(GAP)的收入分配作用是巨大的。当考虑到这些时，清理恒河的净现值(NPV)和收益——成本比例上升幅度是显著的。

资料来源：Markandya, Anil and M. N. Murty(2000). *Cleaning up the Ganges: A Cost-Benefit Analysis of the Ganga Action Plan*; New Delhi, Oxford University Press; Markandya, Anil and M. N. Murty(2004). Cost-benefit analysis of cleaning the Ganges: some emerging environment and development issues. *Environment and Development Economics*, 9(1): 61—81.

取消水资源补贴和其他扭曲性激励政策，采取市场调节手段并实施其他措施来增加水资源配置效率是所有经济体应当采取的行动。

改革物价政策和其他分配方法对改进水资源服务绩效和经济的所有部门的水生产力是至关重要的。提高在水资源服务交付方面的官民合作，包括卫生条件，说不定也会效果显著。如上所述，这些措施的利用也在全球性地增长，不仅是在高收入经济体，同样在发展中国家。活跃的水资源市场出现在澳大利亚、加拿大和美国，也同样出现在巴西、智利、中国、墨西哥、摩洛哥、南非和土耳其，以及许多其他国家和地区。如专栏 3.11 所示，基于市场手段的应用和水资源市场的改革在具体的部门上有所不同并被特别设计。

专栏 3.11　水资源部门的市场化手段和市场改革

不同水资源部门的市场化手段、市场改革和类似措施的国际经验表明，人们对这些政策的熟悉度也在提高。表 3.5 总结了不同水资源部门应用过的措施。

表 3.5　　　　　　　　　应用于水资源部门的市场化工具

部门或应用	市场化工具或市场改革
清洁水供应	私人部门介入;公私合作;关税和税收;水贸易和市场。
过度的地表水汲取;过度的地面水汲取;淡水生态系统的保护	准许供应来源和汲取;现实水定价;减少或取消能源和农业补贴,支持信贷组织;生态系统服务支付。
卫生和污水处理	私人部门介入;公私合作;关税和税收;证券发行。
水质管理（营养素、杀虫剂,暂停的沉积）	章程、工业污染的惩罚和税收;可交换的许可证;生态系统服务的支付;水土保持和有机耕田的补贴。
危害化工的管理	章程和惩罚。

尽管它们被普遍应用,但基于市场手段和市场改革仍然是相对有限的。一项对全球性水资源市场的研究发现,要想使水资源市场和交换有效率的话,有些条件是必须存在的:要从土地中确立和定量划分水权或用水权利;用水权要注册,并且人们充分了解水资源交易;组织或管理机制必须到位,以保证交易的水到达一个或多个所有者;传输水的设施要足够灵活以使水能及时到达新的所有者;机制要到位以提供"合理"的保护,以避免团体水出售带来的伤害;机制要到位以解决水权和水利用变化而导致的冲突。

资料来源:K. William and Sandra Archibald(2002). Water markets: the global perspective. *Water Resources Impact*,4(1):23—5.

虽然市场工具的使用和水资源部门的改革正在稳步推进,但它们在提高水资源配置效率和提供服务方面的潜力却没有体现出来。如专栏 3.11 所述,水资源市场和交易扩展带来的一个问题就是只有当某些条件符合的时候,那些机制才是有效的。例如,已建立的灌溉水定价机制在摩洛哥的运行效果比在埃及成功。一个原因是摩洛哥的机制中包含对水使用量收费和水的所有权可交易,而埃及的灌溉系统并不是这样。

低碳革命
——全球绿色新政

类似的问题也存在于印度和印度尼西亚的灌溉系统。埃及和印度的法律也没有定义地下水的各种权利。在乌克兰,小规模的私有化农场也存在与灌溉水大量供应有关的问题。最后,因为以前所有国家主要的分配方法一直是不牵涉支付恢复成本的定量供应灌溉水,所以农民往往抵触水资源市场[1]。

目前有大约200个条约和协议管辖着跨边界的水资源分配。共享资源本身的相互依赖性表明这种协议是必要的。例如,上游国家如何利用河流水资源对下游国家在可获得性、时间性和水质量上都会造成影响。分享蓄水层或湖泊的国家也会受到共有水源利用的影响。近年来,国际社会通过协议、声明和法律对国际间跨边界的水体的管理给予了关注,尤其是分享江河流域的国家建立了整体的流域管理倡议。许多国际间的江河流域以及其他一些共有的水资源仍然缺乏一种联合的管理机构,一些国际公约和联合管理机构也需要升级或者改进。虽然在共有水资源上国家间爆发武力冲突的可能性很低,但是能用来解决水资源争端的合作却往往不存在[2]。撒哈拉以南非洲的乍得湖的收缩因为缺乏合作对共有水系统上造成了伤害[3]。在南亚,在印度和孟加拉国之间签订的用来分享恒河水资源的1996年条约可能处于严重分歧之中,这是因为受保护的未来水利用与河谷供应有关,除非条约能够重新修订以扩大通过尼泊尔水域的转移[4]。

因此,促进跨边界的水域管理以及在管理和利用共享资源的合作中必然是全球绿色新政(GGND)的一个重要宗旨。

---

[1] Hellegers, Petra J. G. and Chris J. Perry(2006). Can irrigation water use be guided by market forces? Theory and practice. *Water Resources Development*, 22(1): 79—86.

[2] Giordano, Meredith A. and Aaron T. Wolf(2003). Sharing waters: post-Rio international water management. *Natural Resources Forum*, 27(2): 163—71; Wolf, Aaron T. (2007). Shared waters: conflict and cooperation. *Annual Review of Environment and Resources*, 32: 241—69.

[3] 联合国开发计划署(UNDP)(2006)。

[4] Bhaduri, Anik and Edward B. Barbier(2008). International water transfer and sharing: the case of the Ganges River. *Environment and Development Economics*, 13(1): 29—51.

第Ⅱ部分 全球绿色新政的关键内容

总结和结论

全球绿色新政(GGND)需要以减少全球生态稀缺为目标,同时应该为缓和世界显著的极端贫困做出贡献。在经济危机期间为贫困人口考虑显得尤为紧迫。人力资本投资不足和缺乏融资途径是极端贫困人口的长期特点,这些问题对于那些集中在贫瘠土地上的贫困家庭来说显得更加突出。在经济大衰退期间,政策首先应该致力于提高主要生产活动的持续性,以保证它们能够累积足够的资金投入多样化经济、加强人力资本投资、构筑社会安全网和有针对性地投向贫困人口。如果不能实施这些政策,只能使发展中经济体的极端贫穷问题更加糟糕,而且一旦经济情况改善,推行这些措施的成本将会提高。

全球性缺乏淡水供应更加凸显淡水需求的紧迫性。发展中地区清洁用水和成千上万贫困人口可用卫生设施的缺乏必须也是全球绿色新政(GGND)优先关注的内容。正如联合国开发计划署所建议的那样,由于提供清洁用水和卫生设施是缓和贫困和发展中经济体实现经济发展目标的根本前提,并且能够带来广泛就业、健康和其他经济利益,发展中国家政府应该至少把1%的国民生产总值花费在这些部门。所有经济体应该考虑取消水资源补贴和其他扭曲性的激励措施,采取市场手段和实施其他措施增加水资源在所有部门中的配置效率,特别是在农业灌溉领域中的水资源利用效率。国家间努力促进跨区域的水资源管理与合作也应当成为全球绿色新政(GGND)的重要目标。

④ 发展中经济体面临的挑战

对中低收入经济体而言,以上两章所谈论的各种各样旨在降低碳依赖和生态稀缺性的措施在现实中面临着一系列困难。

发展中经济体在努力向低碳增长型道路转移时面临着一系列重大挑战,例如缺乏资金、技术和技能差距、全球未来碳交易市场的不确定性等。

如果发展中国家期望在清洁和低碳能源领域投资,资金的来源是一个主要困难。在未来的数十年间,为了减少温室效应气体排放和提高能源安全,迅速发展的中低收入经济体必须大规模采用低碳和清洁能源技术。反过来,这将需要注入巨额的资本投资。例如,为了实现到2020年20%的总能源供应来自清洁能源部门的目标,所有的亚洲经济体需要为此投入接近1万亿美元的资金,也就是说,每年需要投入500亿美元左右[①]。如果所有发展中国家履行它们在2004年波恩国际可再生能源会议上达成的国际行动项目(IAP)的承诺,这将意味着在2015年之前要增加80千兆瓦的可再生能源容量,该项目要求每年大约100亿美元的

---

① 引自 Carmody and Ritchie(2007)。

第Ⅱ部分
全球绿色新政的关键内容

投资。当前的发展援助每年给全世界发展中国家各种形式的能源项目投入为54亿美元,而履行国际行动项目(IAP)的承诺还不到1/5[①]。充足的资本可以从私人部门得到,包括发展中国家的私人投资和通过从全球和地方资本市场募集得来的资金,但是,只有当发展中经济体具备稳定的投资管理秩序、有利的市场环境和激励,以及减少碳的长期价格不确定性时,这些才成为可能。

除"资金差距"之外,中低收入经济体在采用清洁和低碳技术方面同时存在大量的"技能和技术差距"。许多发展中经济体在这些技术的研究与开发(R&D)上几乎没有投入,并且极度缺乏能熟练应用低碳技术的工人。它们反而高度依赖发达国家的技术出口和技能转让,但中国、印度和一些其他比较大的新兴市场经济国家或许例外,它们往往拥有自己的清洁技术。一般而言,新技术和技能的转移有利于当地的技术发展和劳动力成长,这使未来创新和长期采用低碳技术成为可能。但是,多数发展中经济体甚至缺乏基本的研发能力以及能够承接清洁能源和低碳创新转移的熟练劳动力[②]。

清洁发展机制(CDM)越来越被看作是降低发展中经济体对碳依赖的一个重要机制(参见专栏4.1)。发展中国家的清洁发展机制(CDM)在清洁和低碳资金获取及转移技术方面取得了成功,并且创造了一个有效的全球性贸易市场。但是,当前的体制依然存在一些问题,主要是清洁发展机制(CDM)项目大多集中在极少数大的新兴市场经济体,例如中国、印度、巴西和墨西哥,而在低收入的经济体,特别是非洲,相当缺乏。到2012年大多数可预期的减排量(CER)主要来自于大型项目,例如温室效应气体的焚化、可再生的电力生产、燃料交换、减少传输损失和

---

① Content analysis of the International Action Programme of the International Conference for Renewable Energies, renewables 2004, Bonn, June 1—4, 2004,源自www.renewables2004.de/pdf/IAP_content_analysis.pdf; UN ESCAP(2008).

② Ockwell, David G., Jim Watson, Gordon MacKerron, Prosanto Pal and Farhana Yamin (2008). Key policy considerations for facilitating low carbon technology transfer to developing countries, *Energy Policy*,36(11): 4104—15.

捕获散逸的甲烷等。但是,其问题是 2012 年以后的清洁发展机制(CDM)和全球性碳交易市场日益增长的投资不确定性,这个不确定性来源于后京都气候变化协议国际共识的不断缺失。随着 2012 年的临近,将来被批准的项目和减排量(CERs)可能面临一个大倒退。京都协议的联合实施计划面临着不确定性,它规定了协议签字国的排放减少单位(ERUs),其中每一单位的排放量相当于 1 吨二氧化碳。与清洁发展机制(CDM)对比,联合执行机制的对象是工业化国家的项目,虽然它特别针对转型经济体。2012 年之后的全球性碳交易市场和价格的投资不确定性也可能影响这些经济体未来联合执行项目和吸引排放单位(ERU)信用的能力。

专栏 4.1 清洁发展机制

清洁发展机制是京都协议的一个条款,最初被设计成为一个双边机制,通过它,高收入经济体中的实体可以以在发展中经济体中投资清洁能源技术的方式获取减排量。一个单位减排量(CER)大约相当于 1 吨的二氧化碳。实际上,清洁发展机制(CDM)已经成为一个国际制度,通过它,中低收入国家可以获得减排量(CER)指标,进一步从降低温室效应气体排放中获得收益。另外,通过有效设定碳的国际价格,清洁发展机制(CDM)促进了低碳技术转让的商业运作能力,并且降低了在目标国家投资清洁能源技术所必要的信息和资本流动的门槛,最后,通过在项目设计和管理合作方面提供援助,从而改进了发展中经济体的技术转让质量。

截至 2009 年 1 月,共有 1 306 个登记的项目。它们中的 2/3 分布在亚洲和太平洋地区,30% 分布在拉丁美洲和加勒比海地区,仅 2% 分布在非洲(见图 4.1)。预计每年这些项目的平均减排量(CERs)可达到 2.44 亿个单位,这意味着同等吨数的温室效应气体排放的减少量。目前,超过 4 200 个项目是在清洁发展机制(CDM)体系内,如果它们得到批准,到 2012 年底有望产生 29 亿减排量单位(CERs)。因此,在非常短的时间内,清洁发展机制

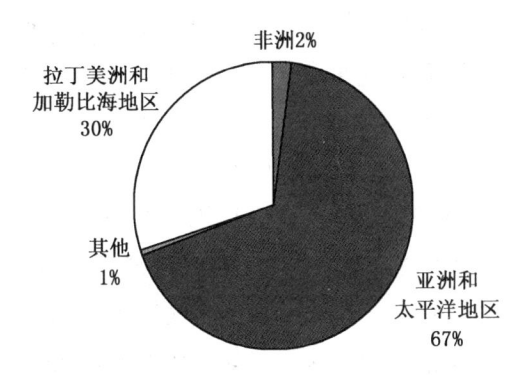

图 4.1　各地注册的 CDM 项目(共计：1 306)

(CDM)动员了数十亿美元的公共和私人投资来减少发展中经济体的温室效应气体排放。

当前登记项目中有至少 85% 的减排量(CERs)被分配给五大新兴市场经济体：中国(1.32 亿)、印度(3 270 万)、巴西(1 980 万)、韩国(1 460 万)和墨西哥(800 万)。清洁发展机制(CDM)项目具有同样的高集中度，其中的 85% 集中在 9 个国家：印度(380 个)、中国(356 个)、巴西(148 个)、墨西哥(110 个)、马来西亚(35 个)、智利(27 个)、印度尼西亚(21 个)、菲律宾(20 个)和韩国(20 个)。另外 8 个发展中国家有 10～15 个项目。余下的 36 个经济体有 7 个或更少的清洁发展机制(CDM)项目，而当前大多数经济体仅有一两个项目。

当大的新兴市场经济体愈来愈成为现在和未来全球温室效应气体(GHG)排放的重要来源时(参见专栏 2.1)，清洁发展机制(CDM)投资和核证排放量(CER)积累更加受到欢迎，但是，许多低收入经济体和非洲的清洁发展机制(CDM)却缺乏必要的关注。它们的问题是缺乏设立许多项目的必要资金，以及承接技术转让的投资环境或基本技术能力。另外，许多低收入经济体适合小规模的清洁能源项目。例如，可以为贫困社区提供分散的能源服务的微型水力发电、生物质和太阳能系统等。在清洁发展机制(CDM)之下温室效应气体排放(GHG)减少能够赢得核证排放量指标，但这些小型项目不是温室效应气体排放缩小的主要或低成本来源。例如，Benoit Leguet 和 Ghada Elabed 通过对当前清洁发展机制(CDM)项目的分析发现，到

低碳革命
——全球绿色新政

2012年大多数预期的核证减排量(CERs)将来自一些大规模的初步行动：焚化碳氢化合物、氧化亚氮和全氟碳化物(占所有核证减排量(CERs)的40%)；可再生电力生产、燃料转换和传输损失降低(45%)；捕获散逸的甲烷排放，例如管道、煤炭甲烷和垃圾填埋气体(10%)。虽然小规模风能、太阳能、水力发电和生物质清洁发展机制(CDM)项目的数量正在增长，但是这些大多集中于大的新兴市场经济体，例如中国、印度、巴西和马来西亚。

或许更大的问题是2012年之后与清洁发展机制(CDM)相关的投资的不确定性。虽然普遍认为2012年以后全球性碳交易市场将以某种形式继续存在，但迄今为止在后京都气候变化协议问题上仍然缺乏国际共识，这意味着未来碳交易市场或清洁发展机制(CDM)还存在相当大的不确定性。亚洲开发银行报告认为，这种不确定性将迫使投资者在2012年以后打折交易核证减排量(CERs)或根本不对它们定价。随着2012年的临近，清洁发展机制(CDM)收入越来越被看作为暂时的收益，对项目现金流的金融分析也不考虑来自核证减排量(CERs)的收益。因此，要求项目的主体证明项目是"附加的"，并且高度依赖清洁发展机制(CDM)的收入，则是很难实现的。如果2012年之后碳交易市场和清洁发展机制(CDM)的不确定性继续存在的话，那么，它可能导致将来期望获准项目和赢得核证减排量(CERs)的下降。

资料来源：Carmody, Josh and Duncan Ritchie(2007). *Investing in Clean Energy and Low Carbon Alternatives in Asia*. Manila, ADB; CDM statistics. Available at http://cdm.unfccc.int/Statistics/index.html; Collier, Paul, Gordon Conway and Tony Venables(2008). Climate change and Africa. *Oxford Review of Economic Policy*, 24 (2): 337—53; Hepburn, Cameron, and Nicholas Stern(2008). A new global deal on climate change. *Oxford Review of Economic Policy*, 24 (2): 259—79; Leguet, Benoit and Ghada Elabed(2008). A reformed CDM to increase supply: room for action. In Karen Holme Olsen and Jorgen Fenhann (eds.). *A Reformed CDM—Including New Mechanisms for Sustainable Development*. Roskilde, Denmark, UNEP Risoe Centre: 59—72; Lloyd, Bob and Srikanth Subbarao (2009). Development challenges under the Clean Development Mechanism: can renewable energy initiatives be put in place before peak oil? *Energy Policy*, 37 (1): 237—45; Schneider, Malte Andreas Holzer and Volker H. Hoffmann (2008). Understanding the CDM's contribution to technology transfer. *Energy Policy*,

36(8): 2930—8; and Wheeler, David(2008). Global warming: an opportunity for greatness. In Nancy S. Birdsall (ed.). *The White House and the World: A Global Development Agenda for the Next US President*. 华盛顿，全球发展中心: 63—90.

第2章曾明确指出，发展中经济体在执行可持续的运输战略时面临很大的挑战。发展中国家在实施中遇到的阻碍大致与采取低碳发展道路时面临的问题类似：公共和私有资本流动不足；缺乏技能、研发（R&D）能力和技术吸收能力；缺乏开发新颖的运输和交通工具技术；国际机构在帮助发展中经济体克服这样的挑战时曾遭遇失败。

例如，联合国气候变化框架协定（UNFCCC）估计，与第2章概述类似的全球性运输战略要求在2030年之前全世界投资大约880亿美元，或者从现在起一直到那年每年增加大约30亿美元，其中40%的投资将流向发展中经济体[①]。从全球范围来看，790亿美元将用于混合燃料和其他替代燃料的发展，以便提高现代运输车辆的燃料效率；剩余的90亿美元用于生物燃料。大约2/3的投资通过国内筹集，1/6来自外国直接投资，剩下的1/6来自国际债务和官方发展援助。

相反，当前5个最大的发展中经济体正在迅速地扩展它们的运输网（巴西、中国、印度、墨西哥和南非），在它们的运输投资中国内融资占据90%，外国直接投资的份额大约为8%，国际债务和发展性援助则少于1%。在所有的发展中国家，针对运输的援助共计82亿美元，仅占今天发展中经济体的2 110亿美元运输部门总投资的4%。在此发展性援助中，66%去了亚洲，24%去了拉丁美洲，10%去了非洲（南非除外）。因此，所有形式的公共和私人投资都流入到了发展中经济体，但是，如果要达到全球建立可持续运输系统的目标，还需要迅速地增加外国直接投资、国际债务融资和发展性援助。

发展中经济体的更大困难是，当前现有的国际资金对运输项目不提

[①] 联合国气候变化框架公约（UNFCCC）(2007). *Investment and Financial Flows to Address Climate Change*. Bonn，联合国气候变化框架公约（UNFCCC）。

供大规模的资助。例如,清洁发展机制(CDM)虽然把运输选作优先发展领域之一,但当前运输部门却仅占所有登记的清洁发展机制(CDM)项目的 0.12%[1]。这些项目包括哥伦比亚波哥大的一个公共汽车高速运输系统和印度新德里的一个城市铁路系统。因此,这种情况表明,清洁发展机制(CDM)不是很适合在发展中经济体中作为促进可持续运输的融资机制[2]。

大多数发展中经济体缺乏研发(R&D)能力、能够应用和发展技术的熟练劳动力,以及缺乏广泛采用清洁高效的燃料车辆、高速运输系统、第二代生物燃料和其他推进可持续运输的先进技术的基础,但一些大的新兴市场经济体例外,例如巴西、中国、印度、马来西亚、墨西哥、南非、韩国和泰国等。同时,许多低收入国家也缺乏可持续的土地利用和城市规划经验。同样,这些经济体因为融资和行政能力的限制而无法很好地运用相关管理手段,例如公路定价、车辆征税、温室效应气体排放标准和燃料税。

由于当前的全球经济危机和贸易衰退,在世界贸易组织主导的多哈贸易谈判中,国际社会在初级产品贸易的关键问题上一直难以达成共识,这就大大限制了发展中经济体推行第 3 章提到的优先政策的能力。商品价格波动不仅干扰了发展中经济体的金融体系,而且影响到它们计划和实施适当的应对政策的能力。缺乏发展性援助使上述状况更为糟糕,因为这样的援助不仅对发展中国家设计和实施全面的社会安全网将起到根本作用,而且对于维护或促进健康和教育开支也很重要。

许多低收入国家特别是撒哈拉以南的非洲,尚未实现拥有干净的水源和公共卫生的千年发展目标(MDG),这意味着发展性援助是至关重要的。甚至在经济危机以前,针对穷国的整体发展性援助就在减少,而

---

[1] CDM 统计资料。源自 http://cdm.unfccc.int/Statistics/index.html.
[2] Sanchez, Sergio(2008). Reforming CDM and scaling up: finance for sustainable urban transport. In Karen Holme Olsen and Fenhann (eds.). *A Reformed CDM Including New Mechanisms for Sustainable Development*. Roskilde, Denmark, UNEP Risoe Centre: 111—26.

第Ⅱ部分 全球绿色新政的关键内容

对于发展中经济体的用水和公共卫生的援助下降得更多。例如,在2006年的水资源报告中,联合国开发计划署估计该部门还不到发展性援助的5%,而该项援助应当翻倍才有可能实现千年发展目标(MDG),即每年增加至36亿~40亿美元[①]。随着经济危机的出现和国家财政收入下降,弥补对于发展中经济体清洁水源和公共卫生的援助差距,必将成为国际组织实施全球绿色新政(GGND)的一个应当优先考虑的领域。

发展中经济体也需要技术援助。技术转让对开发大规模供水和卫生项目也许是重要的,但是,缺乏技能与技术吸收能力,以及缺乏新技术研发(R&D)能力是个大问题。例如,在发展中经济体中,供给的可获得性不是高效利用地下水的首要障碍,其主要障碍是地下水利用的不完备管理框架、水资源管理当局的知识有限。地理信息系统和遥感等富裕国家管理水资源的基础技术在许多发展中经济体中还很缺乏或尚未充分利用。对于大的新兴市场经济体来说,例如中国、墨西哥和土耳其,以及波斯湾各国,先进技术已经变得可行有效且成本低廉,因此,先进技术还需要传播到许多低收入经济中,特别是拥有较大沿海人口的岛国[②]。

如第3章所述,市场工具和推进水资源部门有效的改革取决于对一些困境的克服。许多低收入国家需要别国帮助来研究哪些措施适合应用于它们的经济。不熟悉以公私合作的方式来提供清洁用水、改善卫生条件和其他服务,可能也是阻碍发展中经济体推广这些行动的一个重要因素。

---

① 联合国开发计划署(UNDP)2006。
② Lopez Gunn, Elena, and Manuel Raman Llamas(2008). Rethinking water scarcity: can science and technology solve the global water crisis? *Natural Resources Forum*, 32 (3): 228-38.

5 全球绿色新政的国家优先领域

前三章的主要内容展示了近年来困扰世界的四个主要危机：当前全球衰退、过去几年的燃料和粮食危机、正在出现的水危机。全球绿色新政(GGND)现在必须考虑寻找解决全球气候变化、生态退化和极端贫穷等紧急问题的办法。

第Ⅱ部分已经集中讨论了国家政府应根据全球绿色新政采取的有关行动。这些行动聚焦在两个主要区域(降低碳依赖和生态稀缺)，以及政策、投资和今后几年能够迅速公平推动的改革方面。

本章扼要总结前面提到的对推行全球绿色新政(GGND)具有重要意义的国家行动。韩国已经提出了与上述国家行动相一致的公共投资政策，该国在2009年1月宣布了一个绿色新政计划，采取许多提议过的国家行动来降低碳依赖和生态稀缺。该计划预计在3年内投入360亿美元创造亿万个工作岗位。本章的最后部分较详细地阐述韩国绿色新政。

提出的国家行动

如第Ⅰ部分所强调的那样，一个真正的全球绿色新政(GGND)战略必须被国家政府短期的财政措施和其他政策普遍采纳，这些以复苏经济和创造工作岗位为目标的政策与降低碳依赖、环境恶化和极端世界贫穷的中期目标一致。第Ⅱ部分提到的国家行动通常满足这些标准。

一些行动对于刺激经济复苏和创造工作岗位有明显的直接作用。虽然这些措施也可能减少全球贫困，但很难估计它们对这个目标的影响。另外一些行动旨在解决世界面临的贫困问题，这样做同时应该能够刺激经济增长和增加就业，但是后者的作用常常难以评估。

给国家政府实施提出行动的成本贴上精确的"价格标签"是一件困难的事情。然而，在全球绿色新政（GGND）的两个大的优先领域应该投入什么，在这方面给政府一个大致的提示则是可能的。

例如，第2章描述了高收入的经济合作与发展组织成员国家的一个低碳战略，主要指致力于直接经济复苏和创造工作岗位的刺激政策，这些政策通过市场刺激、取消燃料补贴，以及对清洁能源、节能、大量扩展运输和货物路轨网络、高效燃料车辆的投资和其他低碳投资等手段，旨在促进向更加低碳依赖的经济转型。如第2章所述，美国和其他高收入经济体在未来几年中执行的旨在降低碳依赖的项目费用至少占其国民生产总值的1%。

因此，作为全球绿色新政（GGND）的一部分，美国、欧盟和其他高收入的经济合作与发展组织成员国在未来两年中应该花费至少相当于其国民生产总值1%的资金投入到第2章提议的旨在降低碳依赖的国家行动上，这些行动包括削减不合理的财政补贴和其他刺激措施，以及采取补充碳定价政策等。

如第2章所示，中国不仅是世界的一个主要经济体，而且是导致现在全球温室效应的主要来源之一。本章指出，中国也迫切需要投资和实施其他措施以改进其可持续运输能力。中国已经承诺在今后几年花费其国民生产总值的3%投入到降低碳排放和其他绿色激励的措施上（参见专栏1.1）。但是，在大的新兴市场和转轨经济体之中，并非仅仅是中国需要实施这样的战略。如果更多这样的经济体，如巴西、印度、印度尼西亚、墨西哥和俄罗斯,以及余下的二十国集团(G20)中的发展中经济体采取像中国这样的战略,全球绿色新政(GGND)的作用将是巨大的。世界经济和就业将会更快恢复,同时世界能源使用量和温室效应气体排放量将更加迅速地下降。

然而,迄今为止,仅少数二十国集团(G20)成员国政府在减少碳排放战略方面投入相当于国民生产总值1%的资金(参见图2.1)。它们包括中国(3.0%)、韩国(3.0%)、瑞典(1.3%)和澳大利亚(1.2%),花费的总额大约共计占二十国集团(G20)3万亿美元刺激投资的1/4①。那么,为了改进所有全球绿色新政(GGND)的效率,所有二十国集团(G20)政府都应该跟随这些带头的国家,并在以后的两到三年中把它们国民生产总值的至少1%的资金投入到减少碳排放领域(参见专栏1.1)。如果二十国集团(G20)经济体在全球范围内协调这些投资的时间和实施,推动世界经济迈向低碳恢复之路的整体作用将是惊人的。

全球20个最大的富有的新兴经济体加在一起差不多占世界人口的80%、全球国民生产总值的90%和全球温室效应气体排放的至少3/4,如果这些国家采纳降低碳依赖的国家行动战略,对世界其他地方将是一个强有力的信号,这些措施对于复兴世界经济和确保可持续的未来发展非常重要。如第2章所述,如果发展中经济体采纳这些提出的行动,它们将会获得大量的经济、就业和扶贫收益。因此,即使在当前的经济情况下,也很难估计每个经济体应该在这些活动上花费多少资金,但是它们仍对这样的战略抱有浓厚兴趣。

第3章指出发展中经济体中两个优先发展的领域应作为全球绿色新政(GGND)的一部分。由于在经济危机中贫困人群是最脆弱的,这些国家应尽快设计并且实施针对贫困人口的全面的安全网工程,并且非常有必要提供教育和卫生服务。为了解决中低收入经济体中成千上万贫

---

① 虽然图2.1表明沙特阿拉伯在绿色刺激上花费了其国民生产总值的1.7%,但是这些支出几乎完全用于水、污水和脱盐化项目。详情参见 Robins, Clover and Singh(2009),24。

困人口缺乏安全饮用水和公共卫生问题,应该遵照联合国开发计划署的建议,至少花费它们国民生产总值的1%为贫困人口改善用水和公共卫生。这些措施也将给整体经济带来巨大的好处,虽然很难定量,但是可以体现为直接的经济刺激和创造工作岗位。

因此,作为全球绿色新政(GGND)的一部分,发展中经济体应该花费至少等于它们国民生产总值1%的数额来改进贫困人口的清洁用水和公共卫生。它们也应该建立全面的安全网工程或者至少提供针对贫困人口的教育和卫生服务。

第3章也突出了很多其他重要的国家行动,即发展中经济体应该提高它们的农业生产活动的可持续发展的能力。正如本章所述,在比较大的经济衰退期间采取这样的措施甚至更加重要,特别是改进农业生产的可持续能力能够为经济多样化、积累人力资本、社会安全网建设和贫困人口提供足够多的可投入资金。虽然作为全球绿色新政(GGND)一部分,发展中经济体应该采取第3章概述的旨在提高它们的农业生产活动持续力的国家行动,但是,在当前经济情况下很难确定每个经济体执行这些行动的成本是多少。

第3章也建议其他国家行动,即全球范围的所有经济体都需要改进水资源管理。所有经济体最优先考虑的事情应该是考虑取消水资源补贴和其他市场扭曲,采取基于市场的手段或类似措施增加水资源利用效率和促进跨边界水资源管理。

最后,第4章概述了发展中经济体在实施上面的国家行动时面临的重要挑战。这些挑战通过国际社会的一致行动和协调是可以被克服的。此外,由于政策层面的更大规模的合作和协调,国际社会也能保证全球绿色新政(GGND)的效率和成功。第Ⅲ部分讲述全球绿色新政所需的必要国际行动。

低碳革命
——全球绿色新政

韩国绿色新政[①]

第1章和第2章已经指出,主要亚太经济体如澳大利亚、中国、日本和韩国已经发出了推动低碳投资的信号,并且承诺将改善环境、复苏经济作为它们战略的一部分。总体而言,在当前衰退期间,亚太地区占全球所有绿色财政刺激开支的63%,其中大多投资于降低碳依赖领域。迄今为止,中国占全球绿色财政支出的47%,日本和韩国大约各是8%,澳大利亚为2%(参见图1.2)。

如第2章所述,在应对经济衰退的政府开支中,中国的绿色激励投资大约占其国民生产总值的3%。在第2章和专栏2.3谈论的许多初步行动已经在实施,包括促进风能、高效燃料车辆、铁路运输、电网改造,以及废物、水和污染控制等。一些基于市场的刺激措施已经被采纳,例如提高汽油和柴油的税收、减少高效燃料车辆的销售税。日本的绿色激励措施共计占其国民生产总值的0.8%,包括太阳能设施、高效燃料汽车和电子物品的购买刺激、节能投资、促进生物燃料使用等。澳大利亚政府的绿色激励开支大约占其国民生产总值的1.2%,其主要致力于降低碳依赖(专栏1.1)。这些投资主要用于促进可再生能源、碳捕获和存贮、节能、智能电网和铁路运输的发展的初步行动。澳大利亚政府正在开发总量管制和交易许可系统,预计在2012年实施[②]。

韩国已经承诺将绿色激励措施纳入经济复苏计划。考虑到2008年末的经济增长率和就业率的下降,2009年1月战略金融部宣布了一个绿色新政计划。从2009年到2012年预计花费大约360亿美元创造96万个工作岗位。

[①] 感谢国际劳工组织的 Heewah Choi,Peter Poschen 和 Kristof Welslau 提供韩国绿色新政的信息。信息来源是 Briefing note for foreign correspondents,战略金融部,韩国政府,2009年1月19日。

[②] 关于中国、日本和澳大利亚的绿色复苏计划详情,参见 Robins, Clover and Singh(2009),14—20。

表5.1表明,大多数绿色新政主要基于9个项目,涉及本书主张的降低碳依赖和生态稀缺等类似的一系列行动。低碳项目包括开发中的铁路、大规模运输、高效燃料的车辆、清洁燃料、能源节约和环境友好型建筑。仅这些措施的投入就占国民生产总值的1.2%,这表明韩国已经符合二十国集团(G20)经济体的要求,即应该在低碳战略上花费它们国民生产总值的至少1%。韩国计划的另外三个主要项目是改进水资源管理和生态保护,包括四条主要河流的修复、修造中小型的水坝和恢复森林①。通过展开这些行动,韩国政府承诺在绿色新政上大约花费其国民生产总值的3%。韩国政府通过承担这些投资,意在表明经济复苏和创造就业与环境和低碳目标是完全一致的。韩国绿色新政几乎覆盖了应对全球衰退措施的全部(95.2%)(参见图1.3)。

表5.1 韩国绿色新政

项 目	就业	投资(百万美元)
扩展大规模运输和铁路	138 067	7 005
能源节约(村庄和学校)	170 702	5 841
高效燃料车辆和清洁能源	14 348	1 489
环境友好的生存空间	10 789	351
河流恢复	199 960	10 505
森林恢复	133 630	1 754
水资源管理(中小型水坝)	16 132	684
资源回收(包括废物燃料)	16 196	675
全国绿色信息(地理信息系统)基础设施	3 120	270
9个主要项目共计	702 944	28 573
共计	960 000	36 280

资料来源:韩国政府,金融与战略部。

除绿色新政之外,韩国政府也宣布计划建立7 220万美元的可再生能源基金以吸引太阳能、风能和水力发电项目的私人投资,包括开发技

---

① 绿色新政的GDP份额是根据中央情报局"The world factbook"中的2007年GDP值进行估计的,源自 www.cia.gov/library/publications/the‧world‧factbook/rankorder/2001rank.html. 2007年韩国的国民生产总值为12 060亿美元。

术和工厂建设①。预计到 2018 年可再生能源的发展将创造 350 万个工作岗位。

2009 年 7 月,韩国宣布设立一个为期 5 年的绿色成长投资项目,从根本上把绿色新政纳入国家的 5 年经济发展规划,并将在同样的优先领域花费 600 亿美元以降低碳依赖和改善环境(见表 5.1)②。为绿色新政追加的这笔资金将主要用在清洁能源技术、节能照明设备、垃圾发电、为环境项目提供信贷担保、通过韩国开发银行建立绿色投资基金等方面。根据计划,政府承诺到 2013 年每年在这些绿色措施上的花费数额大约相当于国民生产总值的 2%。该计划不仅将推动经济转向一个低碳和更加绿色的发展道路,而且到 2020 年有望创造大约 150 万～180 万个工作岗位,并带来约 1 627 亿美元规模的产出。

---

① 参见 www.upi.com/Energy_Resources/2009/02/02/ South_Korea_creates_renewable_energy_fund/UPI－41851233616799。

② Robins, Nick, Robert Clover and Charanjit Singh(2009). *A Global Green Recovery? Yes, but in* 2010. 纽约,汇丰银行世界研究,7－8。源自 www.research.hsbc.com。

第Ⅲ部分
国际社会的角色

低碳革命
——全球绿色新政

第Ⅱ部分提出的各种国家行动是全球绿色新政的重要组成部分,但仅有这些是远远不够的。

跨国的国际合作和政策协调也将被看作是提高国家行动有效性的一部分,但是发展中经济体克服面对的挑战还需要国际社会另外的行动。第Ⅲ部分的目的是,建议国际性组织如何促进国家政府推行全球绿色新政(GGND)战略,以及如何通过刺激经济复苏、创造工作岗位、减少贫穷和维持经济发展等措施提高相应的收益。

第Ⅱ部分的第4章指出了发展中国家在实施全球绿色新政(GGND)中面对的挑战。例如,严峻的"资本差距"阻碍了发展中经济体在未来几年实施国家行动,同样的限制是"技能和技术差距";多数发展中经济体因为不具有研发能力和熟练的劳工导致无法引进和采用许多新技术,但巴西、中国、印度、俄罗斯和其他大的新兴市场经济体可能例外。这两个差距可以通过提供更多经费来克服,但是在当前全球经济危机期间新的资本供应并不充足。来自捐款的援助正在减少而不是增加。危机无疑减少了私人投资,特别减少了具有较长回报期的投资。旨在激励全球投资的创新金融机制的政治意愿可能也在减弱。以上的金融环境今后可能影响所有国家政府实施绿色新政行动的能力,并因此阻碍经济发展。

贸易对全球绿色新政(GGND)提出的一些行动也是一个重要激励。然而,当2009年的全球平均资本收入下降时,世界贸易总量也在下降[1]。以后几年的世界经济恢复可能很微弱,贸易也将缓慢反弹。另外,过去几年发生了国际商品特别是能源和食物价格的巨大波动,价格骤升骤降的同时伴着全球经济衰退加深。发展中经济体,特别是那些高度依赖资源的经济体面临着收支平衡、出

---

[1] 世界银行(2009)。

第Ⅲ部分
国际社会的角色

口和政府收入的不确定性等问题。在这种情况下实施投资和改革比较困难,例如,改进农业生产能力,增加健康和教育开支,发展旨在减少贫困的综合安全网工程,开展清洁能源和运输技术融资等。当前的经济气候也阻碍了世贸多哈回合谈判的进展,后者对全球绿色新政(GGND)的支持是非常必要的。

第Ⅱ部分的建议强调了克服全球金融和商业挑战,以及使全球绿色新政(GGND)更加有效的政策协调的必要性。当前已经实施的全球治理也有一些失败。在还没有达成后京都气候变化协议时,2012年以后的全球碳交易市场和清洁发展机制面临着不断上升的投资不确定性,未来联合实施项目也许会受到影响。因此,不仅需要新的贸易和金融机制,而且跨边界污染和水资源管理的国际协定也需要谈判,但是今后几年促进这些行动的适当的全球政策论坛应当以什么样的方式出现呢?

只有国际社会一致赞成行动和支持全球绿色新政(GGND)的机制,才有可能克服这些挑战。这些行动体现在以下三个领域:

- 促进全球治理;
- 优化融资路径;
- 提高贸易激励。

在这三个领域中形成一致的国际行动,一个重要标准必须是未来一到两年内国际社会能否达成一致并取得明显推进。在当前世界性经济衰退和多种危机面前,全球绿色新政(GGND)显得尤为迫切。如果提出的全球行动在促进全球绿色新政(GGND)和提高它的收益方面是有效的,那么,在实施国家政府主张的行动的同时必须实施上述的全球行动。

以下章节具体阐述上面三个领域中提出的国际行动。

⑥ 促进全球治理

为迎接金融、贸易和政策协调的挑战以实施全球绿色新政,改进全球治理是关键的。关键问题是能否找到适当的全球政策论坛,以便克服这些全球挑战,并且为促进今后几年的全球绿色新政(GGND)提供必要的指导。

在促进全球绿色新政(GGND)的国际行动中,最有可能成为全球政策论坛的是全球20个最大的富有的新兴经济体组成的二十国集团(G20)论坛。另外,在发展和提高全球绿色新政(GGND)方面,其他的国际性组织特别是联合国也正在扮演一个促进者的角色。

有几个原因说明了二十国集团(G20)能够成为支持全球绿色新政(GGND)的合适的协调性国际性组织。首先,二十国集团(G20)在当前金融危机期间是一个协调政策行动的全球论坛,因此,二十国集团(G20)可以考虑把全球绿色新政(GGND)行动作为它应对当前危机的一部分内容。从二十国集团(G20)的华盛顿和伦敦会议来看,它有能力承担这个角色。

例如,关于全球治理,有些专家已经指出,"11月15日二十国集团(G20)峰会的公报已经规定了进一步的议题,准备在未来的数月或数年

低碳革命
——全球绿色新政

中把二十国集团(G20)作为一种解决当前全球金融和经济危机的新方式……根据它应对眼前危机和应付其他如全球变暖和全球贫困等迫切问题的能力,我们坚信新一届美国政府促使二十国集团(G20)峰会定期化的努力是明智的"[1]。虽然接下来的峰会并没有有效地讨论这些议题,但似乎2009年4月2日的伦敦二十国集团(G20)会议是"二十国集团(G20)国家领导人的一次认真尝试,希望形成多边和一致的决议来处理世界经济正在面临的问题"[2]。在4月会议上,通过促进国际货币基金组织在当前世界衰退中扮演主导力量,例如通过扩充它的借贷限额、调拨更多资源给国际货币基金组织(IMF)和支持最近的机构变动等,二十国集团(G20)展示了新的全球治理能力,并且表明它有能力把诺言变成行动,即《伦敦公报》承诺的"我们将共同进一步采取措施建立可持续的经济"[3]。

其次,二十国集团(G20)经济体的协调行动将对"绿色"的世界经济复苏和使全球经济发展迈往一个低碳道路起到积极的作用。二十国集团(G20)经济体加在一起差不多占世界人口的80%、占全球国民生产总值的90%和至少占全球温室效应气体排放的75%。二十国集团(G20)中的主要经济体也是国际援助的主要来源,包括多国参加的机构资助。其他国家需要认清的是,如果二十国集团(G20)能够支持全球绿色新政(GGND),在国际政策上不断协调和创新,这对复兴世界经济和应对紧迫的全球性挑战是至关重要的。

有两种迹象可以看出,二十国集团(G20)共同安排的政策行动表明了其推动全球经济复苏的决心。

第一个迹象是,正如第5章指出的,如果所有的二十国集团(G20)政府跟随韩国、中国和其他几个国家,在未来2~3年中把它们国民生产总值的

---

[1] Bradford, Colin, Johannes Linn and Paul Martin(2008). *Global Governance Breakthrough: The G20 Summit and the Future Agenda*. Policy Brief No. 168. Washington, DC, Brookings Institution.

[2] Bird, G. (2009). So far so good, but still some missing links: a report card on the G20 London summit. *World Economics*, 10 (2): 149—58.

[3] 二十国集团(G20)《伦敦公报》的全部内容源自 www. londonsummit. gov. uk/en.

至少1%投入到降低碳依赖的活动中(参见图2.1),那么,需要花费的总额几乎将占到二十国集团(G20)迄今3万亿美元刺激投资的1/4(参见专栏1.1)。如果二十国集团(G20)经济体在全球范围内协调这些投资的时间和实施,将对推动世界经济迈向低碳发展道路产生巨大的影响。

第二个迹象是,二十国集团(G20)是否推动了碳定价和降低碳依赖的管理改革,包括取消不合理的补贴,以及纠正能源、运输和相似的市场价格扭曲等。一种达到此目的的快速方式是取消矿物燃料补贴。如第2章所述,每年大约有3 000亿美元投入到矿物燃料补贴中,这几乎占到全世界国民生产总值的0.7%,其中超过2/3的补贴发生在二十国集团(G20)经济体中,这些都需要逐步地协调取消。取消这些补贴能使全球温室效应气体排放减少6%,可以使全球GDP增加0.1%[①]。而金融储蓄可以用到清洁能源研发(R&D)和能源节约的投资上,以此进一步促进经济和增加就业机会。

最后,作为国际援助和多边机构资助的主要来源,二十国集团(G20)能够动员国际政策支持全球绿色新政(GGND)。例如,二十国集团(G20)能确保后京都全球性气候变化框架的形成。未来全球性气候政策的不确定性增加了在减少全球性温室效应气体排放问题上达成共识的成本。如果2012年京都协议失效,也将增加碳减少项目全球融资和发展中经济体清洁能源投资的风险。

所有新的气候变化协议必须包括发展中国家,特别是那些以后排放将迅速上升的国家(参见专栏2.1)。在减少全球温室效应气体排放方面,达成协议的高成本和低效率导致发展中经济体参与全球性协议被延

---

① 联合国环境计划署(UNEP)(2008)。

低碳革命
——全球绿色新政

迟[1]。现在各种各样的政策框架已经被提出,同时一般公众舆论认为,一个更加灵活的框架似乎更能容纳中国和俄罗斯等大的新兴经济体[2]。当这些重要的发展中经济体已经成为二十国集团(G20)的一部分时,国际论坛将成为创建一个完整的气候变化协议框架的理想形式。

现在迫切需要达成后京都国际共识。在2012年,《京都气候协议书》到期时,作为全球绿色新政(GGND)的一个主要部分,许多低碳和可持续的运输投资将受到未来全球性碳交易市场日益增加的不确定性的影响。虽然京都条约推动欧盟同意在2020年之前削减20%的温室效应气体排放,并在《哥本哈根气候变化全球框架协议》里把减排增加到30%,但气候变化谈判仍需要迅速地推进[3]。未来全球性气候政策的不确定性和行动的延迟增加了达成协议的成本[4]。在采取有效气候政策上的延迟将增加任何要求减少巨额排放的未来协议的成本。短期的行动延迟极大地增加长期的遵守成本,因为中间夹杂着投资和政策的不确

---

[1] Bosetti, Valentina, Carlo Carraro and Massimo Tavoni(2008). *Delayed Participation of Developing Countries to Climate Agreements: Should Action in the EU and US be Postponed?* 工作论文第 2008 号:70; Milan, FEEM; Hepburn, Cameron and Nicholas Stern(2008). A new global deal on climate change. *Oxford Review of Economic Policy*, 24 (2): 259−79; McKibbin, Warwick J., Peter J. Wilcoxen and Wing Thye Woo(2008). *Preventing the Tragedy of the CO_2 Commons: Exploring China's Growth and the International Climate Framework*. 全球经济与发展工作论文第 22 号. 华盛顿特区, Brookings Institution; Nordhaus, William D. (2007). To tax or not to tax: alternative approaches to slowing global warming. *Review of Environmental Economics and Policy*, 1 (1): 26−44; Wheeler, David(2008). Global warming: an opportunity for greatness. In Nancy S. Birdsall (ed.). *The White House and the World: A Global Development Agenda for the Next US President*. 华盛顿特区, 全球发展中心: 63−90.

[2] 谈论和比较不同的后京都气候框架超出了本书的范围。关于提出的不同框架的说明,参见 Aldy, J. E. and R. Stavins (eds.)(2007). *Architectures for Agreement: Addressing Global Climate Change in the Post-Kyoto World*. Cambridge: Cambridge University Press; Aldy, J. E., A. J. Krupnick, R. G. Newell, L W. H. Parry and W. A. Pizer(2009). Designing Climate Mitigation Policy. 工作论文第 15022 号. 剑桥, MA, 国民经济研究局; Barrett, Scott(2009). Rethinking global climate change governance. *Economics: The Open-access, Open-assessment E-journal*, 3 (2009−5). 源自 The economics-ejournal. org/economics/journal articles/2009−5; Hepbum and Stern (2008); Lewis, Joanna, and Elliot Diringer(2007). *Policy-based Commitments in a Post-2012 Climate Framework*: 工作论文. Arlington, VA, Pew Center on Global Climate Change; Nordhaus (2007); Wheeler(2008).

[3] 欧盟议会(2008). Brussels European Council 11 and 12 December 2008: presidency conclusions. 布鲁塞尔,欧盟议会.

[4] Bosetti, Valentina, Carlo Carraro, Alessandra Sgobbi and Massimo Tavoni(2008). *Delayed Action and Uncertain Targets: How Much Will Climate Policy Cost*. 工作论文第 2008 号. 69, 米兰, FEEM.

定性。

后京都气候协议的完整框架之一已经由卡梅伦和尼古拉斯提出,即每个国家独自地承担责任,并且在一个更大的全球性协议之内设定目标,其主要包含以下六个方面:

- 在2050年之前达到50%的世界减排目标,其中富裕国家至少承担75%的减排量。
- 开展全球排放交易以降低成本;
- 改革清洁发展机制(CDM),按比例提高缩小排放的基准水平;
- 提高低碳能源的研发(R&D)资助;
- 在砍伐森林上达成共识;
- 适应性金融[①]。

2012年之后的气候变化协议是否依照上述确定的结构呢?这样完整的框架应该成为谈判的依据。二十国集团(G20)中所有高收入和新兴市场经济体的参与对成功达成这样的协议是具有根本性的作用的,二十国集团(G20)论坛为这些大的经济体启动谈判进程再一次提供了理想的机会。

任何新的国际气候政策都具有两个最重要特点:全球排放交易量的增加和清洁发展机制(CDM)改革。如第Ⅱ部分所倡议的,保障2012年之后的全球性碳交易市场和清洁发展机制(CDM),对成功实施全球绿色新政(GGND)提出的许多行动是起根本作用的。有建议称,全球性碳交易市场允许发展中经济体资助它们的缓和措施,它的持续存在将有利于全球性温室效应气体(GHG)排放缩小目标的实现[②]。

如第Ⅱ部分所述,虽然清洁发展机制(CDM)在确保发展中经济体中的低碳融资和清洁技术转移等方面取得了成功,但是,其中仍然存在三个问题。

---

① Hepburn and Stern(2008).
② Bosetti, Carraro and Tavoni(2008).

低碳革命
——全球绿色新政

首先,它的项目多数集中在几大新兴市场经济体,例如中国、印度、巴西和墨西哥。低收入经济体,特别是撒哈拉大沙漠以南的非洲国家却拥有非常少量的清洁发展机制(CDM)项目。

其次,到2012年大多数预期的核证排放量指标主要来自大型项目,例如温室效应气体的焚化、可再生电力、燃料交换、减少传输损失和捕获散逸的甲烷排放。运输、大厦建筑、植树造林、重新造林、小规模农村能源项目和节能项目等重要部门在当前的清洁发展机制(CDM)项目中的比例很小。例如,更多低收入经济体的项目与孟加拉国乡村能源公司开创的小额信贷项目一致,提供一系列付得起的可再生能源技术给农村贫困人群(参见专栏2.7),或者转移第二代纤维生物燃料技术给撒哈拉以南的非洲(参见专栏2.9),这些项目需要通过清洁发展机制(CDM)得到资助。

再次,虽然清洁发展机制(CDM)项目增加了,但是机制本身的标准也需要完善,因此,它可能实现更多的融资和更少的全球性排放。另外,按比例提高也许要求更加简单和更加透明的机制,例如能使个体得到核证排放量(CER)授权,以达到既定的每单位产出的排放强度或者包括新技术的基准,例如碳捕获和存贮,第二代生物燃料或简单的家庭光伏太阳能系统等[1]。

各种各样的提案已经被提出来,为的是按比例提高和改革清洁发展机制(CDM),将覆盖面增加到包括更多的低收入和撒哈拉大沙漠以南的经济体,以及把更多的部门纳入到机制中去[2]。这样的想法应该可以

---

[1] Hepburn and Stern(2008).

[2] Collier, Paul, Cordon Conway and Tony Venables(2005). Climate change and Africa. *Oxford Review of Economic Policy*, 24 (2): 337—53; Lloyd, Bob and Srikanth Subbarao(2009). Development challenges under the Clean Development Mechanism (CDM): can renewable energy initiatives be put in place before peak oil? *Energy Policy*, 37 (1): 237—45; Hepburn and Stern(2008); Stehr, Hans Jurgen(2008). Does the CDM need an institutional reform?"In Karen Holme Olsen and Fenhann (eds.). *A Reformed CDM - Including New Mechanisms for Sustainable Development*. Roskilde, Denmark, UNEP Risoe Centre: 59—72; Schneider, Malte, Andreas Holzer and Volker H. Hoffmann(2008). Understanding the CDM's contribution to technology transfer. *Energy Policy*, 36 (8): 2930—8; Wheeler(2008).

帮助国际社会在一些问题上达成协议,即以最佳的方式把清洁发展机制(CDM)和全球性碳交易市场延伸到 2012 年之后。

因此,2012 年之后延伸清洁发展机制(CDM)更适宜作为全球性气候变化协议的一部分。在包括增加发展中经济体、碳技术和全球温室效应气体排放缩小的整体融资等机制改革的问题上,国际社会应该尽快达成一致,这对所有全球绿色新政(GGND)的成功实施是具有根本性作用的。

如果全球绿色新政(GGND)提议的行动是有效的,那么,还有其他的全球治理领域也需要得到改善。

一些发展中地区生态系统服务的支付正在成为一个重要机制,这是为了确保对重要生态系统的长期管理,特别是对吸收碳的意义重大的森林的保护。然而,在减轻贫困方面的经常开支计划却是障碍重重。其他国际协调需要致力于改进生态系统服务支付计划的设计,以便增加生态系统保护的覆盖面,提高贫困人口、小田主和无土地者的参与度。

第 3 章也谈论了在水缺乏压力越来越大和依赖水资源共享的发展中经济体越来越多的情况下,水资源跨边界管理越来越重要。虽然有大约 200 个条约和协议规定了跨边界水资源的分配,但许多国际性的江河流域和其他共有的水资源仍然缺乏全面的联合管理机构,并且现有的国际协定和联合管理结构需要更新或改进。本章的一个重要建议是,各相关国家应该共同致力于促进跨边界的水资源管理和合作。如果国际社会更多地支持在共有的水资源问题上开展全球性合作,这将大大提高水资源利用的效果。

为了使全球绿色新政(GGND)应对全球贫困人口面临的生态和水资源匮乏的负担,国际社会需要共同努力,支持针对贫困人口生态系服务支付的改进,改进跨边界水资源治理。

7 优化融资路径

如果制定相关条例,前面章节主张的国际行动和改革应该有助于促进全球融资和技术转移,这些对于全球绿色新政(GGND)的实施显得十分必要。然而,实现全球化金融过程中依然存在不少问题。

其中一个问题是私人金融投资水平比经济衰退前有所下降,这主要是因为世界经济正在调整,以摆脱存在估价过高和不良资产的体系,此时大众对国际金融体系并不信任,并且世界范围内的信贷也在收缩。2008年世界经济遭受大规模的金融危机,虽然一些机构进行的紧急救助确实避免了世界范围内信用和资本市场的大衰退,但是事实证明其作用力还不足以避免这次金融危机,应该说这次金融危机是自20世纪大萧条以来最严重的一次。毋庸置疑,这次危机使得人们认识到建立一个新的世界金融体系框架已经迫在眉睫。

在2009年4月的伦敦峰会上,二十国集团(G20)推出了一系列提案,建议增强对国际金融体系的信心和减少未来可能导致金融混乱的风险。这些提案包括如下内容:

● 加强对资金和信用评级代办处等机构的金融监督和管制,以及提供更多关于避税的信息。

- 扩大旨在监督全球金融稳定和风险的金融稳定委员会(原金融稳定论坛)的权力范围。
- 使国际货币基金组织的借贷容量扩充3倍,并支持国际货币基金组织(IMF)迅速安排充足资金用于保持危机期间新兴市场经济的稳定。
- 增加国际货币基金组织(IMF)和多边发展银行对低收入经济体的借贷额度[①]。

虽然这些建议值得赞赏,但是这些建议对于建立一个世界金融体系新框架显得乏力。同时,正如一位评论员指出的,说是一回事,做是另外一回事,我们必须观望二十国集团(G20)公报是否付诸行动,特别是在金融监督和管制方面是否有所改进[②]。

关于全球金融体系改革必要性的讨论超出了本书的范围。然而,健康的金融体系对于高效推行全球绿色新政(GGND)是必要的。第Ⅱ部分呼吁把全球活动中增加一系列投资作为全球性战略的一部分。显然,私人投资和信贷对达到这些目标非常重要。需要着重考虑的是,未来20年金融体系需要在哪些方面改进,才能有助于实施全球绿色新政(GGND)[③]。

多数讨论似乎认为一个新的框架将意味更多的金融市场规制,然而事物有两面性,从另一方面看,这个观点也许是错误的。

举个例子,现有的经济危机显示,金融市场需要的是政府决策的有效性、提高透明度而非加强管制,现有的金融系统已经受到许多规定的约束。大多数国家对于金融活动的方方面面进行了严格的监督,监管对象包括中央银行、私有银行、证券交易所、证券、抵押贷款人和其他一些涉及金融活动的机构。当然,其中也存在一些独立的评估人,例如信用

[①] 二十国集团(G20)伦敦公报的全部内容源自 www.londonsummit.gov.ukfen。
[②] Bird(2009),158.
[③] 以下关于一般财政改革的讨论是在 Sanjeev Sanyal 的帮助下写就的。感谢他的这些改革建议。

低碳革命
——全球绿色新政

评级机构、研究分析人员以及所有金融机构中的内部信用评级和审计流程。值得注意的是,金融危机没有发生在难以调控的新兴市场中,而是发生在金融市场发展成熟的欧洲和美国市场。从中可以知晓,对金融系统改革应该倾向于更好地治理而不是更多的管制,更多的管制会减少透明度,并且将恶化政府的治理能力。

因此,与其强调加强各国金融体系的管制,还不如按照二十国集团(G20)公报中提到的扩大金融稳定委员会的权力范围,使其在全球范围内监控金融稳定性。此举的关键之处在于,加强监督全球金融体系的风险程度,同时确保不同国家的监督方式不会导致其金融服务和产品增加全球风险水平。然而,无论对于金融稳定委员会的授权是否通过,委员会最重要的职责仍然是监督金融风险[①]。

如果改革的焦点集中在改进金融体系的治理,而不是更多的管制,那么有两个关键领域需要改革:(1)透明度和简便性;(2)激励结构。该目标可以通过以下措施达成:

- 中央银行必须建立一致的借贷准则,禁止不合规范的借贷行为,并设置稳健的借贷基准。例如,住房贷款应按照财产市场价值的70%进行借贷,而不应是100%～110%,后者曾出现在美国和某些欧洲国家的次级抵押贷款市场上。

- 信用研究,包括利率,应该是有偿提供给投资者和贷款人而不是债务发行人,以防止利害冲突。因为投资者间接地支付研究费用,产权研究应该更合理地安排在激励结构中。然而,理论上研究报告的所用形式必须由投资者或交易商委任,并且由它们支付。

- 高级主管的薪水必须公开报告给董事会,并且必须报告其长期表现而不是短期收入。

- 衍生品交易和对冲基金必须对未来风险和成本预留更多的资金,包括未来资本的成本,这些成本主要来源于当前交易在未来可能增

---

① Bird(2009), 152.

加的风险。早先的一些行为应该取消或者严格限制,例如,《巴塞尔协议》中允许银行在从事衍生品交易时使用它们自己的风险管理系统对风险和资本进行评估。

这些改革的作用是显而易见的,并且能够在全球金融体系中迅速实施。这些行动对于恢复大众对全球性信用制度的信心、刺激私人投资显得十分必要。由于恢复一个健全的全球性金融系统和信用市场是全球绿色新政(GGND)十分重要的目标,国际社会应该尽早对金融系统治理采取适当的改革措施,增加其透明度和简便性,以及改善其激励结构。

第二个问题是在全球绿色新政中提供一部分资金用于弥补发展援助中缺少的经费,尤其是那些在全球战略中占据主要地位的领域。在经济危机之前,官方对于能源项目的支持额度是54亿美元,低于每年亚太地区低碳能源投资所需的83亿美元,也低于为所有发展中国家投资的300亿美元[①]。对于所有发展中国家而言,在交通方面的总发展援助共计82亿美元,仅仅是目前发展中国家在交通方面2 110亿美元总投资的4%。正如第Ⅱ部分所提及的,联合国气候变化框架公约(UNFCCC)建议,如果发展中国家提升能源利用效率,发展新生物能源和采用混合能源和替代能源,那么其发展援助费用应为150亿美元。发展性援助资金的缺乏将直接影响到发展中国家初级产品的稳定性。报告显示,2006年资助清洁用水和环境卫生的支出占发展援助的比例低于5%,现在至少需要把这些方面的费用增加到每年36亿~40亿美元之间。

由于经济衰退的原因,发展性援助项目中的经费缺失现象更加严重。然而,目前还是存在一些利好消息。

如上所述,为应对当前衰退,二十国集团(G20)支持将国际货币基金组织(IMF)的借贷容量扩充3倍。另外,允许低收入经济体的特别提款权上升为190亿美元。二十国集团(G20)建议,货币基金组织可以通过落后国家出售黄金储备的方式对其增加60亿美元的借贷。总之,二

---

① UN ESCAP(2008);Wheeler(2008).

低碳革命
——全球绿色新政

十国集团(G20)建议对新兴市场和低收入经济体的投入预计达到1.1万亿美元。

毫无疑问,如果这些政策顺利落实,将会大大促进援助流向处在衰退中的发展中经济体。在某些方面,这些援助的增加扭转了危机之前许多经济发达国家无法兑现其承诺进而导致国际援助过少的局面[1]。然而,二十国集团(G20)曾经提议的通过国际货币基金组织(IMF)和多边开发银行对发展中经济体增加的援助,并没有优先投入到以下几个方面:低碳能源投资、运输、农业生产、改善清洁用水和环境卫生。

由于经济危机,世界银行也计划提高它的发展性援助[2]。未来3年世界银行承诺将援助额增加到1 000亿美元。与2008年的135亿美元借贷量相比,2009年的借贷几乎3倍于350亿美元。世界银行设立了一个能够快速追踪发展中国家金融危机的部门。这个部门将加快对于世界最穷国家援助项目的审批流程。该基金的初始20亿美元能够快速投入到这些国家,主要应用于基础设施、教育、健康和社会安全项目,例如学校和幼儿成长项目。这些用于改善危机期间穷人生活状况的措施与全球绿色新政(GGND)战略是一致的。大部分的借贷和发展机构通常与世界银行的步伐一致,它们不仅仅是希望在未来几年内增加对最穷国家的援助,同时也将这些国家中的穷人纳入其救助范围。

当前经济危机被认为恶化了全世界的贫困问题,世界银行行长罗伯特·佐利克呼吁各个高收入经济体确保将其刺激计划的0.7%的资金用于成立专项基金,它将支持发展中国家投资基础设施,包括低碳技术项目、中小企业、微观金融机构等[3]。同样,关注世界粮食危机的联合国特派小组呼吁主要捐助国家应将其对于食物援助、其他类型的营养支持和安全网项目的投入费用提升1倍,同时在未来5年内将投资于食物和

---

[1] Bird(2009), 155.
[2] 关于世界银行集团借贷计划的信息来自官方网站: www.worldbank.org/html/extdr/financialcrisis.
[3] Zoellick, Robert B. (2009). A stimulus package for the world. *New York Times*, 1月22日.

第Ⅲ部分
国际社会的角色

农业发展的资助比例由现在的3%提升到10%[①]。

总体来看,在全球经济危机期间有许多地区应该接受援助,这与全球绿色新政(GGND)的目标是吻合的。但是,这些措施需要从国际中获得更多支持。在今后几年中双边和多边援助国应该增加它们的发展援助,其援助对象应该与全球绿色新政(GGND)确认的重点对象相一致。

国际社会也许应该考虑创新金融机制以实现全球绿色新政(GGND)的目标。报告简单地给出以下三个相关的提案。

第一个提案是扩展国际金融基金(IFF),该项目是由财政部和英国国际发展部门共同成立的。国际金融基金(IFF)的目标是通过发行长期债券动员来自国际资本市场的资源,这些债券由援助国在20~30年之后偿还。这种方法已经应用于国际金融设施的保障部门(IFFim)。2006年该部门在英国、其他欧洲国家和南非启动,这些国家保证在20年期间有53亿美元收益[②]。IFFim增加发行债券,实现将长期的政府抵押品转化为短期的投资。政府的抵押品将用于偿还IFFim。2006年的首度发行增加了10亿美元的投入,2008年的第二次发行将增加2.23亿美元。这些投资主要通过世界免疫联盟进行支出,这个组织是发展中国家免疫方面的主要利益相关者。

英国前首相戈登·布朗和尼日利亚的前财务大臣Ngozi Okonjo-Iweala提议建立一个类似于IFFim的机构,以实现千年发展目标(MDG)中为发展中国家的清洁用水和公共卫生投资的目标[③]。实现这个目标也是全球绿色新政(GGND)的一个重要宗旨(参见第4章)。布朗和Okonjo认为国际金融基金(IFF)机制对投资将立即产生影响,然而需要等到清洁用水和公共卫生投资项目基本完成时才能得到极为可

---

① High-Level Task Force on the Global Food Crisis(2008).
② 该信息来自IFFim网站:www. iff. immunisation. org.
③ Brown, Gordon, and Ngozi Okonjo-Iweala (2006). Frontloading financing for meeting the Millennium Development Goal for water and sanitation. In UNDP. *Human Development Report 2006*: *Beyond Scarcity*: *Power*, *Poverty and the Global Water Crisis*. New York, 联合国开发计划署(UNDP):72-3.

观的回报(参见第5章)。

有相关研究比较了国际金融基金(IFF)方法与其他潜在方法,例如货币交易税(也称为托宾税),对于航空旅游或燃料征税,建立发展专项特殊提款权。研究表明,这些替代方案效果不是令人很满意,因为它们需要通过许多国家进行协商[1]。然而,另一项研究质疑国际金融基金(IFF)方法能否筹集到充足的资金以弥补实现千年发展目标所缺少的发展援助费用[2]。如果连续3年从债券市场增加12亿美元用于投资清洁用水和公共卫生项目,为实现千年发展目标国际金融基金(IFF)每年需要提供大概36亿~40亿美元的经费,但是它自身并不能提供该项经费。同样的,国际金融基金(IFF)对于清洁用水和公共卫生项目,以及在全球绿色新政(GGND)提议的其他专项投资中,被证明是一项创新的金融机制。

另一个潜在的资金来源是由世界银行和其他多国发展银行管理的气候投资基金(CIFs),包括清洁工艺基金(CTF)和战略气候基金(SCF)。基金将用于发展中经济体的津贴、贷款、风险对冲等。清洁工艺基金(CTF)主要投资于一些旨在促进低碳技术转移、提升运输和能源利用效率的项目[3]。战略气候基金(SCF)将直接投资于应对气候变化的试点发展项目[4]。初始的项目包括气候弹性试点项目、森林投资项目和可再生能源项目。

气候投资基金(CIFs)是新兴基金,难以在早期看到其成绩。2008年1月美国建议成立气候投资基金(CIFs),并在前三年投入20亿美元作为其经费,此后其他捐款人也承诺对气候投资基金(CIFs)投入经费,包括英国(15亿美元)、日本(12亿美元)、德国(8.87亿美元)、法国(5

---

[1] Addison, Tony, George Mavrotas and Mark McGillivray(2005). Aid, debt relief and new sources of finance for meeting the Millennium Development Goals. *Journal of International Affairs*,58(2): 113—27.
[2] Moss, Todd. *Ten Myths of the International Finance Facility*. 工作论文第60号. 华盛顿特区,全球发展中心.
[3] 世界银行(2008). *The Clean Technology Fund*. 华盛顿特区,世界银行.
[4] 世界银行(2008). *Strategic Climate Fund*. 华盛顿特区,世界银行.

第Ⅲ部分
国际社会的角色

亿美元),总计超过61亿美元①。

另一项建议是针对气候投资基金(CIFs),特别是清洁技术基金(CTF),建议其扩张并纳入下次的全球性气候变化协议框架内②。如果下次全球性协议允许拍卖基金进入,随后其中一些基金将可能被分配给气候投资基金(CIFs),这将导致气候投资基金(CIFs)经费增加大概120亿美元。如果能够争取到捐赠国资助,则气候投资基金(CIFs)经费将在原先基础上提升4倍。

最后一个融资建议是美国领导的全球性清洁能源合作计划,该计划最初由美国全国可再生能源实验室(NREL)建议③。该建议给出了美国可以实施的三项战略。第一个战略包括重新恢复美国清洁能源投资项目。政府现存的国际清洁投资计划应该继续巩固,并且在节能和全世界可再生能源方面增加投资。第二个战略是呼吁加速可再生能源和节能技术的全球合作。第三个战略建议扩展与主要发展中国家的合作,达到加速这些国家清洁能源市场变革的目标。

虽然难以估计落实这些建议需要的总成本,但是,这些建议能够为美国乃至全球带来巨大的收益。这些建议具有一个明显的优势,当前美国在变革和发展清洁能源技术方面投入了大量研发费用,这也为美国与其他合作伙伴协作引领全球清洁能源市场变革提供了绝佳的机会。据估计到2020年,这些建议将为美国产生每年400亿美元的清洁能源出口额,创造25万～75万个工作岗位。同时,也将因为石油价格下降和其他能源利用效率的提升而节省大概100亿～500亿美元。预计对清洁能源技术的投资将为全球带来每年1万亿美元的收益。相对于2005年的水平,2050年全球将减少50%～80%的温室效应气体排放,全球石

---

① 基于世界银行网站. http://web.worldbank.org/wbsite/external/topics/environment/extcc/0,contentMDK:21713769-me nuPK:4860081-pagePK:2100S8-piPK:210062-theSitePK:407864,00.html.
② Wheeler(2008).
③ NREL(2008). *Strengthening US Leadership of International Clean Energy Cooperation: Proceedings of Stakeholder Consultations.* 技术报告编号 NREL/TP-6A0-44261 Golden, CO, NREL.

低碳革命
——全球绿色新政

油使用量将降低 40%[1]。

其他具备清洁能源创新能力的主要工业化经济体，如欧盟和日本，也许在独自地考虑相似的全球性战略，或者与美国合作，或者与所有二十国集团(G20)经济合作。虽然有点野心勃勃，但是该项针对变革清洁能源技术的全球性合作提议直接解决了融资途径和关键技术转移两方面的问题，这对全球绿色新政(GGND)成功实施和高效运行至关重要。

总之，国际社会需要发展和拓宽融资机制，例如国际金融基金、气候投资基金、全球性清洁能源合作等，尽一切可能寻找途径以实现全球绿色新政(GGND)的目标。

---

[1] NREL(2008).

8 提高贸易激励[1]

由于全球需求的下降和贸易金融的紧缩,当前的金融和经济危机对贸易额和收益产生了重大影响。全球性贸易放缓沉重打击了那些依赖出口导向增长的国家。低收入经济体,特别是那些初级产品占有很高出口份额的资源依赖型经济体,通过贸易渠道将更为明显地感觉危机的后果[2]。

虽然因为全球经济低迷恶化和恢复缓慢而导致贸易下降,但是什么样的贸易政策能够解决眼前的危机或者支持实施全球绿色新政还不清楚。因为贸易不是当前经济危机的根本原因,所以至少短期内贸易政策上的变化未必能扭转当前的经济局面。尽管这是一个警告,但一个明显的机会也许会聚焦在新的贸易融资和一揽子贸易融资措施促进全球绿色新政(GGND)倡导的初步行动。也有一种强硬的观点认为,短期内实施的贸易保护主义措施是无害的。最后,在中期内,贸易政策在促进某些全球绿色新政(GGND)的关键内容上将起到重要作用。

---

[1] 本章是在Simmons的帮助下写就的,感激他为我提供了许多内容。
[2] UN(2009);世界银行(2009).

贸易和贸易融资便利

估计超过90%的贸易通过短期信用、保险或者某种形式的保证获得资金。然而,国际金融危机显著影响了这种信用的可行性。出口商越来越过分地要求国外买家从银行获得信用证,但是它们越来越变得昂贵和难以获得[1]。新兴经济体的贸易商和银行深刻地感觉到了这个问题。世界贸易组织(WTO)估计,当前贸易金融的流动上限大约是250亿美元[2]。这种贸易资金的缺乏,加上需求的减少,使全球性贸易的趋势更加恶化。

随着世界经济从衰退中崛起,确保持续的贸易流量变得愈加重要,这是充足的贸易金融很重要的原因。维持或提高这些贸易流量对于实现全球绿色新政(GGND)的一些目标将起到根本性的作用。这些目标包括为发展中经济体改进农业生产的可持续性、为多样化经济积累足够的可投入资金、加强人力资本和社会安全网的投资,以及其他针对贫困人口的投资等。

一些国家出口信用机构(ECAs)和国际金融机构宣布了新的贸易金融设施以解决问题[3]。例如,2008年12月美国和中国宣布在新兴市场的贸易融资方面开展合作。美国计划在新的短期贸易金融设施中提供40亿美元,在针对新兴市场的美国产品和服务的中长期贸易融资中提供80亿美元。中国就此承诺在针对新兴市场的中国产品出口融资中提

---

[1] *New York Times* (2009). Trade losses rise in China, threatening jobs. *New York Times*, 1月14日.

[2] WTO(2008). Lamy warns trade finance situation deteriorating. 日内瓦,WTO,11月12日. 源自 www.wto.org/english/news_e/news08_e/gc_dg_stat_12nov08_e.htm.

[3] 1988~1996年间的出口信贷增加了4倍,从每年260亿美元上升到1 050亿美元。2002年的ECAs估计在500亿~700亿美元之间,以支持发展中国家的大工业和基础设施项目。Knigge, Markus, Benjamin Gorlach, Ana Mari Hamada, Caroline Nuffort and R. Andreas Kraemer(2003). *The Use of Environmental and Social Criteria in Export Credit Agencies' Practices*. Eschborn, Germany, Gesellschaft fur Technische Zusammenarbeit. 美国进出口银行(Ex-Im Bank)在2007年的财政年度中单独授权126亿美元。Ex-Im Bank(2008). Export-Import Bank to provide liquidity to small business exporters. 新闻发布. 华盛顿特区,Ex-Im Bank,11月25日.

第Ⅲ部分
国际社会的角色

供80亿美元[①]。

国际金融机构也对危机作出了反应。国际金融公司(IFC)宣布了它的计划,准备将其全球贸易金融计划的金额从15亿美元提高到30亿美元。根据国际金融公司(IFC)透露,这个扩展后的项目将使66个国家参与银行收益的分配[②]。

这些新的融资机构为推动贸易金融扩展提供了独特的机会,这些贸易金融被具体用于支持全球绿色新政(GGND)主张的行动项目和产品上。在有些情况下,这样的项目已经存在。例如,1994年以来美国进出口银行支持的"环境出口计划"提供了超过30亿美元的资金[③]。在美国打算增加的120亿美元贸易金融中,一部分可以具体投入到扩展项目中,以及用于支持全球绿色新政(GGND)需要的技术和资本转移。相似的初步行动可以推广到其他国家的出口信用机构和国际金融机构。然而,当它们在现有的贸易金融使用条款下有差别地实施时,在世界贸易组织(WTO)规则之下接受此类初步行动的豁免也许是必要的。

同样,也许有可能促使贸易融资便利支持全球绿色新政(GGND)。经济合作与发展组织估计与贸易相关的发展性援助每年共计大约250亿~300亿美元,占总发展性援助的30%。援助主要投入到四个领域:(1)贸易政策和规则;(2)提高生产能力;(3)经济基础设施;(4)与贸易相关的结构调整[④]。

2005年在香港的世界贸易组织(WTO)内阁会议上,各国一致同意扩展世界贸易组织(WTO)有关支持出口产业和基础设施的"贸易援助"项目。在会议期间,欧盟和美国承诺2010年之前将每年的贸易援助支

[①] Ex-Im Bank(2008). United States and China announce $20 billion in finance facilities that will create up to $38 billion in annual trade finance to assist global trade. 新闻发布. 华盛顿特区, Ex-Im Bank, 11月5日.
[②] 世界银行(2008). Trade is key to overcome economic crisis. 华盛顿特区,世界银行, 12月1日. 源自 http://web.worldbank.org/WBSITE/EXTERNAL/NEWS/0 contentMDK:21996518-pagePK:34370-piPK:34424-theSitePK:4607,00.html.
[③] 参见 www.exim.gov/products/policies/environment/index.cfm.
[④] WTO(2008). Aid for Trade fact sheet. Available at www.wto.org/english/tratop_e/deveLe/a4t_/a4t_factsheet_e.htm.

低碳革命
——全球绿色新政

出增加到 27 亿美元,日本宣布未来 3 年将给发展中经济体提供 100 亿美元的援助。世界银行在以后 3 年中也将它的贸易援助服务扩展到 3 000 万美元,其中的一项举措是贸易便利设施(TFF)的创立[1]。

这就是与贸易金融相关的案例,有可能在贸易金融之内提出一个关于全球绿色新政(GGND)主张的目标。在主张把可持续发展列为提供贸易和投资援助的目标方面,联合国环境计划是积极有效的[2]。

总之,发展新的贸易融资和贸易金融便利体系,并利用它们支持全球绿色新政(GGND),这对国际性组织来说是一些重要内容。

贸易保护主义

正在日益受到关注的是,经济危机和伴随的失业率将导致贸易保护主义抬头。到目前为止,尽管使用贸易保护主义的措施被限制了,但是根据国际贸易委员会(ITC)和世界贸易组织(WTO)的透露,2008 年上半年的反倾销案件数量上升了 40%,一些国家甚至在该年度提高了关税[3]。目前的共识是,经济衰退可能会导致世界主要经济体强化贸易保护主义,而华盛顿和伦敦的二十国集团(G20)会议成功避免了这个风险[4]。

然而,世界银行声称,出口限制、生物燃料补贴、关税和管制等一系列的贸易政策限制,造成了 2003 年以来全球食物和其他商品价格的上升。人们普遍关注的是,如果全球性经济复苏继续乏力,那么各个国家也许会采取这些措施[5]。与全球绿色新政(GGND)更加直接相关的是,生产津贴、提高关税和增加生物燃料的消耗等政策导致了以玉米和菜油

---

[1] 世界银行(2008)。
[2] 联合国贸易发展会议[UNCTAD]. 2008. *Aid for Trade for Development: Global and Regional Perspectives*. 日内瓦,UNCTAD。
[3] 参见网站 www.usitc.gov/trade_remedy/731_ad−701_cvd/index.htm。
[4] Bird(2009);Rao(2009)。
[5] 世界银行(2009)。

等食用农作物为来源的生物燃料生产的急剧扩张,并造成更高的食物价格和环境退化[1]。贸易保护主义的上升不仅破坏了当前的世界贸易组织(WTO)多哈回合谈判,例如渔业补贴、环境货物和服务自由化,而且会加大给生态系统带来额外压力的风险,因为有些国家开始生产那些本国没有比较优势的产品。

总之,国际社会应该继续把抵抗贸易保护主义作为经济危机的应对措施,并且应该不断地反思现有的贸易协定并制定未来协议以使障碍减到最小,以便有效地支持全球绿色新政(GGND)行动。

贸易自由化

当前多哈回合谈判为促进全球绿色新政提供了大量的机会。

例如,当前的谈判多集中于限制渔业补贴。这些补贴估计每年在150亿~350亿美元之间,并且包括直接现金津贴、减税和贷款担保这样的项目[2]。虽然有些渔场管理补贴促进了渔业生产,但多数补贴直接造成过度捕捞。粮食与农业组织(FAO)估计超过3/4的世界渔场已经超过了它们的生物捕捞极限,果真如此的话,这将是一个严重挑战[3]。这些渔场面对的威胁不仅是一个环境问题,渔场还为全球成千上万的人口提供了食物和就业。制定新的限制过度捕捞的渔业补贴的世界贸易组织(WTO)规则,对确保所有经济体中农业生产的可持续性是非常关键的。

当前国际组织正致力于减少环境产品和服务的关税和非关税壁垒的谈判。正如联合国气候变化框架公约(UNFCCC)会议期间,世界贸易组织(WTO)总干事拉米在印度尼西亚巴厘岛对贸易部长演讲中提到

---

[1] 世界银行(2009)。
[2] 联合国环境计划署(UNEP)(2008). *Fisheries Subsidies: A Critical Issue for Trade and Sustainable Development at the WTO: An Introductory Guide*. 日内瓦,联合国环境规划署(UNEP)。
[3] FAO(2007). *The State of World Fisheries and Aquaculture* 2006. 罗马 FAO。

低碳革命
——全球绿色新政

的,"毫无疑问,世界贸易组织(WTO)针对气候变化的直接贡献是开放清洁技术和服务的市场"[①]。虽然这些谈判增加了气候友好型技术的国际流动的可能性,但是,在关于它们应该怎样自由化,并且如果技术转移和当地建设不配套的话,自由化是否将增加它们的用途等方面在世界贸易组织(WTO)成员之间仍然存在分歧。然而,关于大量清洁能源技术的关税和非关税壁垒自由化,世界银行研究发现自由化可能导致这些技术贸易额的7%～13%的增长[②]。克服贸易自由化壁垒的潜在收益表明,确有必要探索如何确保世界贸易组织(WTO)在这些问题上的谈判成功。

或许全球绿色新政(GGND)的最大收获来自于农业贸易自由化的持续谈判[③]。数十年来全球性农业贸易保护主义鼓励了高收入经济体中的低效率农业生产,抑制了发展中经济体的高效率和更加可持续的生产。世界银行估计多哈回合谈判的农业贸易壁垒减少也许会引起短期内更高的全球性商品价格,但是,长期应该会形成一个更加透明、规范化和可预测的农业贸易体系,这将提高全世界的收入。如果谈判顺利地结束,消除农业贸易保护主义能使全球贫困人口降低8%[④]。

为了促进所有的全球绿色新政(GGND),国际社会需要成功地推进多哈回合贸易谈判,特别是在渔业补贴、清洁技术服务和减少农业贸易保护主义等领域谈判尤为重要。

[①] Soesastro, Hadi(2008). What should world leaders do to halt protectionism from spreading? In Richard Baldwin and Simon Evenett (eds.). *What World Leaders Must Do to Halt the Spread of Protectionism*. 伦敦,经济政策中心:3-6.
[②] 世界银行(2007). *Warming Up to Trade: Harnessing International Trade to Support Climate Change Objectives*. 华盛顿特区,世界银行.
[③] Mattoo, Aaditya, and Arvind Subramanian(2008). *Multilateralism beyond Doba*. 工作论文第153号. 华盛顿特区,全球发展中心;联合国(2009);世界银行(2009).
[④] 世界银行(2009).

⑨ 结论：全球绿色新政的国际优先领域

促进全球治理、优化融资路径和提高贸易激励是由国际社会实施的支持全球性绿色新政的三个优先发展领域。如果没有这些行动，全球绿色新政（GGND）的推行效率将受到严重的阻碍。

本书概述的全球绿色新政（GGND）战略倡导一个扩展的全球政策角色，例如，20个富裕的新兴经济体组成的二十国集团（G20）论坛。这个建议是与第Ⅱ部分概述的战略相一致的。它指出，今后几年二十国集团经济体应该把国民生产总值的至少1%投入到降低碳依赖、改进运输的持续能力等方面。迄今为止，花费的总额几乎将达到二十国集团3万亿美元刺激投资的1/4（参见专栏1.1）。如果二十国集团经济体在全球范围内协调了这些投资的时间和实施，对世界经济走向低碳恢复道路的整体推动将是巨大的。另一种方式是二十国集团的共同政策行动表明了它对走向绿色全球经济复苏的承诺。如果二十国集团也掀起碳定价和降低碳依赖的改革，包括取消不合理的补贴，纠正能源、运输的市场扭曲等，那么，这对推动全球经济低碳发展是可能的。另外，所有二十国集团经济体应该同意采取碳定价政策，比如总量管制交易或碳税，以协助它们向低碳经济转变。由二十国集团经济体的协调行动，将会对世界经

低碳革命
——全球绿色新政

济走向绿色复苏产生深刻影响。正如曾被强调的那样,二十国集团经济体共占世界人口的 80%,全球国民生产总值的 90%,至少占全球温室效应气体排放的 75%。

二十国集团也应该采取全球绿色新政(GGND)的其他政策,以展示它们在应对世界经济面对的多次危机上的全球治理决心。例如,作为二十国集团成员国的发展中经济体应该在实施建议上走在前面,例如发展中经济应该把至少 1% 的国民生产总值投资在清洁水和公共卫生上。

如果最近二十国集团以在经济危机期间协调政策行动的全球论坛的形式出现,那么,它在实施全球绿色新政(GGND)过程中应该及时扩展其领导角色。二十国集团在促进关于气候变化的全球性共识方面也可能会扮演一个新角色。这样的共识需要解决一个迫切的问题,那就是确保在 2012 年之后继续推进全球碳交易市场和清洁发展机制(CDM)的改革。为了实现对贫困人口支付生态系统服务和管理跨边界水资源,必须改善全球治理。

虽然本书主张走在世界最前列的 20 个经济体在实施全球绿色新政(GGND)中应扮演一个重要角色,但是这样的领导角色不是二十国集团所独占的。所有的国际性组织在促进、发展和提高全球绿色新政(GGND)的过程中都有一个自己的角色。

全球金融系统的总体改革应该聚焦在改进管理而不是更多地制定规范。这些改革应该增加透明度和完善激励结构。改革现有体系对于为全球绿色新政(GGND)提供更加便利的融资路径是必要的,但是仅这样做还不充分。全球绿色新政(GGND)运动中的发展性援助下降的问题、关键部门和投资的资金缺乏问题是至关重要的环节。在每次全球性经济危机中都应该增加和关注援助。今后几年双边和多边捐款者应该增加援助,并把它们投入全球绿色新政(GGND)主张的部门和行动中。发展中经济体的两个需要优先援助范围是:(1)在低碳能源投资、可持续的运输能力、农业生产、改善水和公共卫生方面需要克服援助短缺;(2)为贫困家庭的食品援助和营养支持、可持续的农业生产方式、安全网工程项目等的融资问题。

另外，为了进一步实现全球绿色新政(GGND)的目标，国际社会也应该考虑发展和创新融资机制，如建立国际金融设施、气候投资基金和全球清洁能源合作计划等。

贸易政策似乎没有直接推动全球绿色新政(GGND)，但是具体贸易措施也许为该战略提供了重要的激励。也许可以设计一种新的贸易融资方式以便协助全球绿色新政(GGND)主张的目标和行动。另一方面，由于严重的全球经济衰退，贸易保护主义也许正在强化，这是对全球绿色新政(GGND)的阻碍。支持绿色战略要求避免商业贸易保护主义，例如，一些国家正在实施的生产津贴、强加高关税和强制消费的生物燃料政策。特别是多哈回合贸易谈判在关于渔业补贴、清洁技术服务和减少农业贸易保护主义等方面成功达成协议，也许不仅有利于短期全球绿色新政(GGND)的推行，而且也能给该战略的中长期目标提供重要的激励。

第 IV 部分
迈向更加绿色的世界经济

低碳革命
——全球绿色新政

如第Ⅰ部分所述,本书的前提是,当前全球性经济危机已经促使政府掀起全球范围的复苏运动,这为解决其他重要的全球性经济和环境挑战提供了一个难得的机遇。本书阐述的全球绿色新政致力于实现这些目标。

总之,全球绿色新政(GGND)不仅是为了创造更加绿色的世界经济,也是为了确保采取合理的经济政策以减少世界经济的碳依赖,保护脆弱的生态系统和减缓贫穷,同时促进经济复苏和创造新的就业岗位。

其中隐含的共识是,愈加严重的气候变化、清洁水缺乏和极端贫困等全球性问题意味着世界不应该单独依靠大规模的财政刺激来复兴经济和创造工作岗位,而应该以全球绿色新政政策和措施的组合来迎接众多经济和环境的挑战。

然而,复兴世界经济仍然是必要的。所以,全球绿色新政(GGND)与此相关的一些行动建议是本书的重要部分。如果在今后几年推行这些行动,将对下面的战略目标产生直接有效的影响。这些目标是:

- 促进全球性经济复苏和创造新的就业岗位,同时改进世界经济的长期环境和经济可持续发展;
- 确认国家政府采取重要行动以获得持续和更加绿色的经济复苏;
- 确认国际社会采取重要行动以帮助克服实施全球绿色新政(GGND)的重要挑战。

必须小心地选择符合这些标准的政策和措施。另外,还应注意,每个国家政府应该根据各自的经济、环境和社会状况决定相应的优先领域、政策、投资和刺激机制。有三种类型的经济体明显不同:高收入经济体(主要是经合组织国家);大的新兴市场经济体;

第Ⅳ部分
迈向更加绿色的世界经济

低收入经济体。

基于以上这些因素，本书提出全球绿色新政（GGND）应该致力于两个领域：

- 降低碳依赖；
- 减少生态稀缺。

第Ⅱ部分提供了政府具体需要实施的国家行动的细节。第Ⅲ部分概述了起补充作用的国际行动——改进全球治理、优化融资路径和提高贸易激励——在今后的几年中这些措施将有效推进全球绿色新政（GGND）的实施。

本书最后一部分有三个主题，每章阐述一个主题。第 10 章总结第Ⅱ和Ⅲ部分提出的实施全球绿色新政（GGND）的国家和国际行动的主要建议。第 11 章讨论人们对于全球绿色新政（GGND）比较关心的一些内容，例如：(1)绿色激励是否增加政府债务、通货膨胀和全球性的不平衡状态；(2)如果绿色投资在经济上是有利的，私人部门为什么没有大规模的投入；(3)绿色部门投资比传统部门更能创造利益的依据是什么。最后，第 12 章探讨怎么看待全球绿色新政（GGND）在迈往"更加绿色"经济中的中介作用，但是，为了进一步取得成功采取其他的辅助政策也许是必要的。

⑩ 建议小结

本书在第Ⅱ和Ⅲ部分概述了全球绿色新政大背景下应该采取的国家和国际行动。对于推行这样的战略，本书已经集中讨论了合适的措施以实现全球绿色新政(GGND)的两个主要目标——降低碳依赖与生态稀缺性和目前各国政府在今后几年能立即推行的政策、投资和改革等措施。在继续谈论全球绿色新政(GGND)的效率和它如何促进未来更加绿色的世界经济之前，有必要回顾前面提到的各国政府和国际行动的关键提议。下面是第Ⅱ和Ⅲ部分中提到的主要建议的总结。

全球绿色新政的国家行动

（1）今后几年美国、欧盟和其他高收入经济合作与发展组织经济体应该把它们国民生产总值的至少1%投入到为降低碳依赖而提出的国家行动上，包括取消补贴和其他不合理的激励、采取补充碳定价的政策等。

（2）在今后几年中，二十国集团(G20)剩余的中高收入经济体也应该尽可能地把它们的国民生产总值的至少1%投入到为降低碳依赖而提议的国家行动上。

（3）发展中经济体也应该实施为降低碳依赖而提议的国家行动。虽然在目前的经济情况下很难确定每个经济体应该在这些活动上投资多少资金。

（4）发展中经济体至少应该把它们的国民生产总值的1%投入到为改进贫困人口的清洁用水和公共卫生而提议的国家行动上。如果贫困人口没有继续增加，它们也应该开展完善的安全网工程，并继续提供教育和卫生服务。

（5）发展中经济体应该采取其他的国家行动，以改进它们农业生产活动的持续性，虽然在当前的经济条件下很难确定每个经济体应该在这些活动上投资多少资金。

（6）所有的经济体应该考虑取消水资源补贴和其他市场扭曲，采取基于市场的手段或相似的措施增加水资源利用效率和促进跨边界的水资源管理。

全球绿色新政的国际行动

（1）与促进全球绿色新政（GGND）的国际行动最相关的全球性政策论坛，是世界上20个最大的富有的国家和新兴经济体组成的20国集团。虽然所有的国际组织，特别是联合国，都在促进、开发和提高全球绿色新政（GGND）运动中扮演重要角色。

（2）二十国集团应该协调本书的第Ⅱ和Ⅲ部分提到的全球绿色新政（GGND）行动的实施方式和时间，并帮助在落实后京都全球性气候变化协议的问题上形成一个概念性的框架。

（3）国际社会应该在2012年之后延伸清洁发展机制（CDM），改革机制以增加发展中经济体、部门和技术的覆盖面，以及在全球温室效应气体排放减少的融资等问题上达成一致，并将其作为全球性气候变化共识的一部分。

(4)国际社会应该努力改进针对穷人的生态系统服务的支付,并努力改进跨边界水资源的治理和共享。

(5)国际社会应该尽快推进金融体系治理的改革,这将增加透明度并且改进激励结构。

(6)今后几年双边和多边援助者应该增加它们的发展性援助资金,并指向包括全球绿色新政(GGND)关键部分的行动和部门。

(7)国际社会应该创新融资机制,例如国际金融设施、气候投资基金和全球性清洁能源合作等机制,以尽可能的手段资助全球绿色新政(GGND)的关键内容。

(8)国际社会应该开发和扩展新的商业和贸易金融机制,并且使它们致力于支持全球绿色新政(GGND)。

(9)国际社会应该回顾现有的贸易协定并达成未来协议,以使实施新政的障碍减到最小,这是对全球绿色新政(GGND)行动的有效支持。

(10)国际社会需要在多哈回合贸易谈判中达成一致,特别是在渔业补贴、清洁技术和减少农业贸易保护主义等领域。

⑪ 全球绿色新政会成功吗?

本书始终强调,任何全球绿色新政举措都应该有三个主要目的:
- 复兴世界经济、创造就业机会和保护弱势群体;
- 减少碳依赖、生态退化和水缺乏;
- 促进在2025年前实现结束极端世界贫困的千年发展目标。

为了达到这些目标,第Ⅱ和Ⅲ部分已经提出了各种各样的国家和国际行动建议,这些已经在前面的章节中讲过了。

实施这些建议需要大范围的进一步行动,包括承诺增加公共投资、新的物价政策、改进规章制度、增加援助支出以及其他政策变革。上述大规模的政策要求不可避免地引起了对全球绿色新政是否能取得成功的质疑。

尤其要指出的是,人们对附加的绿色财政刺激措施和全球绿色新政(GGND)所倡导的其他公共开支措施存在如下三点疑虑:
- 有什么证据能够说明,与传统的财政刺激支出相比较,全球绿色新政(GGND)主张的对绿色经济部门的投资能创造更多的就业和赢利?
- 如果对绿色部门的投资具有如此大的经济利益,为何尚未见到私人投资涉足其中?

第Ⅳ部分
迈向更加绿色的世界经济

● 绿色激励措施是否会导致政府债务负担的增加并诱发通货膨胀,以及引起世界经济结构的失衡?

本章对这些问题进行了讨论。很明显,财政刺激并非全球绿色新政(GGND)强调的唯一内容。例如,它也主张补贴物价政策并将改革作为提高行动效率和有效性的手段。另外,全球绿色新政(GGND)在强调政府投资的同时,也在努力推动私人对绿色部门的投资。我们将在本章看到,这样广泛的战略不仅是全球绿色新政(GGND)取得成功的必要措施,也是解决上述三大疑虑所必需的。

绿色部门投资促进了经济与就业

在第Ⅱ部分中,我们援引的大量研究表明,全球绿色新政对创造就业岗位和增加经济利益的作用是显著的。例如,在清洁能源技术方面的投资可以给美国带来200万个工作岗位,并且其每单位美元投资所创造的工作是投资于矿物燃料能源的2倍[1]。另外,在欧盟还有一个相似的能源节约和可再生能源的供应项目,该项目能创造100万~200万个新的全职工作岗位[2]。对公共交通系统的投资也对就业有着直接显著的作用,并且可以减少贫穷家庭的交通费用。扩展公共城市交通创造的每个直接工作岗位可以再创造2.5~4.1个制造业部门的工作岗位。在中国,可再生能源部门已创造了大约170亿美元的价值和将近100万个工作岗位的事实促使政府推行低碳刺激措施[3]。对可再生能源部门和"清洁技术"的进一步投资将对拓展新的经济增长、扩大出口和创造就业产生重大影响。最后,本书在第5章已经提到韩国政府期望绿色新政措施能在2012年之前创造96万个工作岗位。

尽管推行全球绿色新政(GGND)行动带来的就业和其他经济利益

---

[1] Pollin et al.(2008).
[2] Renner,Sweeney and Kubit(2008).
[3] Renner,Sweeney and Kubit(2008).

低碳革命
——全球绿色新政

方面的证据令人鼓舞,但是,推行这些政策对整个经济和环境的意义是难以预见的。迄今为止,我们对这些政策将怎样影响国民经济尚未充分了解,特别是在创造工作岗位与其他利益方面,绿色部门投资如何与传统的金融刺激措施进行比较。这种对主要绿色部门投资的比较分析是鲜见的。但是,我们援引的来自美国的两项研究就这一问题提供了一些观点。

皮特森(Peterson)国际经济组织和世界资源协会(PIIE-WRI)对美国的一个绿色复兴项目的经济和环境影响进行了评估。该项目是一系列政策选择的代表,结合了特定的低碳战略投资、物价政策、制度和其他涵盖于该大规模复兴项目的措施。这些政策中有许多已成为2009年2月的美国复兴与再投资法案的绿色刺激措施的一部分,其他则没有写进该法案。PIIE-WRI研究的具体细节可参阅附录1。

PIIE-WRI采用全国能源模型系统(NEMS)和投入产出表分析评估了家庭、企业和联邦政府的能源成本的节约对就业的影响,并评估了由此产生的能源产业收入的减少程度。模拟的政策选择包括家庭的保暖措施、联邦大厦节能设备的改装、绿化学校、生产减税(PTC)、投资减税(ITC)、碳捕获与存贮(CCS)示范项目、老汽车(在美国称之为"年久失修的旧车")的回收、杂税减免、大众交通投资、电池的研发以及智能测量等。此外,他们还对这些措施带来的经济和环境影响进行了比较。

整体研究结果表明,整个项目带来的能源费用和消耗量的减少能给美国经济每10亿美元的投资平均每年节约4.5亿美元。另外,每10亿美元的政府开支将产生大约3万个工作岗位,并在2012年和2020年之间每年减少美国温室效应气体排放592 600吨[①](就业影响以工作年限测量,或者持续一年的全职等效工作的数量)。就业获得的好处是更多传

---

① 就业和温室效应气体(GHG)排放的影响排除了传输政策的作用。详情参见 Houser, Trevor, Shashank Mohan and Robert Heilmayr(2009). *A Green Global Recovery? Assessing US Economic Stimulus and the Prospects for International Coordination*. 政策摘要编号 PB09-3. 华盛顿特区, PIIE and WRI.

第Ⅳ部分 迈向更加绿色的世界经济

统基础设施建设带来了20%的新增工作岗位。

与常规基础设施投资相关的绿色复兴项目会产生相对高的就业促进作用。首先,预计绿色项目将刺激额外的私人部门投资,因而直接或间接导致了工作岗位的倍增。其次,PIIE-WRI研究发现,整体经济的能源费用降低带来的净就业作用是显著的。能效的改善与绿色税收减免具有很好的超出初期投资期间的持续就业作用。相反,常规减税和道路基础设施投资带来的工作,一旦资金花完,工作也就结束了。

实施这些不同的绿色政策的时机可能大不相同。提升大厦能效项目(即家庭保暖、改进联邦大厦和学校绿化)能迅速地实施,并且直接刺激建筑业。智能监测的部署与呼之欲出的公共交通投资也能相当迅速地推行。"旧车变现"项目已于2009年在美国实施,消费者看来已经对这些刺激政策有了响应。杂税减免项目也可能迅速地采取,但是它也许要花费很多时间才能得到消费者的响应。剩余的项目可能要求更长的时间去实施。

皮尤慈善信托(Pew Charitable Trusts)的报告对自1998年到2007年10年以来的工作的增长及美国对清洁能源部门的投资和美国经济的其余部门进行了比较[①]。皮尤研究的细节参考附录2。

皮尤研究对清洁经济的定义如下,即那些"当采取扩展清洁能源生产、提升能效、减少温室效应气体废物和污染的排放、保持水土和其他自然资源措施时,能创造工作、商业和投资"的部门。清洁经济的五大经济活动包括:清洁能源生产、能源效率、环境友好型生产、环保和减少污染以及清洁能源经济培训和支持。

皮尤报告发现,在1998~2007年之间,上述五大清洁能源领域的就业增长速度要快于美国总体就业增长速度。清洁能源就业增长速度为9.1%,而美国总的就业增速仅为3.7%。至2007年,清洁能源部门的

---

① 皮尤慈善信托(2009). *The Clean Energy Economy:Repowering Jobs,Businesses and Investments across America*. 华盛顿特区,皮尤慈善信托.

低碳革命
——全球绿色新政

五个领域共创造了 77 万个工作岗位,或者大约占美国所有就业的 0.5%。比较起来,生物技术部门雇佣了少于 20 万名工作者,或者大约占美国 2007 年所有工作的 0.1%。矿物燃料能源部门,包括其公共设施、采煤业、石油和天然气开采,在 2007 年雇佣了 127 万名工作者,或者大约占全美国 2007 年就业的 1%。

在清洁部门的就业遍及所有美国 50 个州和哥伦比亚特区。工作岗位包括蓝领和白领的就业,即从工程师、科学家、教师到技工、建筑工人和农场工人。

虽然在 2007 年,65% 的清洁能源经济工作是环保和减少污染,但是自 1998 年到 2007 年以来该领域的就业增速仅为 3%,这远远低于其他领域的增速,环境友好型生产的就业增速为 67%,清洁能源生产的就业增速为 23%,能效就业的增速为 18%。皮尤研究认为,后者将是未来清洁经济就业增长的源泉,因为"它们代表了开发可再生、高效率的能适应低碳经济需要的能源和技术"[1]。

就业机会在清洁能源经济部门的扩张反映了在走向目前衰退的这些年份中企业和风险投资的迅速增长。从 1998 年到 2007 年这个部门的企业增长了 10.6%。1999 年清洁能源经济领域的风险资本投资共计达 360.3 百万美元,2000 年超过了 10 亿美元,2008 年达到 59 亿美元。自 2006 年开始,风险投资开始急剧增加,从 2006 年到 2008 年平均每年增长 16 亿美元。总共积累的风险投资几乎达到了 126 亿美元,超过 2/3 的投资投入了清洁能源生产部门。

在给出 1998~2007 年间美国清洁能源经济方面的就业、企业和投资的研究结果后,皮尤研究对该部门引领美国的绿色复兴与向低碳经济转型的能力相对乐观。正如其报告所指出的,"清洁能源经济具有巨大的潜在增长能力,一旦投资持续从政府、私人部门流入,并且联邦和州的

---

[1] 皮尤慈善信托(2009),17.

第Ⅳ部分
迈向更加绿色的世界经济

政策制定者增加改革的力度,则不仅能刺激经济复苏,而且能保护环境"①。

研究发现,虽然由于当前的经济衰退,在清洁经济工作岗位上的工作投资有所下降,但是,其他部门的情况更糟。另外,由于对清洁能源的需求持续增长、供水的压力以及要求减少温室效应气体和其他污染物的排放,预计清洁经济的投资比其他部门要反弹得更快。如果848亿美元与能源和交通相关的支出致力于发展清洁经济,那么,清洁能源经济也可能直接从2009年2月美国的复苏与再投资法案中受益。

总之,PIIE-WRI和皮尤研究证实了绿色部门投资能带来潜在的就业与经济收益,至少在美国的清洁能源经济情况下就是如此。两项研究也证实了要实现这些潜在的收益,将依赖于正确的政策组合。绿色激励支出,譬如美国的ARRA,能促进清洁能源部门对整体经济复苏和创造就业产生作用,但是单独靠这种支出是不够的。例如,PIIE-WRI研究关于就业和经济的系列内容——如本书提到的全球绿色新政战略中所倡导的内容,包括补偿物价政策与其他能提升清洁能源和绿色投资的制度(参见附录1)。同样,皮尤研究发现,从1998年到2007年间美国清洁能源部门的就业与投资扩展主要由州政府驱动,例如要求电力提供者供应有一个来自于可再生资源的最小比例,以及推行严格的能源效率条例(见附录2)。为了在全国推行和延续清洁能源经济,皮尤报告建议采取附加的国家政策:要求在2050年前,采用联邦总量管制系统来帮助减少至少80%的温室效应气体排放,在2025年前,全国可再生投资标准将要求25%的能源供应来源于可再生资源;并且在2020年之前,能效资源标准将要求削减15%的用电量和10%的天然气用量。

PIIE-WRI研究中提出了一个重要问题,即绿色投资创造就业岗位和促进清洁能源部门的有效性,主要取决于资金何时能分配到位以及计划的实施情况。

---

① 皮尤慈善信托(2009),3.

例如,专栏 1.1 表明,2009 年各国政府分配了 4 600 亿美元给绿色激励投资,主要是由二十国集团(G20)政府提供。然而,由 HSBC 举办的全球性研究总结发现,到 2009 年 7 月底为止,绿色激励投资仅兑现了 3%[1]。到 2010 年,甚至 2011 年的大量投资也不可能实现。最可能出现资金提早支出的绿色部门是那些呼之欲出的基础设施项目,例如改善铁路网络、水源恢复、建筑的整修和电网改造等。刺激可再生能源与能效的支出面临着极大的延迟。

如果绿色金融刺激项目的公布与它们的实际实施相隔很长一段时间,那么它可能对就业和经济收益产生如下两种影响:

首先,实施时间延迟得越长,则绿色部门投资对帮助经济复苏与创造就业越不可能在短期内见效。

其次,对私人投资者而言,这种延迟将降低部门的财产估价以及带来更多的风险。附录 1 表明,许多由政府刺激支出所支持的绿色项目,预期将刺激额外的私人部门投资,因而将直接或间接地创造就业岗位。如果公共投资项目被延迟,私人投资者是不太可能承担所有在许多清洁能源部门投资的风险。公共部门资金支出的延迟自然也会导致私人投资的延迟。最终,整个绿色部门创造就业的机会要比预期的少。

公共与私人绿色部门投资

附录 2 的皮尤慈善信托报告总结表明,在当前的经济衰退之前,私有风险资本迅速流入美国的清洁经济中。在 2006~2008 年间,风险资本投资在该部门的投资共计达到 126 亿美元。全球在清洁能源的生产、制造与研发上的私人投资在 2007 年首次超过 1 000 亿美元,并且许多可再生技术与产业以每年 20%~60% 的速度增长[2]。

---

[1] Robins, Clover and Singh(2009).
[2] REN21(2008); Carmody and Ritchie(2007).

第Ⅳ部分
迈向更加绿色的世界经济

正如皮尤的研究案例一样,假如清洁经济部门由额外的致力于该部门的政府投资与相应的国家政策所支持,那么,清洁经济部门可能成为经济复苏和长期增长的催化剂。在本书的第Ⅱ和Ⅲ部分,一个相似的结论被用于证明投资对于全球绿色新政的必要性,特别是对二十国集团(G20)经济体的必要性。这些行动不仅包括今后几年绿色刺激方面的支出,也包括减少碳依赖的定价和制度改革,包括在能源、运输和相似市场方面取消不合理的补贴等扭曲行为,以及采取诸如管制交易系统或碳税收等环境定价措施。

然而,在皮尤和其他报告中指出的风险资本投资倾向也是可以解释的。如果在当前经济危机之前私有投资已经流入清洁能源和世界经济体的其他绿色部门,是否真的存在对这些部门的大量公共投资需求呢?政府的角色是否应该限定在确保整体的经济复苏、准许私人投资流入包括绿色经济在内的最有吸引力的部门呢?换言之,如果绿色部门投资在经济上是如此有利,为什么私人部门尚未对其进行必要的投资呢?包括绿色金融刺激支出在内的政府干预可能只是服务于补贴那些在绿色部门低效率的投资,这显然不是非常有益的举措。

在衰退和复苏期间的公共投资与政策可以支持绿色部门的私人投资,然而,这必然要遭遇因衰退产生的金融资本的收缩和在环境研究与开发方面资金长期不足的问题[1]。

由于20世纪90年代私人部门的研发(R&D)开支和专利备案呈现出周期性倾向,因而也随经济转淡而下降。私人研发(R&D)一般来源于企业的未分配利润,这在经济景气期间会扩张,但是在衰退期间会收缩。在信用制约的经济危机中,譬如当前的危机中,企业接受外部资助

---

[1] Fritz-Morgenthal, Sebastian, Chris Greenwood, Carola Menzel, Marija Mironjuk and Virginia Sonntag-O'Brien(2009). *The Global Financial Crisis and Its Impact on Renewable Energy Finance*. Nairobi, UNEP; OECD(2009). *Green Growth: Overcoming the Crisis and Beyond*. Paris, OECD; OECD(2009). *Policy Responses to the Economic Crisis: Investing in Innovation for Long-term Growth*. Paris, OECD; REN21(2009). *Renewables Global Status Report: 2009 Update*. Paris, REN21 Secretariat; UNEP(2009). *Global Trends in Sustainable Energy Investment* 2009. Nairobi, UNEP.

低碳革命
——全球绿色新政

以开展诸如研发(R&D)的长远投资将更加困难。事实上,内部和外部资金应该重新定位于更为短期和低风险的创新与投资。例如,在2009年对全世界大约500家企业的调查表明,34%的企业期望在研发(R&D)上花费较少的资金,同时21%的企业预计将增加支出。公司的报告也表明,在研发(R&D)方面的支出呈现出下降或者缓慢的增长[①]。

在当前经济危机期间,清洁能源公司用未分配利润以外的资金在研发(R&D)与其他活动方面投资的能力因该部门整体投资下降而进一步减少。2008年全球股市对清洁能源公司的投资下跌51%,从2007年的234亿美元下降为114亿美元,并且它们在2009年的上半年的投资也是微不足道的。可再生能源电力工程的金融投资在2008年的最后三个月也减速了,并且在2009年的上半年继续下降。对清洁能源整体投资的下降归因于当前引起衰退的多个因素,包括矿物燃料价格下降70%、信贷额度与期限的限制以及现有财务重新定位于更成熟的低风险项目[②]。

如前所述,假如风险资本是产生技术与建立企业的一个根本来源,则风险资本投资的下降对绿色部门是特别致命的[③]。然而,在当前衰退期间,风险资本投资是特别难以产生的。与前一年相比,2009年第一季度美国总的风险投资下跌了60%,第一序列投资下跌了65%。中国高技术部门的风险投资也急剧下降[④]。就全球而言,风险资本与私有财产投资在2008年第三季度达到了40亿美元的顶峰,但是它们从那以后迅速地下降。在2008年第四季度它们下降到22亿美元,到2009年第一季度则下降到15亿美元[⑤]。

另外,危机使金融创新方面的市场失灵与绿色部门的私人研发

[①] OECD(2009)[政策反应],6.
[②] Fritz-Morgenthal et al, 2009.
[③] Carmody and Ritchie(2007);Fritz-Morgenthal et al.(2009);Pew Charitable Trusts(2009);REN21(2008);REN21(2009).
[④] OECD(2009)[政策反应],7.
[⑤] Fritz-Morgenthal et al.(2009),9—10.

第Ⅳ部分 迈向更加绿色的世界经济

(R&D)开支长期下降的状况进一步恶化。由于多数长期研发(R&D)投资的溢出特征,特别是许多清洁能源创新所需要的新技术,私人部门对这种投资的资金总是长期不足。经济与合作发展组织(OECD)指出,在这种情况下,政府应该与私人部门共同承担开发新技术的风险,特别是在私人部门投资的信用衰退期间。然而,从20世纪80年代初期开始,多数经济体中的公共研发(R&D)支出对清洁能源发展的支持却下降了[1]。

可再生能源的私人投资面临前所未有的困难。例如,风能与太阳能发电的投资变化较大、供应间歇,电流传输与电网能力很难将电力供应到所需要的地方[2]。结果是可再生能源的发电成本水平极高,特别是与煤炭和其他矿物燃料相比较,但其利用率接近90%[3]。因此对新的输电线和"智能"电网进行投资,以克服由间歇现象、传输不足、电网容量以及电存贮带来的额外私人成本是必要的,但是,这对私人投资者而言是昂贵且存在风险的。正如一项研究所指出,公共投资对配备必要的可再生能源供应基础设施有补充功能,"吸引私人部门投资投入新的传输项目将要求大量的政府支持,并要明确由谁支付,以及支付多少[4]"。在衰退期间,私人投资者面临的风险和费用可能进一步限制其在回报周期长的资本项目上的投资,例如改善输电线、电网容量和贮藏量等。

目标谨慎的公开投资,特别是支持研发(R&D)和其他补充基础设施的投资,不仅补充了衰退期私人投资的不足,而且也诱发了降低碳依赖所需要的技术革新能力(参见专栏11.1)。然而,诸如研发(R&D)补贴、公共投资和其他行动的"技术推进政策"主要是弥补低碳技术创新的

---

[1] OECD(2009)[政策反应],15;OECD(2009)(绿色增长),9.
[2] Heal, Geoffrey(2009). The Economics of Renewable Energy. 工作论文第15081号,剑桥,MA,NBER;Komor, Paul(2009). Wind and Solar Electricity: *Challenges and Opportunities*. Arlington, VA, Pew Center on Global Climate Change;Toman, Michael, James Griffin and Robert J. Lempert(2008). *Impacts on US Energy Expenditures and Greenhouse-Gas Emission of Increasing Renewable-Energy Use*. Santa Monica, CA, RAND Corporation.
[3] 在全负荷运行的情况下,电力成本是一个不变价格,在此价格上出售电力以便维持生产在使用期内能收支相抵。发电厂的利用率指的是作为全负荷发电量一部分的实际功率输出。关于可再生能源私人投资激励涵义的进一步讨论,参见 Heal(2009)。
[4] Komor(2009).

市场失灵：私人投资者不可能对所有获取知识的研发(R&D)进行投资；第二种市场失灵源于与燃烧矿物燃料和其他经济活动引起温室效应气体排放相关的外部环境的改变。支持私人研发(R&D)的公共投资和开支不能解决第二种市场失灵。反而，技术推进政策与投资必须以"直接排放"政策作为补充，例如碳定价，确保产生温室效应气体的活动应考虑到气候变化的外部性[①]。正如专栏11.1所述，直接排放与技术推进措施两种政策对促进私人部门引导的减少碳依赖的技术变革是必要的。在美国进行的减少温室效应气体排放的研究显示，与单纯依靠技术推进措施相比，两项政策的结合极大地降低了实现目标的成本，例如对低碳能源项目的研发(R&D)补贴。

专栏 11.1 减少碳依赖导致的技术变革和公共政策

由皮尤中心的 Larry Goulder 对全球性气候变动的研究报告突出了公共投资和政策对促进减少碳依赖导致的技术变革的作用。报告强调了诱发的技术创新可以通过与"直接排放政策"相结合而得以有效促进，例如总量管制与交易系统和"技术推进政策"相结合、对有良好前景的私人部门投资的研发补贴等。表11.1表明，其他的直接排放和技术推进政策结合起来能够在私人部门中促进技术革新。

表 11.1　　　　　　　　　减少碳依赖的公共政策

直接排放政策	技术推进政策
碳税收	对低碳技术研发的补贴
碳配额	公共部门对低碳技术的研发
温室效应气体排放的总量限制与交易体系	政府资助的技术竞争(有奖励)
对减少温室效应气体排放的补贴	加强专利规则

资料来源：根据 Coulder, Lawrence(2004), Induced Technologic l Change and Climate Policy 以及 Arlington, VA 和皮尤中心关于全球气候改变的专栏 1 而改编。

[①] 例如，在对现有研究进行全面回顾的基础上，Heal 计算出，对来自太阳能和风能等可再生来源的电力，其与气候改变相关的外在费用大约是每千瓦小时 0.05 美元，比矿物燃料要少。

Goulder 对政策和技术革新怎样减少碳依赖成本方面的经济研究和经验证据发现,成本的降低来源于对私人部门研发(R&D)的促进和企业在对新的低碳技术、产品"干中学"两个方面。直接排放与技术推进政策通过支持私人研发(R&D)和"干中学"导致额外的技术变革。

譬如,诸如碳税收和总量管制与交易系统等直接排放政策可能提高矿物燃料以及从中获得能源的价格,例如电力。运用这些燃料的企业也许会发现,对以减少矿物燃料消耗量的替代生产工艺为目的的研发(R&D)进行更多的投资是值得的,因为这样的工艺能即刻带来明显的成本节省。诸如补贴计划的技术推进政策,也能导致技术变革,这是通过刺激额外的研发(R&D)来实现的。Goulder 研究了这样的研发(R&D)导致许多重要相关能源领域的成本大量降低的证据。例如,他援引全国研究委员会对 39 个能效与清洁能源研发(R&D)项目的研究发现,将这些项目同时实施,则每年的回报率将超过 100%。对新产品、工艺和技术应用的增加反过来会刺激"干中学"。结果是采取低碳创新的成本进一步的降低。对一个相对新的技术而言,保守估计,每增加 1 倍费用成本相应降低 20%。

根据这些研究结果,Goulder 认为,同时采用直接排放与技术推进政策有强大的理论基础,即使由技术变革带来的相应的成本降低是不确定的。理论基础源于在私有部门采取低碳技术的两个市场失灵。首先,由于私人投资者不能将所有的收入投入到研发(R&D)中,私人对研发(R&D)的投资倾向于次优选择。某些源于研发(R&D)的知识会溢出,并使得其他未进行研发投入的企业受益。结果,在没有公共干预时,对研发(R&D)的投资倾向于低于社会净利益最大化的数额。这为对研发(R&D)进行补贴的技术推进政策提供了一个理论基础。其次,当前经济对矿物燃料的依赖通常超出了社会效率水平,因为这些燃料的市场价不反映与气候相关的外部性。因此,市场价远低于总的社会成本——私有费用和外在费用的总和。这促进了对矿物燃料的依赖性,就经济效率而言,这种依赖是过度的,并且这为诸如碳税收或总量管制与交易系统等直接排放政策提供了一个强有力的理论基础,这可以使矿物燃料的价格更符合它们的社会成本。Coulder 得出结论:直接排放和技术推进政策这两种政策类型对促进为减少碳依赖导致的技术变革是必要的。在美国减少温室效应气体排放的研究显示,与诸如对低碳能源项目的研发(R&D)补贴等只依靠技术推进的方法比较,两项政策的结合大大地降低了实现目标的费用。

资料来源:Goulder,劳伦斯(2004).导致的技术变革和气候政策.阿灵顿,VA,皮尤中心对全球性气候变化的研究。

在经济衰退期间,经常存在更为严格的环境政策,特别是那些遏制整体经济的温室效应气体排放和其他污染物的政策,也许会阻止而不是促进私人对绿色技术的投资。譬如,在当前的经济衰退期间,企业也许想要投资降低碳排放和其他污染物的新技术,但是由于信贷途径的限制使其无法筹集资金。在这样的信用限制面前,放松环境政策也许似乎更合理,以便企业有更多的未分配利润以满足额外的绿色投资。然而,如专栏 11.2 所述,这个主张只适用于温和的经济衰退。在严重的经济衰退和企业信用被限制的情况下,更加严格的环境政策是合理的。如果严重经济衰退是由于整体经济需求的大量降低导致的,企业从宽松的环境政策中获取的现金将很少,同时社会仍然将遭受污染的损害。而在经济衰退期间严格的环境政策与更低的投资机会成本将促进绿色技术的采纳,并且最终诱发的技术变革在经济衰退结束以后将会继续降低成本。因此,在经济衰退以后环境政策可以更加严格。

专栏 11.2　经济衰退期间的环境政策和绿色技术投资

由于在经济衰退期间污染密集产品的需求减少,经济衰退将减少环境政策的成本。因此,当经济处于因总需求下降导致衰退时,从严的环境政策是合理的。企业相应对绿色技术投资更多,因为对处于更加严密的环境中的政策而言,这将减少成本。

例如,图 11.1 比较了边际防治成本(MAC)与边际环境损害(MD),MAC 随环境政策的严格程度而增加,MD 随污染水平而增加,即随环境政策的严格程度而下降。成本与收益以总量水平度量。当污染或者严格程度处于边际成本和边际收益相等(MAC=MD)的水平时,环境政策是最优的,这可以用均衡污染价格来表示。

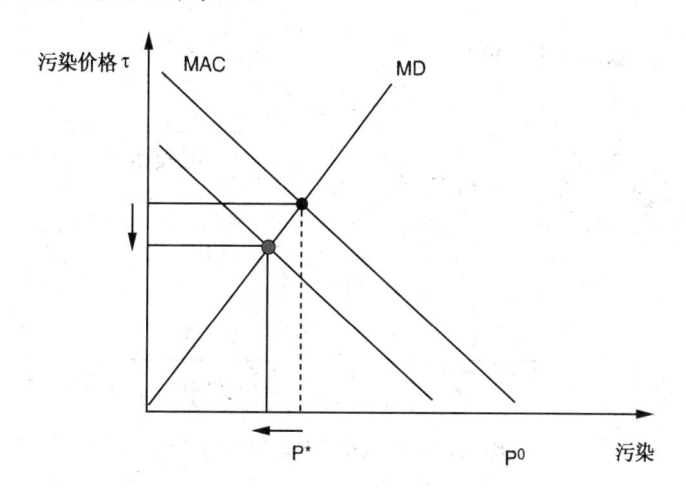

图 11.1 衰退的最优政策(流量污染)

伴随经济出现总需求的下降,企业在一个给定的价格上以少量的污染选择生产。此外,污染流从一个特定水平的边际增量将导致经济衰退时更小的收益增量,因为总需求更低。这表明 MAC 曲线向左偏移。更低的需求减少了投入的生产率,因此,污染投入的生产率减少,并且减少的污染成本更低。因此,对衰退的最佳反应是减少污染并降低污染投入的价格。在这样的衰退情景下,环境政策应该是更加严格的,以利用企业减少污染的更低的机会成本。

然而,政策的实施时间也许事关重大,特别当污染物在环境里积累并造成损害时尤为重要。例如,温室效应气体就是这种污染物积累的代表。如果环境政策的成本主要在实施之时产生,而收益主要在较晚的时期获得,这是由于时滞和污染物的积累特征造成的,衰退对边际成本和边际收益的影响

低碳革命
——全球绿色新政

不对称。当边际防治成本等于目前污染损害的净现值时,政策是最优的。按照图11.2说明,如果衰退是临时的,边际防治成本降低,但是减少污染的净现值几乎不改变。当经济回到正常时,获得了防治收益。与污染物变动情况相比,当边际防治成本相一致时,边际损害对目前的污染变动的依赖减少,而MD曲线变得更加平坦。因此,就存量污染物而言,实施更加严格的环境政策的情形变得更加强化。

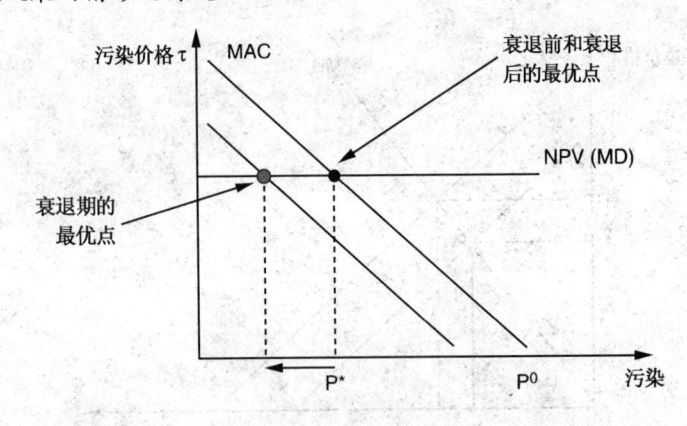

图11.2 临时衰退(存量污染)

2008年的经济衰退不是由总需求降低造成的,而是由金融危机与信用收缩造成的。现在金融市场的交易费用更大,而实际投资回报率比衰退前要低很多。私人投资市场上更低的实际收益产生两个作用。首先,总投资下跌,因为平均组合投资收益下降。其次,投资将从大量依靠金融市场媒介的项目转向其他较少依赖金融市场媒介的项目,譬如私有产权和股市。第一个影响降低了总需求,这对经济造成了如前所述的冲击。但是,第二个影响有利于绿色技术投资。由于衰退导致需求的降低只是临时的,投资转换效应可能不存在。

正如图11.3所显示,投资的变动影响了MD曲线。替代金融投资的更低的回报暗示了更低的折扣率,因此,边际损害的净现值更高。MD曲线上移,而最优的环境政策更为严格。注意这是一种结构变化,这在经济衰退以后将继续。在经济衰退期间,非环境投资的实际收益与相应的环境政策的机会成本将下降。在经济衰退以后,总需求将回到正常水平,从而MAC曲线回到它的原始位置。除非不负责任的行为在金融市场上同样迅速地回升。然而，实际收益依然处于更低，并且MD依然处于更高的位置。这证明了一个恒定的更加严格的环境政策。

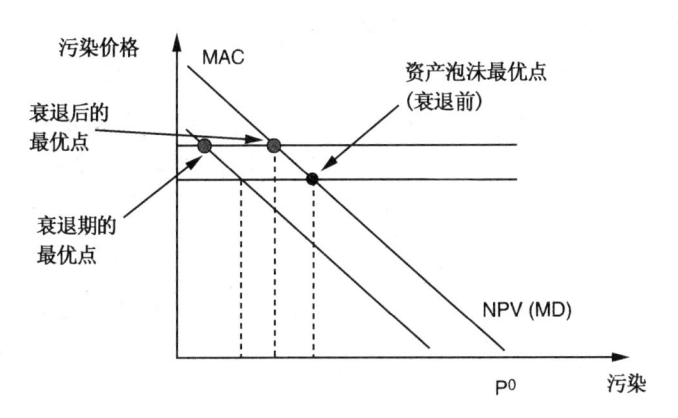

图 11.3　结构性经济衰退

到目前为止，我们谈论了基于污染税的环境政策。然而，本书所探讨的全球绿色新政行动通常根据绿色技术投资、节能技术及能使污染减少的其他投资来构建。环境政策的变动将导致绿色技术创新和投资（参见专栏11.1）。我们还可以拓展分析，考虑相应的绿色投资反应。更加严格的环境政策与更低的投资机会成本共同推动了绿色投资。这里再次引入结构或者永久效应。当衰退结束的时候，如上所述，MAC曲线往回移，但是现在也存在一个相反方向的移动。边际防治成本由于对绿色技术投资的增加而降低。因此，甚至在衰退以后，环境政策也可以更加严格。

最后，在信用制约的衰退中，可能存在金融市场与绿色技术投资对资金的需求之间的相互作用。因为前文已经陈述过的原因，企业可能想要在绿色技术方面合作或进行投资，但是，也许很难在资本市场上筹集资金，因为金融危机减少了信贷的支出。在信用限制情况下，放松环境政策以刺激绿色投资也许是合理的。当信贷市场崩溃后，投资要求用现金，因此，对全球性绿色新政的争论随即转向，企业需要以更低的环境标准形式获得额外的生存空间，以渡过经济衰退带来的金融难关。

但是，上述观点只有当信用约束并且经济衰退是相对温和的时候才有

低碳革命
——全球绿色新政

效。相反,如果衰退是由需求下降形成的严重衰退,企业从放宽环境政策中只能获取少许的现金,而社会仍然遭受污染损伤。原因类似于上述机会成本的论述:伴随低的总需求,额外单位的污染价值是低的。因此,在经济严重衰退的情况下,更严格的环境政策是合理的。

总之,在需求导致的衰退期间,制定更加严格的环境政策并且把投资更多地投入到绿色技术。然而,如果企业信用被限制,当衰退是温和的情况下,环境政策也许需要放松;当经济严重衰退时,则更加严格的环境政策是最优的。

资料来源:这个专栏根据提耳堡大学 Sjak Smulders 的材料撰写:Smulders, Sjak (2009). The Green New Deal: a theory-based answer to a practical question. 经济研究中心,提耳堡大学,荷兰。非常感谢 Sjak Smulders 写了这个材料并允许我在本书中使用它。

最后,如同所有的金融刺激措施,在衰退期间的公共投资与开支可能对整个经济有乘数效应[①]。如专栏 11.3 所述,国际货币基金组织(IMF)在当前全球性经济危机期间采取的出口导向复苏战略是不适当的,因为总需求的下降是全球性的而不是局限于一个具体国家或区域。通过降低中央银行指导利率的扩张性货币政策的效力是有限的,因为在多数主要经济体中这些利率已经为零或接近于零。在这种情况下,国际货币基金组织(IMF)要求有一定规模的、持续和协调的金融行动,以在全球范围内促进总需求的增加[②]。国际货币基金组织(IMF)估计,这样的金融刺激,政府每投资支出 1 美元能增加大约 3 美元的国民生产总值,而每 1 美元的标的转移可能增加大约 1 美元的国民生产总值。一个

[①] 如同国际货币基金组织(IMF)的定义,"财政乘数"或者说一项财政刺激措施的"乘数效应",描述了财政工具对于真实国民生产总值的改变作用。一般它被定义为国民生产总值变化对于财政工具规模变化或财政平衡变化的比率。参见 Freedman, Charles, Michael Kumhof, Douglas Laxton and Jaewoo Lee. (2009). *The Case for Global Fiscal Stimulus*. Staff Position Note No. SPN/09/03. 华盛顿特区,国际货币基金组织(IMF),5.

[②] Spilimbergo, Antonio, Steve Symansky, Olivier Blanchard and Carlo Cottarelli (2008). *Fiscal Policy for the Crisis*. Staff Position Note No. SPN/08/01. 华盛顿特区,国际货币基金组织(IMF)。

协调良好的跨越全球经济的金融刺激将把这些乘数提高到1.5倍①。

专栏11.3　在当前衰退中的绿色激励投资乘数效应

全球绿色新政(GGND)主张二十国集团(G20)主要经济体在今后几年中应该把至少1%的国民生产总值花费在减少碳依赖上,包括取消补贴和其他不合情理的刺激并采取补充性的碳定价政策。另外,二十国集团(G20)经济体应该在全球范围协调这些投资的时间和实施。总的花费可能占二十国集团(G20)目前3万亿美元刺激投资的大约1/4。

国际货币基金组织的证据表明,这种由二十国集团(G20)经济体协调的全球性绿色金融刺激将对二十国集团(G20)经济产生重要的乘数效应,这将涉及差不多全世界80%的人口和全球90%的国民生产总值。

由于当前衰退期的全球总需求下降是因不动产和金融财富的大量缩水以及全世界的信贷量长时期收缩造成的,所以传统的宏观经济政策对需求复苏不太有效。首先,出口导向的复苏战略是不适当的,因为总需求的下降是全球性的而不是局限于一个具体国家或区域。其次,以降低中央银行放款利率形式的扩张性货币政策的作用范围有限,因为这些利率在大多数主要经济体中已经为零或接近于零。在这种情况下,国际货币基金组织(IMF)要求在全球范围内展开一定规模的、持续和协调的金融行动以促进总需求的增加。

国际货币基金组织(IMF)的估计表明,当金融刺激是全球性的并伴随扩张的货币和政府对金融部门的支持时,政府投资的每1美元支出可能带来大约3美元的国民生产总值增加,同时,每1美元用于转移的支出可能带来大约1美元的国民生产总值增加。此外,国际货币基金组织(IMF)估计,由于需求的国际溢出,协调一致的跨越全球经济的金融刺激可能带来1.5倍的乘数效应。

如本书的第Ⅱ部分所述,各种各样的绿色金融措施作为全球绿色新政

---

① Freedman et al. (2009).

的一部分而提出,特别是在二十国集团(G20)经济体中减少碳依赖,其包括了一个公共投资和特定转移的组合。表11.2运用国际货币基金组织(IMF)的金融刺激乘数来计算二十国集团(G20)的绿色激励措施可能对GDP产生的影响。乘数效应是对二十国集团(G20)在专栏1.1所描述的绿色激励投资与来自全球绿色新政(GGND)建议的占1%国民生产总值的绿色激励投资的估计。另外,单边协调的涉及国民生产总值的绿色金融刺激乘数都进行了估计。

表11.2 二十国集团绿色刺激的乘数效应

	总刺激 (10亿美元)	单边乘数效应				调整后的乘数效应			
		1.00		3.00		1.50		4.50	
		10亿 美元	GDP的 百分比	10亿 美元	GDP的 百分比	10亿 美元	GDP的 百分比	10亿 美元	GDP的 百分比
当前GS[①]	454.7	454.7	0.7	1 364.1	2.2	682.1	1.1	2 046.2	3.2
GGND GS[②]	631.5	631.5	1.0	1 894.4	3.0	947.2	1.5	2 841.6	4.5

资料来源:乘数效应的估计来自于 Freedman, Charles, Michael Kumhof, Douglas Laxton and Jaewoo Lee(2009). *The Case for Global Fiscal Stimulus*. Staff Position Note No. SPN/09/03. 华盛顿特区,国际货币基金组织(IMF). 专栏1.1对G20作了说明。

注:① G20当前的绿色刺激(GS),如专栏1.1的估计。

② 全球性绿色新政GS,专栏1.1估计其约为G20国民生产总值的1%。

从表11.2中可以看出,现有的已被二十国集团(G20)政府采取的绿色激励组合(参见专栏1.1)可能对它们的经济产生大约4 500亿~15 000亿美元的乘数效应,对二十国集团(G20)国民生产总值的推动作用约为0.7%~2.2%。这些刺激组合的协调能增加6 820亿~20 000亿美元之间的乘数效应——等价于1.1%~3.2%的国民生产总值增加值。

如果所有二十国集团(G20)经济体采取了全球绿色新政(GGND)建议,在今后几年里支出至少1%的国民生产总值用以减少碳依赖的国家行动,然后将带来从6 300亿美元到190 000亿美元的国民生产总值乘数效应,即推动国民生产总值增加1.0%~3.0%。协调一致的全球绿色新政(GGND)的绿色激励将产生大约9 500亿~28 000亿美元的乘数效应,它等价于二十国集团(G20)经济体的国民生产总值增加 1.5%～4.5%。

资料来源：Freedman, Charles, Michael Kumhof, Douglas Laxton and Jaewoo Lee (2009). *The Case for Global Fiscal Stimulus*. Staff Position Note no. SPN/09/03. 华盛顿特区,国际货币基金组织(IMF); Spilimbergo, Antonio, Steve Symansky, Olivier Blanchard and Carlo Cottarelli(2008). *Fiscal Policy for the Crisis*. Staff Position Note no. SPN/OB/OJ. 华盛顿特区,国际货币基金组织(IMF)。

如第Ⅱ部分所述各样的绿色金融措施作为全球绿色新政的一部分被提出,特别是减少二十国集团(G20)经济体的碳依赖,包括公共投资与特定转移的组合。专栏11.3应用国际货币基金组织(IMF)的金融乘数计算了二十国集团(G20)的绿色激励措施对国民生产总值可能的冲击,并对专栏1.1描述的二十国集团(G20)的两种绿色激励投资与全球绿色新政(GGND)建议的国民生产总值 1%的绿色激励投资的乘数效应均进行了估计。另外,单边和协调的绿色金融刺激对国民生产总值的乘数也进行了估计。当前二十国集团(G20)的绿色激励措施主要是单边的,并且总乘数效应大约在4 500亿～140 000亿美元。这将推动二十国集团(G20)国民生产总值增加0.7%～2.2%。比较起来,如果二十国集团(G20)国家采取了全球绿色新政(GGND)的建议,在减少碳依赖上支出至少国民生产总值1%的资金额,并且协调实施这些投资,绿色激励将引起大约9 500亿美元到28 000亿美元的乘数效应。整体经济的收益将等价于二十国集团(G20)经济体的国民生产总值增加1.5%～4.5%。

当然,国际货币基金组织(IMF)在估计金融乘数效应时假设了一个理想的情景,即金融刺激是全球性的并伴随货币的扩张和政府对金融部门的支持[①]。另外,如上所述,如果在实际支出和实施绿色激励措施上

---

① Freedman et al. (2009).

存在相当的延迟,那么,对就业与经济收益的影响也将需要更长的时间,任何绿色激励的乘数效应自然也将被延期。

总之,即使与常规金融支出比较,由全球绿色新政(GGND)主张的绿色经济部门的公共投资也有潜力创造就业与增加其他经济收益。然而,在经济复苏期间延迟实施绿色激励措施可能推迟这些收益。在衰退和复苏期间的公共资助与政策也能支持创新与绿色部门的私人投资,这对缓和经济低迷导致的收缩与环境研发的长期下降都是必要的。但是,为保证私人部门研发(R&D)与绿色技术"干中学"带来的技术变革的好处,诸如研发(R&D)补贴、公共投资和其他初步行动的技术推进政策必须以"直接排放"政策为补充,例如碳定价,以保证产生温室效应气体活动考虑到气候改变的外部性。

在经济衰退期间,私人投资者面对的风险与成本也许使得回收期长的大规模资本项目投资变得更加不可能,例如改善电网线路、电网容量和储存量,这些都需要积极的公共政策支持。在信用的严重衰退期间,将更加严格的环境政策与更低的投资机会成本一起实施,将促进绿色技术的采纳。在衰退结束之后,技术变革产生的结果将继续降低防治成本。最后,有证据表明,各种各样的绿色金融措施作为全球绿色新政的一部分被推出,特别是在二十国集团(G20)经济体中减少碳依赖,以及将公共投资和特定转移支付结合在一起,这将导致可观的整体经济的乘数效应,并进一步帮助经济复苏。

债务、全球性不平衡状态和绿色复苏

如专栏11.4所总结,国际货币基金组织(IMF)对全球性金融政策的研究警告,如果实施支持经济复苏的短期金融刺激导致大量不稳定金融赤字、长期的实际利率上升和通货膨胀,那么,其正的乘数效应将妨碍达到预期目的。国际货币基金组织(IMF)认为,这种对缺乏金融自律的全球刺激政策产生的长期经济结果的担忧,应该通过恰当、可靠的中期金融框架来解决,例如努力增加公债对国民生产总值的比率,并且引入金融规则以确立赤字与国民生产总值比率的长期目标。国际货币基金组织(IMF)对二十国集团(G20)经济体维护可信的金融纪律的能力是比较乐观的,然而,新兴市场和低收入经济体在短期开展金融刺激的能力可能相对有限。

专栏11.4 金融自律、债务和长期的挤出

国际货币基金组织(IMF)对全球性金融政策的研究警告,支持经济复苏的短期金融刺激的正乘数效应将妨碍达到预期目的,因为它们容易导致大量不稳定的金融赤字,"一个成功的金融刺激的关键前提是它不破坏金融政策的中期持续能力。但是,当前大量金融赤字预算风险可能长期存在,并且可能导致更低的世界储蓄,以及更高的实际利率,并降低投资与生产能力"[①]。

国际货币基金组织(IMF)的研究首先回顾了金融赤字、债务与实际利率联系的经验证据,结果发现:债务增加到等于国民生产总值的1%时,将使长期实际利率增加1~6个基点。

金融赤字持续增加到等于国民生产总值的1%时,将使长期实际利率增加1~6个基点。

虽然高债务或赤字在发达经济体中与更高的通货膨胀没有关联,但是这种相关性存在于具有高通货膨胀率的新兴市场经济体中;而赤字对利率的影响在低金融深化的经济体中是更大的,这反映了高风险补贴或者低流动性基础。

根据金融刺激政策模型,国际货币基金组织(IMF)不仅产生出与上面的研究相同的结果,而且还得出了如下结论:一个可信的金融承诺对刺激的短期有效性甚为重要;如果没有它,刺激可能会处于自我恶化的极端情况,还可能长期挤出私人投资。例如,模型显示,当所有国家将其债务对国民生产

---

① Freedman et al. (2009),10.

低碳革命
——全球绿色新政

总值的比率增加10个百分点时,长期的世界实际利率将增加39个基点,同时全世界的GDP将收缩1.3%。

国际货币基金组织(IMF)认为,这种对缺乏金融自律的全球刺激政策产生的长期经济结果的担忧,应该通过恰当、可靠的中期金融框架来解决,例如努力增加公债对国民生产总值的比率,并且引入金融规则以确立赤字与国民生产总值比率的长期目标。国际货币基金组织(IMF)对二十国集团(G20)的高收入经济体维护可信的金融纪律的能力是比较乐观的,然而,新兴市场和低收入经济体在短期开展金融刺激的能力可能相对有限。

资料来源:Freedman, Charles, Michael Kumhof, Douglas Laxton and Jaewoo Lee (2009). *The Case for Global Fiscal Stimulus*. Staff Position Note no. SPN/09/03. 华盛顿特区,国际货币基金组织(IMF)。

然而,如果国际货币基金组织(IMF)预计二十国集团(G20)经济的金融平衡在短期内将受到危机的严重影响,那么缺乏金融自律带来的经济冲击将不可避免[1]。对高收入的二十国集团(G20)经济体而言,金融平衡与国民生产总值的关系预计将失衡,平均而言,2009年相对2007年为6个百分点,而在2009年则到达了国民生产总值的8%。结果,在2008~2009年,二十国集团(G20)高收入经济体的公债对国民生产总值的比率预计上升了14.5%——这是最近几十年最显著的上升。虽然二十国集团(G20)的新兴市场经济的金融失衡要轻,但是它们却由2007年相当于0.2%的国民生产总值的适度的金融盈余转变为2009年相当于国民生产总值3.2%的赤字。二十国集团(G20)的新兴市场经济的债务对GDP比率在2008~2009年上升了2个百分点。在中期,金融平衡预期将改善,但是,除非以后引入紧缩措施,否则,高收入经济体的金融平衡将持续弱于2007年。到2014年,发达经济体债务与国民生产总值比率预计比2007年高差不多25%。对新兴市场经济体而言,在2010年

---

[1] 国际货币基金组织(IMF)(2009). *The State of Public Finances: Outlook and Medium-term Policies after the 2008 Crisis*. 华盛顿特区,国际货币基金组织(IMF)。

第Ⅳ部分 迈向更加绿色的世界经济

的负债比率将维持在2007年的水平附近,并且下降趋势不会在2011年前恢复。

二十国集团(G20)高收入经济体的短期和中期公债对国民生产总值的比率上升是令人担忧的。在专栏11.4中讨论的国际货币基金组织(IMF)的模型显示,当所有国家将其债务对国民生产总值的比率增加10个百分点时,长期的世界实际利率将增加39个基点,同时全世界的GDP将收缩1.3%。这再次表明,二十国集团(G20)经济需要开发中期金融框架来维持金融与公债的平衡,而不是采取长时期的扩张性金融政策。

这种需要金融自律的警告是与全球绿色新政战略倡导的绿色金融刺激行动相关的。例如,如专栏11.3所示,全球绿色新政(GGND)建议二十国集团(G20)政府至少投入国民生产总值1%在额外的减少碳依赖措施上,这将把当前的绿色金融刺激数额由4 550亿美元提高到6 320亿美元。

但是,有好几个原因可以解释为什么提高对绿色金融刺激不太可能导致金融赤字和公债的显著增加。

首先,虽然二十国集团(G20)政府对绿色金融刺激的增量达到了大约1 770亿美元,这看上去很充足,但这个数额相对于二十国集团(G20)金融刺激投入的2.7万亿美元而言是很小的(6.6%)增量(参见专栏1.1)。因此,全球绿色新政(GGND)建议的GDP1%额外负债是可以承受的。

另外,某些二十国集团(G20)经济有额外的金融扩张空间。例如,从2007年到2010年,预计阿根廷、澳大利亚、巴西、加拿大、印度尼西亚、俄罗斯、沙特阿拉伯和南非的公债与国民生产总值比率将下跌。从2010年到2014年,这些经济体的公债与国民生产总值比率将继续下跌,其他国家还包括中国、印度、墨西哥、韩国、土耳其等[①]。如专栏1.1所示,许多二十国集团(G20)经济体尚未实施任何绿色金融刺激措施。

---

① 国际货币基金组织(IMF)(2009)。

低碳革命
——全球绿色新政

而且,如第Ⅱ部分所述,全球绿色新政(GGND)战略不是单独指增加绿色金融刺激支出。它也建议二十国集团(G20)国家鼓励补充定价与减少碳依赖的管理改革,包括取消不合理的补贴与其他能源、运输和相似的市场扭曲。一种快速有效的方法是取消矿物燃料补贴。全球每年大约3 000亿美元或者国民生产总值0.7%的支出用于矿物燃料补贴。二十国集团经济体已经存在的补贴差不多占总数的2/3,可能需要协调,从而取消阶段性补贴[①]。取消这些补贴能减少全球6%的温室效应气体排放和增加全球国民生产总值0.1%。金融储蓄能变向资助额外的清洁能源和可再生能源研发(R&D)以及提供能源保护的公共投资,进一步促进经济和就业机会的增加。每年2 000亿美元的储蓄用以补贴替换二十国集团(G20)经济体的矿物燃料,这其中包括1 770亿美元的全球绿色新政的绿色金融刺激。

全球绿色新政(GGND)也要求二十国集团(G20)经济体采取补充碳定价政策,例如以税收形式,或总量限制交易系统,以便减少碳依赖。前面的部分突出了"直接排放"政策对激励清洁能源部门的私人投资和技术变革的重要性。另外,碳总量管制与交易和碳税将创造大量的收入,这将再次为短期内任何的绿色金融刺激提供资金。例如,在第2章我们注意到,对美国而言,对温室效应气体的排放实施全面的总量管制,可以每年从许可证销售产生750亿美元的收入,以此用于低碳投资项目。同样,中国通过从诸如碳和其他排放税等经济政策与手段创新中不仅能加速向低碳经济的转型,而且,以此获得的收入可以用于对绿色部门的进一步投资。

全球性不平衡问题是最近金融危机和衰退潜在的一个重要因素,不

---

① 联合国环境计划署(UNEP)(2008)。

第Ⅳ部分
迈向更加绿色的世界经济

平衡状态的持续将增加世界经济的风险与不确定性[①]。因此,目前的主要问题是当前倡导的全球绿色新政(GGND)战略是否会改良现有的全球性结构失衡问题[②]。

虽然普遍认为当前经济衰退的起因在于次贷与金融市场的管理失败,但另一个主要的因素是世界经济结构性的不平衡状态。在美国持续成为世界上最大的经常往来账户贸易逆差国的同时,中国、日本、其他东亚新兴市场经济体,以及一些石油输出国却产生了持续的贸易顺差。相似的结构性不平衡状态在主要的区域经济之内也发生了,例如欧盟,大量的经常往来账户盈余被爱尔兰、希腊、葡萄牙、西班牙和英国的赤字所抵消。这种全球性不平衡状态导致的结果是,那些具有长期贸易逆差的经济体接受了从盈余经济体流入的寻求更加安全的大量投资资本。

在危机以前,各国就普遍关注世界经济中这种全球结构性不平衡问题[③]。然而,有些经济学家乐观地认为,这样的不平衡状态是"新经济"的一部分,在这种经济中,美国以及其他拥有大量资本流入地区的国外

[①] 例如,Caballero, Ricardo J. and Arvind Krishnamurthy(2009). Global imbalances and financial fragility. *American Economic Review*, 99 (2): 584—8; Feldstein, Martin S. (2008). Resolving the global imbalance: the dollar and the US saving rate. *Journal of Economic Perspectives* 22 (3): 113—25; Gros, Daniel(2009). *Global Imbalances and the Accumulation of Risk*. 政策摘要编号 189. Brussels, Centre for European Policy Studies; Lane, Phillip R. Forum: global imbalances and global governance. *Intereconomics*, 44 (2): 77—81; Park, Donghyun and Kwanho Shin(2009). *Saving, Investment and Current Account Surplus in Developing Asia*. Economics 工作论文编号 158. Manila, ADB; Prasad, Eswar S. (2009). Rebalancing growth in Asia. Unpublished manuscript. Cornell University, Ithaca, NY; and Rodrik, Dani(2009). Growth after the crisis. 未出版的原稿。约翰·肯尼迪管理学院,哈佛大学,剑桥,麻省。

[②] 相关定义参见国际货币基金组织(IMF)(2009). *World Economic Outlook: Crisis and Recovery*. 华盛顿特区,国际货币基金组织(IMF), 34. "短语'全球性失衡'指的是在 20 世纪 90 年代末期世界经济出现的账户亏损盈余格局,美国和其他国家出现了大的赤字(英国;南欧,包括希腊、意大利、葡萄牙和西班牙;中东欧),而其他国家出现大的盈余(中国、日本,其他东亚经济体,德国和石油输出国)。"

[③] 例如,Cline, William R. (2005). *The United States as a Debtor Nation*. 华盛顿特区,PIIE; Eichengreen, Barry. (2006). *The Blind Men and the Elephant*. Brookings Issues in Economic Policy No. 1; Feldstein(2008)和 Geitner, Timothy F. (2006). Policy implications of global imbalances. 在"全球金融失衡"会议上的发言。Chatham House, 伦敦, 1 月 23 日。

储蓄将继续无限制地对往来账户赤字提供经费①。尽管相应出现了全球性不平衡状态问题导致的房地产泡沫以及美国金融部门的债券投机风险,但国外经济持续在美国投入它们的美元储备,导致了对短期安全的流动资产的过量需求,这使美国的债权和其他隐藏了固有风险的高风险财产加速证券化②。由于大规模的结构性不平衡状态,以及相应流入美国的大量资本,国内房地产市场的"泡沫破灭"而导致了巨大的全球性金融紧缩。③

因此,我们主要关注的是,如果从当前的全球衰退到复苏过程中不能解决全球性不平衡状态问题,那么,它们将继续对未来世界经济的稳定性造成威胁。虽然关于全球性不平衡状态的解决方案超出了本书的范围,但分析全球绿色新政战略是否有助于缓和这些不平衡状态则是恰当的。

国际货币基金组织(IMF)预言,从2009年到2014年,当所有经常往来账户的不平衡状态保持在相当于世界国民生产总值的4%时,全球性不平衡状态预期将于中期趋于稳定④。然而,在当前经济危机期间,一个值得警惕的趋向是,新兴市场和其他发展中经济体的外汇储备的积累。例如,中国的外汇储备从2003年的3 000亿美元上升到了当前的2万多亿美元。巴西、印度、俄罗斯和韩国等国家的外汇储备均超出2 000

---

① 例如,Cooper, Richard N. (2007). Living with global imbalances, Brookings Papers on Economic Activity 2: 91—107。然而明确的是,无限地延续对结构不平衡状态的信心,依靠的是美国和其他债务国的金融性资产的质量。例如,Cooper(2007)声称:"美国拥有创新且充满活力的经济……它有一个特别富于创新精神的金融部门,不断地制造新产品迎合不同的投资口味,在生产有价证券、低风险债务和高风险债权交换等方面,美国在全球市场上具有比较优势,因此,全世界的储蓄者想把他们不断增加的储蓄注入美国经济并不奇怪。虽然按照传统观点,美国往来账户亏损和相应的盈余是处于不平衡状态的,并且这个失衡说不定未来几年依然相当大,但这并不意味着世界经济的失衡。"不幸的是,在2008年的金融危机中,Cooper关于美国金融部门创造有价证券能力的理念被误用了。

② 例如,Caballero和Krishnamurthy (2009);Gros(2009)和Lane(2009)。

③ 例如,Gros(2009)指出:"在2000~2007年间,累积的美国往来账户亏损几乎共计5万亿美元,家庭增加的债务差不多是7万亿美元,其中大约5万亿美元是以抵押的形式存在的。同时新兴市场外汇储备增加了大约4万亿美元(中国中央银行占了大约1/3),金融系统不得不把数以万亿美元计的美国家庭抵押转换成财产种类,以满足投资者(国外和国内)的大量需求。这些投资者因EME(新兴市场经济)中央银行的储备累积而被挤出政府债务市场。在这种情况下,它承担了一个极大的宏观风险。"

④ 国际货币基金组织(IMF) (2009),38。

亿美元。1999~2007年中国、智利、以色列、马来西亚等新兴经济体都有外汇盈余[①]。自2007~2008年,伴随全球性矿物燃料价格的上涨,石油出口国也累积了巨大的经常往来账户盈余,并且预期这些在危机以后将会变得更大[②]。因此,当前危机导致过量的世界储蓄并未消退。

由于衰退,美国的经常账户赤字从2006年占国民生产总值的6%下降到2009年的大约占国民生产总值的3.5%。其他经济体中的经常账户赤字也在收缩,例如英国和其他欧洲国家[③]。然而,在可以预见的将来,美国和其他债务国家经济体仍然期望大量外资流入以对长期经常账户赤字提供资金,特别是当矿物燃料由于世界经济复苏而上涨的情况下。为了避免未来全球经济不平衡状态产生的危险,美国需要将其经常账户赤字保持在现在国民生产总值3%~4%的范围,而不是2006年衰退之前的6%的水平[④]。

减少碳依赖的全球绿色新政(GGND)战略与提高能源安全可能对美国等主要石油进口国降低大量经常账户赤字以及对减少矿物燃料出口国的贸易顺差有所帮助。例如,美国经常账户赤字从2006年的7 880亿美元下降到2008年的6 730亿美元,然后到2009年进一步下降到4 000亿美元,预计2010年将出现相似的结果[⑤]。尽管石油和大宗商品的价格出现下降,然而,在同时期内美国的矿物燃料进口从2006年的2 940亿美元上升到2008年的4 100亿美元[⑥]。当世界经济恢复时,通常预期短期需求增长可能再次提高矿物燃料价格,特别是石油[⑦]。这样一来,对美国而言,燃料净进口可能进一步上升,这对长期经常账户赤字施加了更大的压力。同样,对矿物燃料出口国而言,经常账户盈余在2008

---

① Cline, William R. (2009). "The global financial crisis and development strategy for emerging market economies."发展经济学年度银行会议的发言,汉城,6月23日。
② 国际货币基金组织(IMF)(2009), 38。
③ 国际货币基金组织(IMF)(2009), 36。
④ Cline(2005); Cline(2009).
⑤ 国际货币基金组织(IMF)(2009), tab. A10。
⑥ 能源信息管理[EIA](2009). Annual Energy Review 2008. 华盛顿特区, EIA, tab. 3.9。
⑦ Adams, F. Gerard(2009). Will economic recovery drive up world oil prices? *World Economics*, 10(2): 1—25.

低碳革命
——全球绿色新政

年达到5 870亿美元的峰值,但是,估计在2009年将为230亿美元的赤字。然而,在2010年之前,矿物燃料价格和需求的上升将回到1 070亿美元的平衡水平,到2014年,将超出2 390亿美元[1]。在某种程度上,全球绿色新政(GGND)倡导的措施可以帮助赤字经济体减少矿物燃料进口量。例如,美国通过具体措施防止全球矿物燃料价格的上升,进而通过遏制石油出口经济的经常账户赤字和盈余,以减轻全球性经济不平衡状态。

全球绿色新政(GGND)在减少亚洲和其他新兴市场经济体持续贸易顺差方面的作用更为复杂。为了吸收更多的国内储蓄,多数国家对采取必要的步骤以重塑这些经济体的经济增长模式已经达成了一个总协定[2]。多数政策方法都提倡降低对出口及出口投资的过分依赖,并转向扩大进口未来具有增长潜力的关键部门的资本物品。全球绿色新政(GGND)战略的主要条款对这样的方法给予了实际上的帮助。

尽管亚洲开发银行的一项研究发现,亚洲存在过量的储蓄而不是过度的投资,但它也注意到,该区域许多经济体的投资环境不利于私有部门的充分投资[3]。对其中的多数经济体而言,存在大量的领域需要将其产品结构由劳动密集产品转移到技能、资本和技术密集产品。但是,能鼓励这种重构的金融和政策环境,以及公共基础设施建设经常是缺乏的。

在第4章已经指出,在2020年之前,所有亚洲经济体要达到清洁能源占总能源供应的20%的目标,将几乎需要1万亿美元投资,即到2020年为止每年需要1 000亿美元[4]。由于这些经济体中的高储蓄率,从私人部门可得到充足的资本,这可为清洁能源投资提供资金,并从全球和地方资本市场吸引更多的资金,但是,这需要有一个稳定的管理框架,有利的

---

[1] 国际货币基金组织(IMF)(2009),tab. A10。
[2] Cline(2009);Feldstein(2008);IMF(2009);Prasad(2009);Park and Shin(2009);Rodrik(2009)。
[3] Park and Shin(2009)。
[4] Carmody and Ritchie(2007)。

市场条件,以及降低关于碳的长期价格信号的不确定性等措施。如果这些情况与全球绿色新政(GGND)相一致,那么,亚洲和新兴市场国家大量的私人部门储蓄能够促进投资,提高其经济的增长潜力。(来自国外的清洁能源投资也将有助于产品结构从劳动密集产品转移到技能、资本和技术密集产品。)

然而,正如第4章指出的,新兴市场经济体要采用清洁与低碳技术,除了"资本差距"外,还有技能和技术的差距。这些经济体目前在研发这些技术方面的支出甚少,而且长期缺乏全面应用低碳技能的工作者。不过,技术和技能差距也为新兴市场经济提供了进口低碳资本和技术物品的机会,而不是持续增加其劳动密集消费品的出口。尽管这些经济短缺也许继续依靠从其他发达地区进口和转让技术与技能,但是,从中长期来看,新技术和技能的转移将促进本土技术能力的发展,使未来进一步的创新与长期采用低碳技术成为可能。扩大进口低碳资本和技术物品,而不是强调出口,这与新兴市场经济体减少全球性失衡的一般政策是一致的[①]。

实际上,在新兴市场和其他的发展中经济体扩展清洁能源投资并采用低碳技术,也与危机后 Dani Rodrik 主张的成长战略相一致[②]。根据 Rodrik 的主张,"对发展中国家而言,最重要的不是它们的贸易顺差大小,也不是它们的出口量等……重要的是它们的非传统的贸易产品,只要国内需求同时扩展,它也可能不受限制的扩展"[③]。援引日本从 1950 年到 1973 年的例子,韩国从 1973 年到 1990 年的例子,以及中国从 1990 年到 2005 年的例子,Rodrik 认为,在上述期间,这些"高速增长"的经济体由于推动经济结构改革使得它们脱颖而出。这种经济结构改革是指

[①] Cline(2009).
[②] Rodrik(2009).
[③] Rodrik 指出了"可交换"和"不可交换"货物和服务之间的常规经济区别。可交换包括所有经济中实际或潜在地进口或出口的可交换的产品和服务,即使它们在国内生产和消费。不可交换是指没有跨国界的产品和服务,因为运输费用禁止出口或进口产品,或者因为物品本身实际上不具有可交换性。例如,公共服务、土地、住房、建筑、极易腐烂的产品等。

低碳革命
——全球绿色新政

从低生产力（传统）转为高生产力（现代）活动。后者主要涉及工业贸易产品，不过可交换的服务也是重要的。以前，高速增长的新兴市场经济体通过采用降低汇率的政策来促进它们的出口，进而扩张他们的贸易工业产品。由于这些政策降低了出口成本，同时对国内消费收税，结果产生了大的贸易顺差。经济危机后，为了促进增长同时又避免产生巨大的贸易顺差，Rodrik敦促新兴市场经济体通过产业政策来刺激可贸易商品的产出增长，包括允许这些货物和服务在国内取消特定补贴。这一战略与全球绿色新政（GGND）是一致的，即致力于开发清洁能源和其他绿色经济部门，同时也应促进现代化的商品与服务，进而满足国内需求。我将在下个章节进一步讨论，这种"绿色增长"投资不仅对当前经济危机的复苏是很重要的，而且对长期的经济发展也是重要的。

全球绿色新政（GGND）也主张对发展中经济体进行积极的投资，包括综合性的安全网络项目，以及针对穷人教育和健康服务的投资（参见第10章）。这些投资有助于吸收国内储蓄和减少贸易顺差。例如，Martin Feldstein主张，收缩中国和其他新兴市场经济体长期贸易顺差的关键是减少其较高的国民储蓄，不仅要鼓励家庭消费，也要通过政府增加健康和教育领域的公共项目开支。这些服务将改善小学与中学教育以及健康服务，并且创造额外的需求以吸收增长的非农业劳动力[1]。同样的，Eswar Prasad建议，增加对安全网络项目的支出、制定更好的医疗保健条款和其他政府保险机制可以帮助发展中国家的家庭减少预防动机的储蓄[2]。其结果将产生乘数效应，促进更高的家庭消费，同时降低总的过剩储蓄。

总之，致力于绿色经济复苏的全球绿色新政（GGND）战略应该帮助缓和不稳定的大量金融赤字、长期的实际利率上升和通货膨胀以及全球性不平衡状态。二十国集团（G20）经济体建议，绿色金融刺激的增加在

---

[1] Feldstein(2008).
[2] Prasad(2009).

中期是不太可能明显地增加金融赤字和公债。这将成为二十国集团(G20)经济体采取补充定价和减少碳依赖的管理改革的特例,包括取消不合情理的补贴和其他能源、运输和相似的市场扭曲。各种各样的全球绿色新政(GGND)行动也能限制而不是增加全球性不平衡状态。减少碳依赖和提升能源安全应该帮助有大量经常账户赤字的石油进口经济体纠正结构性贸易不平衡状态,例如,美国积累了大量外汇储备的矿物燃料出口经济体。在亚洲和其他新兴经济体促进清洁能源投资应该鼓励国内私人投资,促进进口低碳技术和资本,扩展贸易性产出。这样的政策能促进长期增长,同时避免发展中经济体巨大的贸易顺差。通过投资安全网络项目以及对穷人的教育和健康服务支出,发展中经济体可以利用更多的国内储蓄并扩展家庭消费。

⑫ 超越绿色经济复苏——策略与展望

本书的大部分内容都在表达一个观点：即当前的世界经济是在自20世纪30年代"大萧条"以来的最糟糕的衰退中复苏的。这个观点的前提在于，各项政策行为的混合搭配在刺激经济复苏的同时，也能提升世界经济的可持续性。一旦采用这些政策，用不了几年，就将产生数以百万计的就业机会，提升世界贫困人口的生活水平和优化经济部门的投资渠道。这种适时的政策组合统称为全球绿色新政(GGND)。

此前的章节已经证明，全球绿色新政(GGND)对于世界经济复苏和长期稳定繁荣起着至关重要的作用。恢复经济增长、保证金融稳定和创造就业机会应作为主要目标。但是，除非新的政策措施也能够应对其他全球性挑战，如降低碳依赖、保护生态系统和水资源，以及减轻贫穷等，否则他们对于规避未来危机的作用将是短暂的。没有这样的进步，世界经济将很难应对由气候变化、能源危机、日益增长的水资源短缺、不断恶化的生态系统，以及由此造成的每况愈下的全球性贫困。当然，降低碳依赖与缓和生态稀缺性不仅仅出于环境考虑，更是因为这是将经济建立在可持续发展基础上的唯一正确途径。

本章作为最后一章，通过解决两个问题与后一个目标紧密相连，即

第Ⅳ部分
迈向更加绿色的世界经济

我们如何确保全球绿色新政(GGND)在中长期通向一个更加具有可持续性的世界经济,附加的政策和措施或许对实现这个目标是非常有必要的。

为了探索这些问题带来的争议,我们进一步来看补充性的定价政策、全球市场、绿色发展战略和针对性的援助。

补充性定价政策

本书多次强调采纳补充性定价政策来维持并提高全球绿色新政(GGND)措施的必要性。这些政策包括附加税、交易许可和其他基于市场的手段,它们为降低碳依赖和生态稀缺性,消除不利于全球绿色新政(GGND)的不合理补贴和其他市场紊乱提供了有效的刺激作用。

例如,第2章有观点认为取消矿物燃料补贴废除了能源市场中的不合理激励。随后引发的经合组织(OECD)经济体的800亿美元财政存款和每年发展中国家的220亿美元,也很可能转向投资到清洁能源研发(R&D)、可再生能源发展和能源节约项目上。补充性定价激励应该包括能源和碳税、碳和其他交易许可计划与推动清洁能源研发(R&D)的临时补贴。消除运输市场和计划扭曲将有助于削减经济浪费,减轻污染和拥堵,允许更大的交通选择,以及为促进能够刺激经济复苏和就业的可持续运输策略提供便利。财政政策,比如燃料和车辆税收、新的车辆激励、道路费用、用户费用、车辆保险和小型车辆激励,能够对引入清洁高效燃料车辆产生巨大的影响。将这些政策与更加严格的温室效应气体和燃料经济标准等相结合,将推动汽车需求和使用产生巨大的转变。

第Ⅱ部分的一些章节表明,发展中经济体的补充性定价政策和市场改革,对提高自然资源的可持续高效利用和依赖于此的生产过程是重要的,并且将会确保这些活动产生的财政回报再投资于工业活动、基础设施、卫生服务、教育和中长期发展所需的技能。取消补贴和纠正其他激励扭曲,并适时推行市场化手段和其他措施来提高水资源的传输和利用效率,同样被认为是应对激增的用水需求的根本措施。

正如我们在第11章所述,补充性定价政策还能带来额外的长期经济利益。"技术推进"政策,诸如清洁能源研发(R&D)的公共支持、碳税或交易许可机制等,能为推动旨在降低碳依赖的技术创新提供巨大的激励。由补充性定价政策获得的收益或者省下来的财政补贴,将被投入到财政激励措施以及用于其他因支持绿色产业发展所产生的公共支出。这将缓和经济复苏之后对恢复财政纪律的担忧。在某种程度上,补充性定价政策有利于恢复经济,同时减轻碳依赖并提升能源安全,它们也有助于纠正石油进口经济体出现大范围的财政赤字(比如美国),以及外汇储备不断增加的矿物燃料输出经济体的结构失衡问题。对贸易顺差国家而言,例如新兴市场经济国家,补充性定价政策应该作为经济转型发展战略的一部分。该战略主张将它们的国内储蓄投向清洁能源、加大引进低碳技术和资金、扩大贸易量以满足不断增长的内需。

种种迹象表明,当经济主体和政府不断熟稔对补充性定价政策的认知,它们会倾向于采用这些政策以提高其效率,并将其延伸到各种环境管理领域。例如,欧洲环境署(EEA)的评估发现,自1996年起,各种市场化工具的使用,并扩展到越来越多的部门和经济体,正在形成一种全新的"环境税基"[1]。表12.1说明了20世纪90年代中期以来欧洲环境税的扩展。全球绿色新政(GGND)的好处之一,就在于它有益于全球经济的发展,并为维持将来的高效绿色经济奠定了环境计税基础。

创建全球市场

全球绿色新政(GGND)指出的大部分迫在眉睫的环境危机——如气候变化、生态稀缺性和日益减少的水资源供应——就是全球范围内市

---

[1] EEA(2005). "Integrated assessment." In EEA. *The European Environment: State and Outlook 2005*. Copenhagen, EEA: 24-249.

场失败的例证。也就是说,那些排放温室效应气体、破坏生态系统和对可利用水资源造成威胁的国家,损害了别国的利益却没有赔偿损失。在气候变化情况下,这种无需赔偿的破坏确确实实是全球性的,所有经济体共同促成了这样的问题,完全没有为此付出任何代价,而市场失败导致的经济恶果将是波及全世界的。在生态稀缺的背景下,对生态系统的破坏导致了全球市场的失败。在过去的50年里,这种全球生态系统的前所未有的剧变意味着全世界的生态系统正在日益退化或被滥用,包括淡水、捕鱼、大气和水域净化、区域气候规律、自然灾害以及病虫害[①]。迫在眉睫的淡水资源稀缺反映出对于世界范围内重要水资源长期的"价格低估",各国也在日益依赖国界之外的水源来发展经济。例如,专栏3.8所示,世界上2/5的人口生活在由多国共享的水域内,并有39个国家——其中有两个是发展中经济体——大部分水源来自于国界以外。

---

① MA(2005).

低碳革命
——全球绿色新政

表12.1 特定欧洲经济体中出现的环境税

	奥地利	比利时	丹麦	芬兰	法国	德国	希腊	冰岛	爱尔兰	意大利	卢森堡	荷兰	挪威	葡萄牙	西班牙	瑞典	英国
气体/能源																	
CO_2	*		*	*		**			***	**		*				*	***
SO_2			**		*					*			***				
NO_x				*	*												
燃料	*		*	*		*	*	*	*	*	*	*	*	*	*	*	***
燃料中的硫磺		****	*	***		**						**					
运输																	
汽车销售和使用	*		*	*		*				*		*					*
不同的车税			*	*		**				*		*	**				
水																	
水流出物	*		*	*						*		*				**	
垃圾																	
固体废物	**	****	*	**	*		**			**		*	**		***	**	*
危险废品			*	*		*		*									
噪声																	
航空噪声												*					
产品																	

续表

	奥地利	比利时	丹麦	芬兰	法国	德国	希腊	冰岛	爱尔兰	意大利	卢森堡	荷兰	挪威	葡萄牙	西班牙	瑞典	英国
轮胎	*		**	**													
饮料		*	*	*								*	*				
容器包装	**		*		***					*							
袋子			*					*				**					
杀虫剂		**											*			*	
CFCs	*		*					***	***	**			***				
电池	**	**	*	*						*							
电灯泡													**				
PVCs			**							**						*	
润滑油					*					*		**	**				
肥料			**		*							*				*	
纸板			**		*												
溶剂			**									**					
资源		*													***	*	
原材料		***								***							***

说明:*=1996年,**=1996年之后,***=2000年之后。NOx指氧化氮;CFCs是含氟氯烃;PVCs是聚氯乙烯。

资料来源:EEA(2005). Integrated assessment. In EEA, The European Environment: State and Outlook 2005. Copenhagen, EEA: 24—249, 236, fig. 10.2.

低碳革命
——全球绿色新政

解决全世界市场失败最有效的途径就是创建全球市场。为全世界的经济体提供最好的激励，以促使它们投资清洁能源和降低碳依赖。这需要为世界市场上的碳建立一个长期可信的价格信号。要保证生态系统产出有价值的服务，并尽可能的被保存而非破坏，就需要建立一个生态服务的国际间支付系统，允许世界某个地区重视这些服务的个体对其他地区管理生态系统的个体进行补偿。处理跨边界的水资源配置对全球供应显得越来越重要，这需要共享这些水源的国家在治理协调和价格安排上达成新的承诺，以联合管理水资源供应。

本书专门强调了创建这样一个全球市场对于成功实施所有全球绿色新政（GGND）项目的重要性。这个目标的实现对所有绿色经济复苏同样重要。

一个关键的例子是需要在后京都全球气候变化框架上达成协议。因为一旦《京都议定书》有效期满后，全球绿色新政（GGND）提出的许多低碳和可持续投资将会受到2012年之后全球碳交易市场的不确定因素的影响。各国政府如果不作为的话，那么，将导致未来全球气候政策的不确定性，并急剧增加了达成协议的成本。在采用有效气候政策方面的任何延迟，都将直接影响到未来达成协议的成本，而这个协议是用来降低大量的温室效应气体排放的。短期的不作为明显增加了长期中的执行成本，因为中间夹杂着投资和决策的不确定性效应。

即使后京都协议失败了，所有的国际性气候政策也有必要达到如下两点：加大全球碳排放交易和改革清洁发展机制。作为国际气候协议的替代，全球碳市场允许发展中经济体为它们的缓解措施供给经费，它的持续存在将依旧有助于全球温室效应气体（GHG）减排目标的完成，这个目标通常定到了2020年或2030年。

因此，确保2012年以后的全球碳交易市场以及清洁发展机制（CDM）十分重要，并不仅仅是为了全球绿色新政（GGND）未来数年的多项措施的成功，同样也为了达到并超额完成2020年制定的温室效应气体排放（GHG）的雄伟目标。

第Ⅳ部分
迈向更加绿色的世界经济

世界各国已经在温室效应气体(GHG)排放的国际交易问题上制定了初步措施,但是迄今为止仍然没有具体落实。根据排放交易系统,欧盟建立了第一个区域性碳交易市场,这说明了国际贸易在提供区域性温室效应气体(GHG)减排激励方面的作用:制定了统一的欧盟范围内的碳价格,这个价格在企业中得到体现并列入它们的决策,并且设立了碳交易市场的多边贸易基础设施[①]。但是,如果要使它成为全球贸易计划的基础(参见专栏 2.5),就必须扩大和改革排放交易系统(ETS)。同样,清洁发展机制(CDM)已经成为制定计划和投资大的新兴市场经济国家如巴西、中国、印度、韩国和墨西哥的基石,并已经把这些国家有效地同全球温室效应气体(GHG)减排贸易和融资联系起来。如果清洁发展机制(CDM)真的成为全球碳交易市场的基础(参见专栏 4.1),那么,它的改革和扩展同样非常重要,只有这样,才能覆盖更为广泛的温室效应气体(GHG)减排项目。一些重要的国家,例如澳大利亚、加拿大、日本、新西兰、挪威和瑞士已经提出或着手建立一个能与更大的国际贸易网络相连接的限制管理与交易系统。此外,美国东北部地区已经建立了温室效应气体(GHG)贸易,且全美的限制管理与交易立法也指日可待。全球碳交易市场的基础正在显著兴起,但仍需要有一个主导机制,这不仅仅为了加强"绿化"目前的经济复苏,更是需要为降低全球经济碳依赖的长期目标提供激励。

绿色发展战略

在第 11 章中,我们提到,对许多发展中国家而言,"危机之后的增

[①] Convery(2009);Demailly, Damien and Philippe Quirion(2008). *Changing the Allocation Rules in the EU ETS: Impact on Competitiveness and Economic Efficiency*. 工作论文第 89 号. Milan, FEEM; Ellerman, A. Danny and Paul L. Joskow(2008). *The European Union's Emissions Trading System in Perspective*. Arlington, VA. Pew Center on Global Climate Change; Stankeviciute, Loreta, Alban Kitous and Patrick Criqui(2008). The fundamentals of the future international emissions trading system. *Energy Policy*, 36(11): 42,72—86.

长"要求它们对产业策略做出调整,鼓励发展现代商品贸易和服务,主要是为了满足日益增长的内需,同时吸纳这些国家高水平的储蓄。该政策的支持者 Dani Rodrik 指出,在过去的时间里,主要是一些高增长的国家实施此种发展战略和体制变革,比如1950~1973年间的日本,1973~1990年间的韩国,以及1990~2005年间的中国[①]。在过去的时间里,高增长的新兴市场经济体通过出口政策优惠,例如降低汇率,提高了可贸易工业产品的产出。但是,经济危机过后,新兴的市场和其他发展中经济体应该通过调整产业政策,包括定向补贴,来鼓励可贸易商品的产出增长,这样才能让商品和服务转化为国内消费。

如在第11章中所言,全球绿色新政(GGND)将扶持长期发展战略。发展清洁能源、可持续运输和其他绿色产业政策应该作为新兴市场和其他发展中经济体的新增长极。不仅如此,这些产业应当站在发展现代商品交易和服务的最前沿,满足不断增长的国内需求。为了克服资本、科学技术和技能上的短缺,发展中经济体应当鼓励引进低碳资本和科技产品。在中期至长期,新技术和技能的转让有利于其内在的技术能力和劳动力的发展,并有利于保持未来的创新能力和长期对低碳技术的应用。这些促进"绿色增长"的战略不仅在于确保从目前的危机中实现经济复苏,还在于它为这些经济体开辟了一条新的可持续的长期发展道路。

亚洲的一些大的经济体似乎已经认可了这个观点:经济"绿化"对于经济复苏和确保长期增长都是至关重要的。

如第1章和第2章所述,亚太经合组织的主要成员国——澳大利亚、中国、日本和韩国已经做出承诺,要将推进低碳投资和其他环境改善作为它们经济复兴战略的一部分。就总体而言,在当前经济衰退期间,亚太区域总共占了全球绿色刺激支出的63%,大部分投资指向降低碳依赖的项目。到目前为止,中国占据了全球绿色财政支出的47%,日本和韩国保持在8%左右,而澳大利亚为2%(参见图1.2)。

---

① Rodrik(2009).

第Ⅳ部分 迈向更加绿色的世界经济

　　为了应对经济危机,中国已经实施了一系列绿色刺激投资,总共占国家GDP总量的3%。这些刺激措施包括推广风能、高效燃料车、铁路运输、电网改造以及废物、废水等污染控制。一些基于市场的激励措施已经被采纳,例如提高汽油和柴油的税收,降低对高效能燃油车辆的销售税。日本拿出了其国内生产总值的0.8%来推行绿色刺激措施,包括太阳能安装补贴、购置节能车辆和电子商品激励、高效能源投资、推广生物燃料和资源回收。澳大利亚政府投入了GDP的1.2%推行绿色刺激投资措施,致力于减轻碳依赖(参见专栏1.1)。投资项目包括促进可再生能源、碳捕获和贮存、能源效率、智能电网的研发和轨道运输的开发。政府也正在开发限制交易系统,并很可能于2012年正式实行①。另外,韩国做出了最强有力的承诺,将通过绿色新政计划把绿色刺激措施纳入经济复苏规划。初步行动计划从2009~2012年支出大约360亿美元,约占其GDP的3%,投入各种低碳和环境保护项目,致力于创造960 000个工作岗位。绿色新政是韩国的经济复苏计划,它几乎囊括了韩国应对全球经济衰退的全部财政支出份额(95.2%)。

　　到目前为止,中、韩两国在绿色行动和其他财政措施上的努力似乎已经得到回报,它们与亚洲其他新兴市场经济体似乎最先从当前的衰退中走出。2009年第二季度的增长率与第一季度相比,中国的GDP增长了15%,而韩国也增长了近10%②。中、韩两国经济的迅速复苏归因于这些经济体采取的财政刺激,包括绿色行动在内的刺激政策扩大了内需。韩国2009年第二季度的个人消费增长了14%。2009年中国的固定资产投资比2008年增长了超过20%,城市的实际消费支出上升了

---

　　① 关于中国、日本和澳大利亚绿色复苏计划的详细内容,参见 Robins, Clover and Singh (2009)(*Building a Green Recovery*),14—20。
　　② The Economist. (2009). Briefing: emerging Asian economies: on the rebound. *The Economist*, August 15: 69—72。唯一表现良好的亚洲经济体是新加坡,2009年第一和第二季度以21%的速度增长。印度尼西亚增长速度是5%,并且其他亚洲新兴市场经济体也显示了较低的增长。总之,在前两个季度中亚洲新兴市场经济体的平均增长速度为10%,而美国国民生产总值下降了1%。

低碳革命
——全球绿色新政

11%,汽车销量也上升了70%[1]。绿色刺激措施在中、韩两国的经济反弹过程中起到的作用是显而易见的,几乎所有的韩国总财政刺激都包括绿色行动,而在中国的比重也超过了3%(参见图1.3)。

韩国准备进一步将其绿色新政扩大为5年经济发展计划,追加600亿美元投入到同样的优先领域,以求降低碳依赖和实现其他环境改善的目标(参见表5.1)[2]。根据计划,政府承诺从现在起到2013年每年大约把GDP的2%投入到清洁能源、节能照明、垃圾能源生产、为环境规划提供信贷担保和设立投资基金。可见,韩国已将绿色增长作为其未来的经济发展的基础,韩国不仅仅将绿色新政作为帮助国家经济从当前危机中振兴的保障,也为国家开创了一条新的可持续的长期发展战略。

全球绿色新政倡导的国家行动应该作为政策基础,推动经济向低碳和清洁能源的转型。例如,专栏12.1是由忧思科学家联盟(UCS)为美国分析总结的长期均衡发展战略[3]。该战略的主要目的在于将美国2020年的温室效应气体排放比2005年减少26%,以及到2030年比2005年减少56%。忧思科学家联盟(UCS)发现,大部分致力于这些目标的有益政策都是限制交易系统和针对工业、建筑物、电力和交通运输的补充政策的结合。另外,该战略还能为美国经济的长期增长提供帮助,能轻微增加非农就业,并产生由节能和拍卖碳交易带来1.7万亿美元的净储蓄(2010~2030年)。

专栏12.1　2030年清洁能源经济蓝图

忧思科学家联盟(UCS)构想并且分析了为美国建立清洁能源经济发展战略,该战略计划2020年的温室效应气体排放量比2005年减少26%,2030

---

[1] The Economist(2009). 其他亚洲新兴市场经济体,包括新加坡、马来西亚、中国台湾和泰国,在2009年第二季度也有极大反弹,并实施了至少相当于国民生产总值4%的一揽子刺激措施。
[2] Robins, Clover and Singh(2009)《Building a Green Recovery》,7—8.
[3] Cleetus, Rachel, Steven elemmer and David Friedman(2009). *Climate* 2030: *A National Blueprint for a Clean Energy Economy*. Cambridge, MA, UCS.

第Ⅳ部分 迈向更加绿色的世界经济

年的排放量比2005年减少56%。研究估计,2005年美国经济总的温室效应气体排放量相当于71.8亿吨二氧化碳,若一切正常并以此作为参考,这一数字在2030年将上升到大约80亿吨[①]。

为了达到2020年和2030年温室效应气体减排的目标,忧思科学家联盟(UCS)主张采用上限交易系统和针对工业、建筑物、电力和交通运输的补充性政策相结合。其具体政策如下:

(1)整体经济的限制交易系统:
- 拍卖所有允许的碳排放量;
- 回收对消费者和企业的拍卖收入;
- 限制碳排,以减少限制行业的温室效应气体排放。

(2)工业和建造政策包括:
- 制定一个能源效率标准,要求电力零售和天然气供应商满足能效目标;
- 为特殊电器和装备制定联邦能源效率最低标准;
- 针对建筑业的先进能源法规和技术;
- 鼓励更加高效率的工业生产方法的项目;
- 大规模依靠高效电力和热能供应系统;
- 节能的研究与开发。

(3)电力政策包括:
- 制定新的零售电力供应商标准;
- 推进具备碳捕获和存贮演示程序的先进煤炭技术的使用;
- 可再生能源研发。

(4)运输政策包括:
- 制定限制汽车的温室效应气体排放标准;
- 要求使用低碳燃料标准;

[①] UCS估计2005年美国经济的温室效应气体(GHG)排放情况为,34%是电力二氧化碳,30%是运输二氧化碳,11%是工业二氧化碳,5%是住宅二氧化碳,3%是商业二氧化碳,17%是非二氧化碳排放。参见 Cleetus, Clemmer and Friedman(2009)。

低碳革命
——全球绿色新政

- 推广先进汽车技术；
- 鼓励混合发展模式的智能增长政策；
- 将联邦公路资金更多地投入到高效智能的运输系统；
- 上路即付费和其他按路程收取的用户费。

如图12.1所示，忧思科学家联盟(UCS)研究估计，通过控制在美国各个产业的累积排放限值，该政策将在2000~2030年间累计减少1800亿吨二氧化碳排放当量，从而达到2020年和2030年的温室效应气体排放减少目标。碳容限的价格将从2011年的每吨18美元上涨到2020年的每吨34美元，乃至到2030年的每吨70美元。

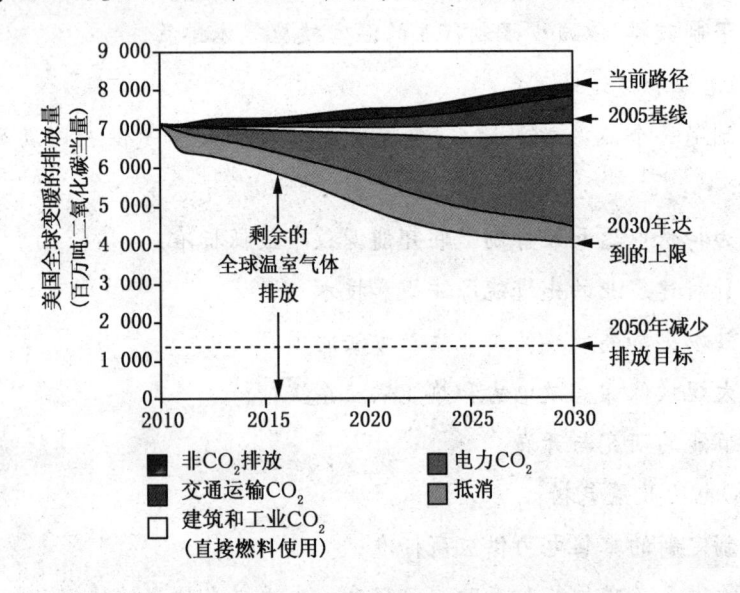

图12.1 2030年清洁能源经济的排放减少蓝图

另外，研究估计，由于减少电力和燃油使用，上述政策将带来家庭和企业储蓄的增长，这样更优于政策影响下的任何投资增长。到2030年，净储蓄将达到2 550亿美元。虽然执行和实施政策将花费80亿美元，但拍卖碳容限将产生2 190亿美元的收益，并返回给消费者和企业。总之，到2030年此战略应该创造4 650亿美元储蓄，而从2010年到2030年的净累积存款共计1.7万亿美元。

第Ⅳ部分
迈向更加绿色的世界经济

最后,此发展战略将对长期经济增长造成最小的影响。在政策完全落实的条件下,国民生产总值将在2005年和2030年之间至少增长81%。照此推算,美国经济会增长84%。在两种情况下的就业趋向完全一致,只是相对于这个情况,清洁能源战略下的非农就业会略高。

资料来源:Cleetus, Rachel, Steven Clemmer and David Friedman(2009). *Climate 2030: A National Blueprint for a Clean Energy Economy.* Cambridge, MA, UCS.

如专栏12.1所述,美国的长期清洁能源战略倡议的政策与全球绿色新政(GGND)行动相似,后者在第Ⅱ部分中提到,它是为了达到经济复苏和促进就业的短期目标,同时在长期中降低碳依赖(参见专栏2.4)。全球绿色新政(GGND)的长短期目标之间的联系揭示了本书的一个关键信息:尽管全球绿色新政(GGND)的主要目标是刺激全球经济从当前的危机中复兴,但全球绿色新政(GGND)同样被视为确保世界经济可持续发展战略的第一步。韩国和美国的案例表明,全球绿色新政(GGND)政策应当构成旨在推进绿色增长以及长期经济发展战略的基础。

在从当前的经济复苏转向长期可持续的经济发展战略过程中,必须做出一些艰难的决策。比如,很重要的一个问题是核能生产在长期清洁能源战略中的角色定位。人们对于清洁能源的共识为:它既包括可再生的能源资源,例如太阳能、风能、生物能、潮汐能和其他非矿物燃料资源,还包括旨在减少矿物燃料造成的温室效应气体排放的技术,例如洁净煤技术、碳捕获与贮存技术。在经济向低碳道路转型的过程中,为了促进经济复兴和增加就业,对开发可再生和清洁矿物燃料技术给予短期支持是非常重要的。但是,许多分析家同样注意到,完全依靠研发可再生能源和其他清洁能源技术来达到中长期温室效应气体减排的目标,是不具备经济和技术上的可行性的①。因此,无论是发达经济体还是发展中经济体,许多以促进 2020 年和 2030 年以前缓解能源安全和气候变化危机为目标的战略都推崇核能研发②。

但是,忧思科学家联盟(UCS)对美国长期清洁能源战略的分析表明,整体经济碳定价政策,例如限制交易系统,与针对能源密集型部门鼓励发展先进核能技术的补充性政策相结合,能提高发电厂的安全性及降低成本③。据此,忧思科学家联盟(UCS)研究认为,在中长期研发新一代的核电站并不需要新的政策措施的支持④。欧盟碳排放交易系统的研究证实,整体经济限制交易计划具备引导电力生产部门实施清洁能源技术替换的潜力,包括核能⑤。

定向援助和发展

对于大多数中低收入国家而言,提高初级产品的持续生产能力必须被视作为一个应对世界经济危机和长期可持续发展的目标。同理,备受关注的生态稀缺、能源紧张、清洁水资源以及卫生服务的匮乏也直接影响到所有发展中国家的贫困人口的经济生存环境。因此,全球绿色新政(GGND)认为这些经济体的国家行动应当集中在以下三个重要方面:

- 政策、投资和改革:以提高自然资源和依附于它们的生产过程的

---

① 例如,Burger, Nicholas, Lisa Ecola, Thomas Light and Michael Toman(2009). *Evaluating Options for us Greenhouse-gas Mitigation Using Multiple Criteria*. Occasional paper. Santa Monica, CA, RAND Corporation; Heal(2009); Resch, Gustav, Anne Held, Thomas Faber, Christian Panzer, Felipe Toro and Reinhard Haas(2008). Potentials and prospects for renewable energies at global scale. *Energy Policy*, 36(11): 4048—56; and Toman, Griffin and Lempert(2008).
② 例如,Burger et al. (2009); Cleetus, Clemmer and Friedman(2009); IEA(2007); and UN ESCAP(2008).
③ Cleetus, Clemmer and Friedman(2009),81—8.
④ 参见 Cleetus, Clemmer and Friedman(2009), 86—8,美国政策已经包含发展核能的实质性刺激措施,包括为在 2020 年开始运营的新核能工厂生产减税,以及通过当前的贷款担保计划提供了 185 亿美元的激励。UCS 清洁战略假设,为先进核能提供的这些刺激至少会持续到 2030 年。
⑤ Considine, Timothy J., and Donald F. Larson (2009). Substitution and technological change under carbon cap and trade: lessons from Europe. 未发表论文。Laramie,怀俄明大学,经济金融系。

第Ⅳ部分 迈向更加绿色的世界经济

可持续和高效利用,并确保这些活动产生的财政回报再投资于工业活动、基础设施、卫生服务、教育以及长期经济发展所需的技能。

- 定向投资和其他政策措施:以提高农村贫困人口的生存环境,尤其是生活在脆弱环境中的人口。
- 保护和改善那些贫困人口赖以生存的生态环境。

例如,根据全球绿色新政(GGND)的宗旨,需要迅速做出行动,发展中国家应该为其贫困人口拿出至少GDP的1‰来改善洁净水和卫生设施;应当尽快发展针对性强的安全网工程,为贫困人口提供教育和医疗服务。同时,也有人认为,在经济衰退时期采纳上述措施提升初级产品的可持续生产能力更为重要,它应当为经济多元化、积累人力资本、投资社会安全网络和其他针对贫困人口的项目筹集资金。

上述依照全球绿色新政(GGND)宗旨提出的建议,也应该成为设计缓解贫困的全球战略和促进资源依赖型经济体的可持续发展的基础。全球绿色新政(GGND)的核心宗旨之一,是到2025年实现消灭世界极度贫困的千年发展目标。

中低收入国家需要来自国际组织的持续援助,这样才能达到这些长期目标。若是发展中国家接纳全球绿色新政(GGND)的行动并将之作为长期发展战略,那么,国际组织也一定会重新调整它们的发展援助,并为提高发展中国家的农业生产活动、脆弱环境中的贫困人口的生计和极度贫困人口所依赖的生态服务供应提供资金帮助。

发展中经济体也需要大力协助以克服资本、技能和技术的差距,这些差距阻碍它们采用低碳和清洁能源技术,同时也可能限制更简单的可再生能源技术传播到缺乏基本能源供应的贫困家庭。发展中国家在实施可持续运输战略上都面临着类似的挑战,包括提高贫困人口对基本交通设备的购买力。譬如,提高可持续运输要求发展中国家投资的增加,从现在起至2030年每年12亿美元,约占发展援助基金的1/6[①]。为了

[①] 联合国气候变化框架公约(UNFCCC)(2007)。

低碳革命
——全球绿色新政

使无法获得洁净水源和医疗服务的人口减少一半,流向该部门的援助需要翻倍,每年投入36亿~40亿美元[①]。同时,迫切需要设立一个用于发展中国家的长期全球"脆弱基金",以对贫困人口的综合社会安全网络、包括低碳科技项目在内的基础设施、中小企业和微型金融机构的发展、食品援助、贫困家庭营养支持和可持续农业发展提供建设资金[②]。

总之,发展中国家有两个大的领域需要的国际援助日益增加:(1)在低碳能源投资、可持续运输、农业生产以及水资源和医疗服务方面需要克服援助的短缺;(2)在食物援助、营养支持、可持续的初级产品和针对贫困家庭的社会安全网工程等方面需要提供资金。目前对这些领域的援助力度还不足以解决发展中国家所面临的严峻的贫困和发展难题。将当前的发展援助转向这些优先领域,不仅仅是全球绿色新政(GGND)的基本要求,而且对未来数十年建立一个可持续和公平发展的全球经济也很重要。

最后,全球绿色新政(GGND)的成功实施需要发展创新融资机制和加大贸易激励。完善全球贸易和金融的提议对当前经济复苏能否走向绿色可持续的长期发展道路将产生重要影响。比如,多哈回合贸易谈判在渔业补贴、清洁能源服务和减少农业贸易保护主义等方面的共识,不仅有助于短期的全球绿色新政(GGND),也能提升全球绿色经济战略在中长期的有效性。发展和扩展融资机制,如国际金融工具、气候投资基金和全球清洁能源合作,也许对支持全球绿色新政(GGND)的长期作用是必不可少的。

结束语

本书由全球绿色新政(GGND)提供的开阔视野,对于世界经济的复

[①] 联合国开发计划署(UNDP)(2006)。
[②] 参见 Zoellick(2009)(ch7,fn8);和 High-Level Task Force on the Global Food Crisis(2008)。

苏是至关重要的。恢复增长、确保金融稳定和创造就业机会应该成为基本的目标。但是，如果没有新的政策措施应对其他全球挑战，例如降低碳依赖、保护生态环境和水资源以及缓解贫困等，它们对规避未来危机的作用将是短暂的。若是缺乏这种开阔的视野，今天对世界经济的重振无助于解决气候变化、能源紧张、淡水稀缺、日益恶化的生态系统和不断加深的全球贫困造成的威胁。相反，我们必须降低碳依赖和生态稀缺，这不仅是出于环境的考虑，而且因为这是一条真正可持续的基础上重振经济的唯一正确道路。

正如书中倡导的，所有全球绿色新政(GGND)的关键内容都应致力于以下三个宗旨：

- 复苏世界经济、创造就业机会和保护弱势群体；
- 降低碳依赖、生态系统退化和水资源稀缺；
- 在2025年以前彻底终结全世界的极度贫困。

一些二十国集团(G20)经济体似乎正在这些目标的指引下努力，并已经将"绿色"投资纳入它们一揽子的刺激计划中，以降低碳依赖、加快经济复兴和创造就业岗位。但是，完整的全球绿色新政(GGND)目标却并不可能仅靠一些国家政府注入的绿色财政投资来实现。这就是为什么本书中提到的全球绿色新政(GGND)战略需要国内与国际行动的综合与协调。这种协调超越了单一的绿色财政刺激投资，它涉及物价政策和改革、更优的制度、新的援助、贸易、融资和改进的全球治理。总之，该战略对于解决本书提出的基本问题是至关重要的：为了确保世界经济处在一条经济和环境方面更加具有可持续性的复苏道路上，我们更需要做些什么？

这个问题需要全球的政策制定者重点关注，不仅仅是为了未来一两年的经济复兴，也是为了下一个关键的十年，因为我们正在面临气候变化、能源危机、日益严重的淡水稀缺、每况愈下的生态系统和不断恶化的全球贫困带来的威胁。

附录 1

美国绿色复苏项目的 PIIE-WRI 分析[①]

皮特森国际经济研究所和世界资源研究所(PIIE-WRI)提出了一个模型框架,用于评估美国绿色复苏项目的经济和环境影响。

该项目代表了一套政策选项,兼有具体投资、物价政策、法规和其他可选择的复苏措施。其中的大多数政策包含在奥巴马政府提议的7 870亿美元刺激计划中。

在 PIIE-WRI 分析中考虑的 12 项具体政策是:

- 家庭保温:在住宅中安装绝缘材料、新窗户和更好的电灯泡。
- 联邦大厦能效:改建联邦大厦,减少整体能源需求。
- 绿色学校:提供资助,保证新的学校建筑高度节省能源。
- 生产减税(PTC):通过 PTC 促进可再生能源的并网部署。
- 投资减税(ITC):通过增加 ITC 支持在企业和家庭安装分布式的可再生发电设备。
- 碳捕获和存贮(CCS)示范项目:在全国范围内资助 CCS 示范项目。
- 旧车置换补贴项目:当旧车或低能效车辆停用后,对购买一辆新的或用过的高能效车提供减税优惠。
- 混合动力减税:对购买新型混合动力汽车提供减税。
- 大规模运输投资:对可立即上马的大规模运输项目提供资助。
- 电池研发(R&D):对致力于减少锂电池成本和重量的先进电池系统的研究、发展和部署的战略投资提供资助。

[①] 本附录基于 Houser, Trevor, Shashank Mohan and Robert Heilmayr(2009). *A Green Global Recovery: Assessing US Economic Stimulus and the Prospects for International Coordination.* 政策摘要编号 PB09—3. 华盛顿特区,PIIE and WRI. 感谢 Manish Bapna, Ed Tureen, the PIIE and the WRI 允许我在本书中使用这项研究结果和相关材料。

- 智能电表:提供可观的资金用于升级电表,使用户更好地控制能源费用,并且有效地满足对公共事业有效管理的需求。
- 传输:修建高压输电线路以实现可再生能源的进一步扩展。

为了评价绿色复苏计划对能源和环境的影响,研究者使用了能源信息管理局的能源模型系统。该系统常用于撰写能源部的《年度能源展望》,同时使用商务部经济分析局的投入产出表评价每个项目的就业影响。这考虑了直接就业作用(接受刺激性消费部门创造的工作机会)、间接就业作用(支撑这些部门的行业创造的工作机会)和关联的就业作用(那些新的直接和间接聘用人员进行消费时创造的工作机会)。作者也能评估节省能源成本对家庭、企业和联邦政府的就业影响,以及能源行业的相应收入减少量。

PIIE-WRI 研究可以估计和比较 12 项政策在创造就业机会、节能减排等方面的不同,并可以比较每 10 亿美元政府开支中的能源进口缩减额度方面的不同。对于政府资金和私有资金匹配的项目(例如减税、示范项目或者一些基础设施投资),该分析也能估计公共与私有支出的比率。

该整体研究结果是,从整个项目中减少能源费用和消耗量有可能为美国经济在每 10 亿美元中平均节省 4.5 亿美元。另外,在 2012~2020 年间,政府支出的每 10 亿美元将产生大约 30 000 个工作岗位,每年减少 592 600 吨温室效应气体排放[①]。就业影响用工作年限测量,即持续一年的全时等效工作数量。就业增加额比传统的基础设施支出高出 50%。

绿色复苏计划比常规基础设施投资能够创造更多的就业机会,这与两个因素有关。首先,绿色项目可刺激额外的私人投资,因而使直接、间接和关联的工作机会倍增。其次,PIIE-WRI 研究发现,能源费用降低对经济的净就业作用在整体上是显著的。能效增加和绿色减税对就业的

---

① 就业和温室效应气体(GHG)排放冲击排除了传输政策效应,参见 Houser, Mohan and Heilmayr(2009)。

低碳革命
——全球绿色新政

作用具有可持续性(参见图 A1.1)。相反,常规减税和道路基础设施投资创造的工作机会在投资花费之后即结束。

图 A1.1 至图 A1.3 比较了在 PIIE-WRI 分析中的各项政策对经济和环境的影响。

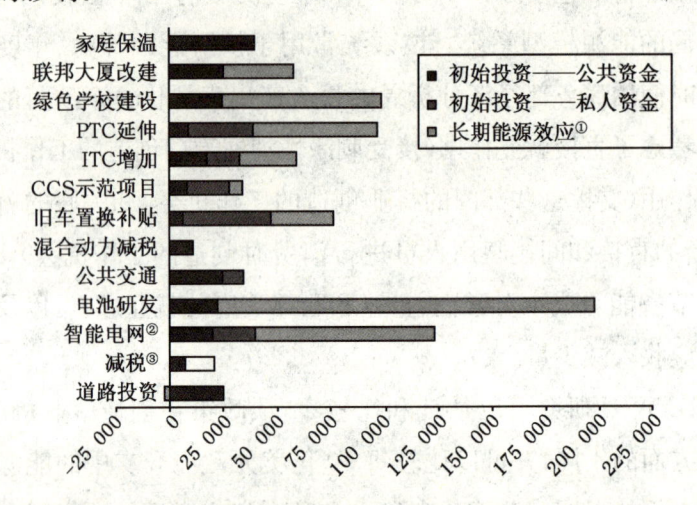

政府投资 10 亿美元创造的工作——年限

注:①这些测量了能源引起的就业净变动(根据工作——年限测量)和十几年初始投资后的能源混合变化。

②根据该项目的 12 个要素,"智能电网"是"智能电表"和"传输"的组合。

③这里的照明领域表明了最初减税或折扣的就业效应。"减税"和"道路投资"一起构成常规刺激投资。

资源来源:①Houser, Trevor, Shashank Mohan and Robert Heilmayr(2009). *A Green Global Recovery: Assessing US Economic Stimulus and the Prospects for International Coordination*. Policy Brief No. PB09−3. 华盛顿特区,PIIE and WRI.

②皮特森国际经济研究所和世界资源研究所。

图 A1.1 总就业效应

图 A1.1 表达了以工作年限表示的每 10 亿美元政府投资对就业的影响,描述了公私投资额的相对规模大小。另外,该图也说明了在初始投资后,由节能和能源结构变化所引起的就业上的净变化。绿色复苏政

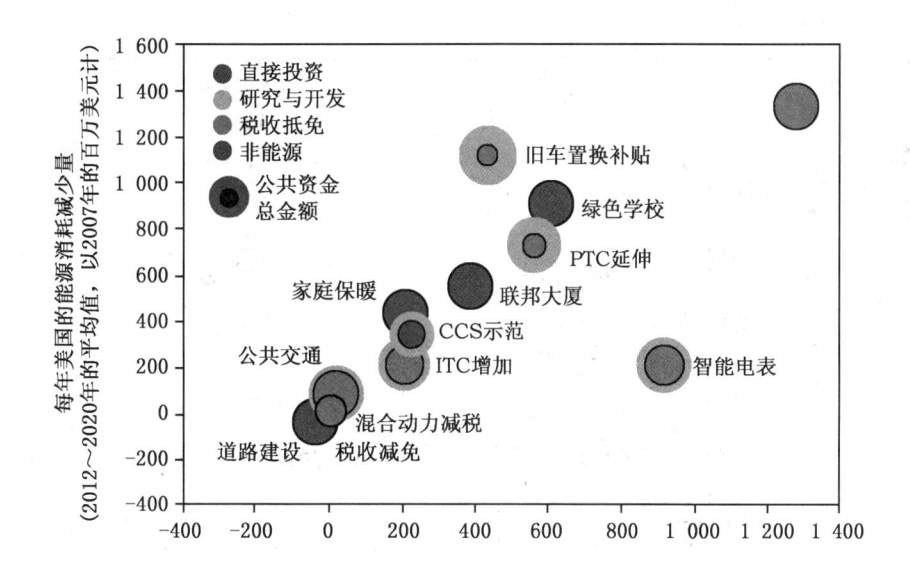

附录 1
美国绿色复苏项目的 PIIE-WRI 分析

说明：圈的大小表明每 10 亿美元支出的工作创造数量。

资料来源：①Houser, Trevor, Shashank Mohan and Robert Heilmayr(2009). *A Green Global Recovery? Assessing US Economic Stimulus and the Prospects for International Coordination*. Policy Brief No. PB09-3. 华盛顿特区，PIIE and WRI.

②皮特森国际经济研究所和世界资源研究所。

图 A1.2 恢复政策选择的经济和环境影响

策的作用被用来与在道路建设和减税方面的常规支出进行了比较。几乎所有绿色措施都比传统常规政策具有更加持久的就业效应。

在图 A1.2 中，横轴为 2012～2020 年间年平均能源减小额（以 2007 年美元测算）。在图 A1.3 中横轴为石油的每年进口减小额（单位为千桶每年）。在两个图中，纵轴为在同一时期内年平均温室效应气体（GHG）排放减少量（单位为千吨）。泡影的大小表示在投资当年创造的直接、间接和关联的工作机会。

实施这些不同的绿色政策的时间计划可能有所不同。建筑能效项目（即家庭保温、改建联邦大厦和绿色化学校）能即刻实施，并且给建筑业提供直接刺激。智能电表改造和大规模运输投资也可迅速地开展。旧车置换补贴项目已于 2009 年在美国实施，消费者似乎正在响应这些

低碳革命
——全球绿色新政

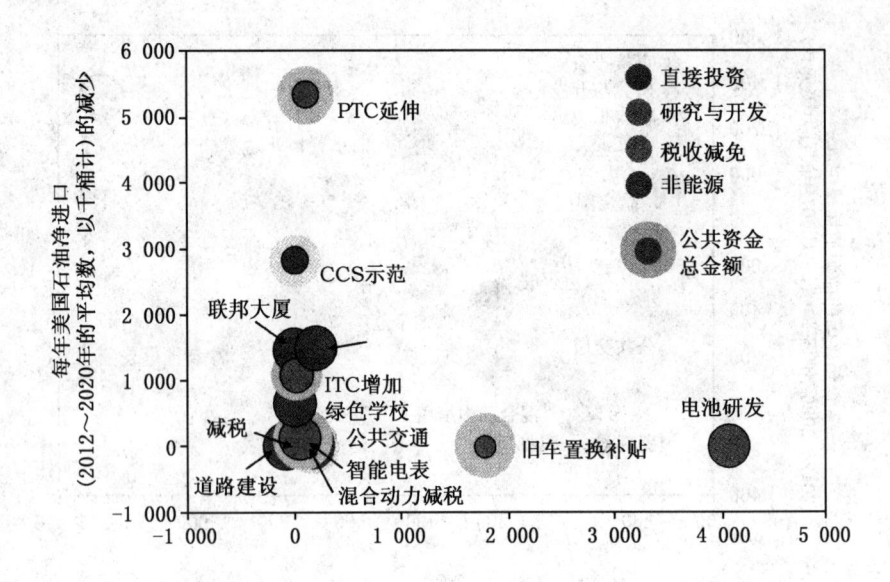

说明：圈的大小表明每10亿美元支出的工作创造数量。

资料来源：①Houser, Trevor, Shashank Mohan and Robert Heilmayr(2009). *A Green Global Recovery? Assessing US Economic Stimulus and the Prospects for International Coordination*. Policy Brief No. PB09－3. 华盛顿特区，PIIE and WRL.

②皮特森国际经济研究所和世界资源研究所。

图 A1.3　恢复政策选择的经济和能源安全影响

刺激措施。混合减税项目也可能迅速被采用，但要消费者积极响应尚需时日。剩余的项目在实施之前则可能需要更久的前置时间。

附录 2

美国清洁能源领域就业与投资的比较分析(Pew,1998~2007)

皮尤慈善信托的报告对 1998~2007 年期间美国清洁能源部门的就业增长、投资情况和其他经济部门进行了比较,这 10 年是导致当前衰退的 10 年。

皮尤研究将美国清洁经济定义为这样的部门:"当扩展清洁能源生产、提高能源效率,减少温室效应气体、废物和污染的排放以及节约水和其他自然资源时,可创造的就业、企业和投资的机会。"[1]构成清洁经济的五大经济活动如下:

● 清洁能源生产:涉及从太阳能、风能、小水电、氢燃料电池、海洋潮汐、地热和小型生物发电等能源中进行生产、传送并储存可再生能源的就业、企业和投资[2]。

● 能源效率:减少经济活动使用能源数量的就业、企业和投资。

● 环境友好型生产:减少现有产品对环境的有害影响,并开发供应需要较少能源且排放更少温室效应气体的替代品的就业、企业和投资[3]。

● 环保和减轻污染:更加有效地运用水和其他有限自然资源、减少温室效应气体和其他因持续使用矿物燃料带来的污染物的排放等方面的就业、企业和投资。

---

[1] 皮尤慈善信托(2009),11。
[2] 相关解释参见皮尤慈善信托(2009),12。"相对于其他能量来源,清洁能源必须有正的净能源产量,减少温室效应气体排放,并以持续安全的方式生产和分配。核能并不包括在这个类别里面,因为如何在哪里安全地存放它的废弃物是个重大的问题;安全地处理核废料的系统尚未在全世界推广。另外,我们这里的清洁能源类别中不包括与玉米乙醇等液体生物燃料的生产和分配相关的就业和企业,因为它们不符合要求。"
[3] 这包括生物燃料基础设施。例如,把原料蒸馏成生物燃料的设施,但并非提供原料生产液体生物燃料的农业就业、企业和投资。

- **训练和支持**：对清洁能源经济的其他四个方面提供专门服务的就业、企业和投资。

皮尤报告发现，在1998年和2007年之间，美国这五个清洁能源领域的就业增速要比总的就业增速更加迅速。清洁能源就业增长了9.1%，而总的就业增速仅为3.7%（见表A2.1）。而且，清洁能源部门提供了从工程师、科学家、教师到技工、建筑工人和农场工人的蓝领和白领的大量就业机会。到2007年，清洁能源部门的五个领域的就业超过了77万个或者大约占美国所有就业的0.5%。虽然总就业数字看上去不显眼，但是与可比较的美国其他经济部门形成了鲜明的对比。例如，生物技术是重大公共政策支持的焦点以及大量公共与私人投资的重点，但其雇佣的员工却少于20万人或者大约占美国2007年总就业的0.1%。矿物燃料能源部门，包括公共事业、采煤业、石油和天然气开采等，在2007年雇佣了127万名工作者或者大约占美国总就业的1%。

表 A2.1　美国清洁能源经济的就业、商业与投资

	1998[①]	2007[②]	2006~2008 总计	1998~2007[③] 增长
清洁能源经济就业	706 151	770 385	12 570.1	9.1%
商业	61 689	68 203		10.6%
风险资本投资（百万美元）	360.3	5 900		1 537.5%
美国经济				3.7%

注：①1999年的风险资本投资。
②2008年的风险资本投资。
③1999~2008年的风险资本投资。

资料来源：皮尤慈善信托（2009）. The Clean Energy Economy：Repowering Jobs, Businesses and Investments across America. 华盛顿特区，皮尤慈善信托.

在清洁能源部门的就业现已横跨了美国所有的50个州和哥伦比亚特区。加利福尼亚当前占据了清洁能源经济的多数就业岗位（125 000个），但是科罗拉多、俄勒冈和田纳西的清洁能源经济发展迅速，平均每年以1.9%的速度发展。除加利福尼亚之外，其他11个州的清洁能源

附录 2
美国清洁能源领域就业与投资比较分析(Pew,1998—2007)

经济创造了高于全国平均水平的就业机会,并且以每年1%或高于1%的速度增长。这些州是佛罗里达、佐治亚、印第安纳、马萨诸塞、密执安、明尼苏达、北卡罗来纳、俄亥俄、得克萨斯、弗吉尼亚和华盛顿。

在2007年,清洁能源经济的501 551个就业或者总量的65%属于"环保和减少污染"类型(参见图A2.1)。清洁经济的这个优势区域表明了公共政策和商业实践对废物回收、节约用水、减少温室效应气体和其他污染物的排放等要求是如何反应的。然而,如图A2.1所示,从1998~2007年"环保和减少污染"领域的增长(3%)要比"环境友好型生产"(67%)、"清洁能源生产"(23%)和"能源效率"(18%)其他三个领域少很多。2007年这三个类别占了清洁能源经济工作的1/4,并且它们将可能成为最有前途的工作。根据皮尤报告,"它们代表了推进开发可再生的、高效的能源以适应碳限制经济的商业和就业"[①]。

例如,"清洁能源生产"领域的就业几乎10个中有6个来自于可再生能源的生产而不是它的传输或存贮。2007年太阳能生产共有32 782个工作岗位或者占所有清洁能源生产就业的62.5%。风能生产是第二大工作来源(5 068个或者占总量的9.7%)。近年来,在太阳能和风能生产领域的就业迅速地扩展,并且可能继续增长。在1998年和2007年之间风能生产就业增长了23.5%,太阳能生产工作增长了19.1%。

清洁能源经济的就业机会的增加,反映了在当前经济衰退的几年中商业与风险投资的迅速增长。从1998~2007年,现有经济中的商业增长了10.6%(参见表A2.1)。风险投资是新兴技术与创新商业模式的重要资金来源,现在得以巨大地膨胀。1999年清洁能源经济中的风险资本投资共计达3.603亿美元,2000年超过了10亿美元,2008年达到了59亿美元。自2006年开始,风险资本投资急剧增加,从2006年到2008年,平均每年以16亿美元的速度增长,累计风险资本投资接近126亿美元(参见表A2.1)。"清洁能源生产"的商业占了69%或者87.3亿

---

① 皮尤慈善信托(2009),17。

美元。"环境友好型生产"与"环保和减少污染"在这三年间几乎吸收了近30亿美元的风险资本投资。

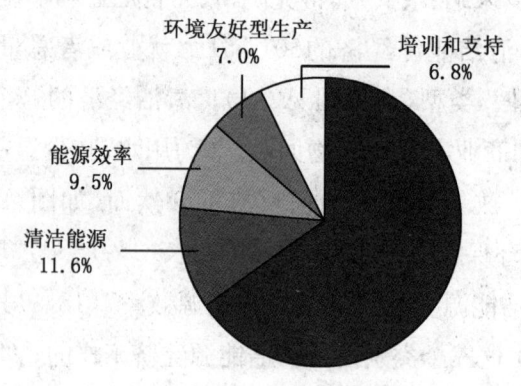

(a) 清洁能源经济中的就业

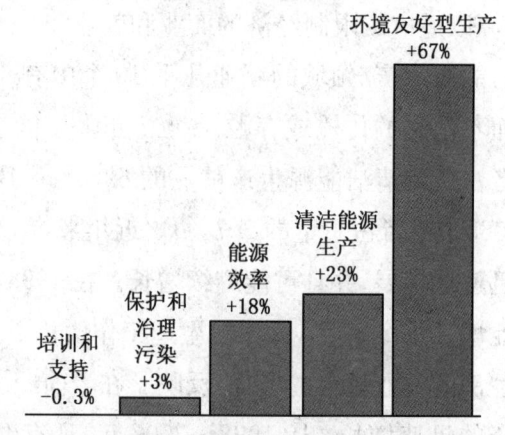

- 培训和支持 6.8%
- 环境友好型生产 7.0%
- 能源效率 9.5%
- 清洁能源 11.6%

(b) 清洁能源经济中的就业增长

- 培训和支持 −0.3%
- 保护和治理污染 +3%
- 能源效率 +18%
- 清洁能源生产 +23%
- 环境友好型生产 +67%

资料来源：皮尤慈善信托(2009). The Clean Energy Economy: Repowering Jobs, Businesses and Investments across America. 华盛顿特区，皮尤慈善信托。

图 A2.1 清洁能源经济的就业

基于自1998～2007年美国清洁能源经济的就业、商业和投资的研究结果显示，皮尤研究对该经济部门带领美国经济绿色复苏和向低碳经济转型的能力相对乐观。如报告所述，"如果投资继续从政府和私人部门流入，并且联邦和州的政策制定者日益推进激励经济复兴并且保护环

附录 2
美国清洁能源领域就业与投资比较分析（Pew, 1998—2007）

境的改革,清洁能源经济将具有巨大的增长潜力"。

该研究的这一乐观结论是基于目前的两个趋势。虽然该研究承认清洁经济由于当前衰退而遭受了失业和投资的下降,但是该部门并未像整体经济那样糟。例如,与前一年相比,2009年的前三个月清洁经济的投资下降了48%,而同一时期美国经济所有部门的总风险资本投资减少了61%。另外,由于对清洁能源需求继续扩大、供水压力、要求减少温室效应气体和其他污染物的排放,预计清洁经济投资比其他部门的投资反弹更迅速。

清洁能源经济将直接从2009年2月美国复兴和再投资法案中受益。皮尤研究估计,共计848亿美元的能源和运输相关的金融刺激支出将帮助清洁经济迅速反弹。这些支出包括大约涉及风能、太阳能和其他可再生能源的商业扩张税收刺激210亿美元、国家电网现代化改造110亿美元、低收入家庭的御寒项目50亿美元和电池技术改进20亿美元。在帮助激励清洁能源经济的其他开支中,大约有5亿美元主要用于对该部门就业者的培训。另外,3亿美元用于联邦政府车队从美国汽车制造商那里购买高效燃料车的支出。

然而,皮尤研究也指出,在1998年和2007年之间的就业与投资扩展是由州政府而非联邦政府的政策推动的。例如,研究发现,18个州要求电力提供者供应一个最小比例或数量的可再生资源电力,并推行严格的节能条例,其中11个州的清洁能源经济就业岗位要高于全国平均水平。另外,与全国平均水平比较,18个州中的12个州的清洁能源就业占有更大的总就业份额。对风险资本家、商业领袖和政府决策人员的采访证实,诸如可再生的组合投资标准等政策对各州吸引更多的投资、企业和就业非常重要,因为这些政策帮助创造了对清洁能源技术、产品和服务的市场需求。

皮尤报告建议,为在全国范围刺激清洁能源经济,美国需要采取一个全面的、整体经济的"清洁能源计划"。研究援引了奥巴马总统设置的基准目标作为该计划的依据:在2050年之前,联邦总量管制和交易系统

低碳革命
—— 全球绿色新政

帮助减少至少 80% 的温室效应气体排放;全国可再生组合投资标准要求在 2025 年之前,可再生资源供应达到 25%;节能资源标准要求在 2020 年之前减少 15% 的用电量和减少 10% 的天然气用量。

词　汇

生物差异(生物多样性)：在一个特定栖所、生态系或者生物群系之内，甚至包括整个地球在内的生命形式(基因、种类或者有机体)的变异。

生物燃料：可从中获得再生能源的各种各样的生物物质，例如木材、废物、庄稼、草、海藻和类似的生物。

碳依赖：经济体对引起二氧化碳等温室效应气体的生产和消耗的程度。碳依赖通常由温室效应气体的强度来测量，例如，与每百万美元国民产值的温室效应气体排放量等值的二氧化碳的吨数。

清洁发展机制(CDM)：《京都议定书》的一个规定，最初被设计作为一个双边机制，在高收入经济体的实体可以通过对发展中经济体的清洁能源技术投资获取核证排放量。一个排放单位(CER)相当于一吨的二氧化碳。

多哈回合：始于2001年11月，是由世界贸易组织主导的全球性多边贸易谈判，多哈发展议程的简称。

生态稀缺：人类出于使用和经济活动的需要，使生态系统被过度利用或转换，从而出现连续和不可逆的损失。

经济衰退：经济在生产和消费领域的明显下降，通常持续数月以上，体现为一些关键经济指标的变化，例如国民生产总值增长、个人收入、就业、工业生产量和批发零售额等。

生态服务：生态系统的正常作用引起的人类收益，例如资源开采、休闲、重大保护、防洪等。

新兴市场经济：经济体从发展(中低收入)到发达(高收入)的经济转

低碳革命
——全球绿色新政

型阶段。最著名的例子是巴西、俄罗斯、印度和中国等大规模的新兴市场经济体,通常被称为金砖四国。然而,其他中等收入经济体经常也被认为是新兴市场经济,包括在二十国集团(G20)中的阿根廷、印度尼西亚、墨西哥、南非和土耳其。其他重要的新兴市场经济是智利、哥伦比亚、捷克、埃及、匈牙利、马来西亚、摩洛哥、秘鲁、菲律宾、波兰和泰国等。

能源贫困:一种对发展中经济体的家庭情况的描述。他们既无法获得现代能源服务,又不能支付那些高价且不可靠的服务。

对氨基苯甲酸二(乙醇):替代汽油的生物燃料选择,通过农业或生物原料获得。

财政刺激:政府花费的短期资金净增加,通过政府开支或公共投资的上升、减税或者增加政府补助(或者这些政策的组合)等,通常是为了扩大需求和推动经济增长。

矿物燃料补贴:对生产商或消费者的补贴付款,有降低煤炭、天然气和石油产品的市场价格的作用,同时从燃烧这些矿物燃料中发电。

脆弱的土地:限制密集农业耕作的地区,这里居民和土地的关系对于社区、牧场地、森林和其他自然资源的持续发展至关重要;它们包括无法灌溉的干旱地区、不适合农业种植的区域、有陡坡和脆弱森林的土地。

高效燃料工具:高燃烧效率、混合和替代燃料使用(包括电力)、低排放和其他清洁技术的车辆。

全球绿色新政(GGND):全球性经济政策的协调综合,通过投资和刺激等手段实现三个宗旨:(1)重振世界经济,创造就业机会并且保护弱势群体;(2)降低碳依赖、生态系统退化和水资源短缺;(3)推动实现2025年之前结束极端贫穷世界的千年发展目标。

大萧条:发生于20世纪30年代的大规模、长时期的世界性经济衰退。始于1929年的美国和全球证券市场的暴跌,一直持续到第二次世界大战爆发。

绿色财政刺激:致力于碳依赖和其他环境改善的一系列财政刺激措施。例如,支持可再生能源发展、碳捕获、能源效率、公共交通和铁路;电力传输网络现代化和江河流域管理;改进淡水供应和生态系统。

温室效应气体排放:从人类活动中产生的二氧化碳和相关气体,通过截获地球表面反射的太阳辐射,导致全球气候变暖。2005年世界温室效应气体(GHG)排放包括:二氧化碳(73.6%)、甲烷(CH_4,16.5%)、氧化亚氮(N_2O,8.5%)、氢氟碳化合物(HFC_s,1.0%)、全氟碳化合物(PFC_s,0.3%)和硫磺六氟化合物(SF_6,0.2%)。

国内生产总值(GDP):一个经济体在一年中生产的所有产品和服务的价值总和。

二十国集团(G20)经济体:20个最富有和人口最多的世界经济体,包括欧盟和另外19个国家(阿根廷、澳大利亚、巴西、加拿大、中国、法国、德国、印度、印度尼西亚、意大利、日本、墨西哥、俄罗斯、沙特阿拉伯、南非、韩国、土耳其、英国和美国)。

高收入经济体:根据世界银行在2008年世界发展报告的定义,指的是2006年人均国民收入达到和超过11 116美元的国家。

联合国政府间气候变化专门委员会(IPCC):1988年由世界气象组织和联合国环境计划署建立的政府间科学团体,专门评估由人类活动导致气候改变的风险。

中低收入(或发展中)经济体:根据世界银行2008年发展报告的定义,指的是那些2006年人均国民收入少于11 116美元的国家。

基于市场的工具:通过引入财政刺激和干预,影响消费者和生产商的市场行为,以达到期望的政策目标。这些激励可以被应用到现有的市场,或者被用来创建全新的市场。在现有的市场上,通常包括纠正市场扭曲,例如取消与客观政策不相容的不合理补贴,或强加另外一个税种和补贴以达到目标,例如税收、使用费等。通过建立财产权、产业私有化和企业分权,以及设立可交换的许可证、权利证,基于市场的工具能帮助创建新市场。

千年发展目标(MDGs):联合国会员国一致同意到2015年实现的8个国际发展目标,包括减少极端贫穷、减少胎儿死亡率、改进用水卫生、控制艾滋病等疾病的流行、建立全球伙伴关系。

千年生态系统研究评估（MA）：一个2001年启动的联合国支持的研究项目，致力于估计全球生态系统变动状态，以及它的变动原因和对人类福利产生的后果。

新政：为应对20世纪30年代的大萧条，美国政府在罗斯福总统时实施的系列财政、投资和刺激等措施。

经济合作与发展组织（OECD）：包括如下国家：奥地利、比利时、捷克共和国、丹麦、芬兰、法国、德国、希腊、匈牙利、冰岛、爱尔兰、意大利、卢森堡、荷兰、挪威、波兰、葡萄牙、斯洛伐克、西班牙、瑞典、瑞士、土耳其和英国，以及澳大利亚、加拿大、日本、墨西哥、新西兰、韩国和美国等国家。

初级产品：基于自然资源的部门产品，通常包括矿物和能源业、农业、林业、渔业。

可再生能源：能够通过自然本身重新补充的能源，例如生物质、阳光、风、潮汐和地热。

资源依赖：表现为一个经济体对初级产品出口的依赖，通常通过与总出口或总商品出口有关的初级产品出口来测量。

安全网工程：在严重的经济危机期间以现金或食物转移和其他针对发展中经济体的特定贫困人群的公开资助项目，给贫困家庭提供有效的保险或就业的做法或行动。

跨边界的水资源：跨越国家界限的江河流域、大湖、蓄水层和其他淡水体。

水资源短缺：相对人口的大量淡水需求而表现出的供应不足。

世界银行：负责提供杠杆贷款给中低收入经济体的国际金融机构，目标是为了协助经济发展和减缓贫穷。

世界贸易组织（WTO）：前身为1995年的关税和贸易总协定（GATT）组织，其为谈判和形成国际贸易协议提供了一个框架，强制成员国遵守这些协议，并解决成员国之间的贸易争端。

专 栏

1.1　G20国家集团绿色和财政刺激方案/7
1.2　全球贫困和脆弱环境/11
2.1　温室效应气体排放量、碳依赖和世界经济/30
2.2　世界上的贫困人口对气候引致影响的脆弱性/35
2.3　中国的碳依赖调整和经济发展/37
2.4　协调美国经济复苏和碳依赖性/42
2.5　欧盟的"三个二十"战略和经济复苏/46
2.6　发展中经济体的能源部门改革和贫困人口服务的改善/52
2.7　孟加拉国乡村能源公司和穷人对可再生能源的利用/55
2.8　燃油效率高的车辆和就业/61
2.9　生物燃料：经济潜力或环境灾难？/63
2.10　公共交通及铁路运输和就业/66
2.11　针对可持续交通的市场改革和财政政策/69
3.1　低收入、中等收入经济体和资源利用的模式/77
3.2　提高初级生产的可持续性：马来西亚/81
3.3　提高初级生产的可持续性：泰国/84
3.4　改善初级生产的可持续性：博茨瓦纳/88
3.5　生态系统和贫困人口生计/92
3.6　救助世界最贫困人口/101
3.7　水缺乏和它的影响/105
3.8　跨边界的水资源可获得性/110
3.9　改善饮用水和卫生条件的经济收益/113

低碳革命
——全球绿色新政

3.10　恒河行动计划的成本收益分析/114

3.11　水资源部门的市场化手段和市场改革/116

4.1　清洁发展机制/122

11.1　减少碳依赖导致的技术变革和公共政策/182

11.2　经济衰退期间的环境政策和绿色技术投资/184

11.3　当前衰退中的绿色激励投资乘数效应/189

11.4　金融自律、债务和长期的挤出/193

12.1　2030年清洁能源经济蓝图/214